大学生

心理健康教育（第二版）

主　审　熊楚国
主　编　冯森洋　黄翠芳
副主编　章　灿　程晓琼　侯　梅
参　编　王云霞　戈　英　王　晓　刘　尤
　　　　左晓明　刘海东　何紫薇　冯晓乐

华中科技大学出版社
http://press.hust.edu.cn
中国·武汉

内 容 提 要

本书是一本集知识传授、心理体验与行为训练于一体的关于大学生心理健康教育的教材，内容涉及树立心理健康意识，优化心理品质，提高心理调适能力和社会生活的适应能力，预防和缓解心理问题，大学生自我管理、学习成才、人际交往、交友恋爱、求职择业、人格发展和情绪调适等。

本书既可作为大学生心理健康教育公共课程的教材，也可作为高等院校心理学专业、教育学专业及其他相关专业的教材或教学参考书，还可供广大心理学、社会科学工作者参考。

图书在版编目(CIP)数据

大学生心理健康教育/冯森洋，黄翠芳主编. —2版. —武汉：华中科技大学出版社，2023.1(2025.9重印)
ISBN 978-7-5680-9132-9

Ⅰ.①大… Ⅱ.①冯… ②黄… Ⅲ.①大学生-心理健康-健康教育 Ⅳ.①G444

中国国家版本馆CIP数据核字(2023)第015057号

大学生心理健康教育(第二版)
Daxuesheng Xinli Jiankang Jiaoyu (Di-er Ban)

冯森洋 黄翠芳 主编

策划编辑：袁 冲
责任编辑：史永霞
封面设计：孢 子
责任监印：朱 玢
出版发行：华中科技大学出版社(中国·武汉) 电话：(027)81321913
武汉市东湖新技术开发区华工科技园 邮编：430223
录 排：武汉创易图文工作室
印 刷：武汉市洪林印务有限公司
开 本：787mm×1092mm 1/16
印 张：12.75
字 数：335千字
版 次：2025年9月第2版第4次印刷
定 价：39.00元

华中出版

前　言

大学生正处于人生发展的重要时期，在这一时期，既有成长的快乐，也有成长的烦恼，他们的心里充满了矛盾和冲突。如何以积极、平和的心态面对校园生活，在浮躁中自由宁静，在风雨中清晰执着，在探索中步履坚定，需要每一位大学生努力思考和认真对待。随着社会经济的发展以及学校的不断扩招，大学生逐年增多，在生源数量不断增加和生源质量不断提高的同时，更应高度重视大学生心理健康教育需求。大学阶段是大学生树立正确世界观、人生观、价值观的关键时期，正确及时的引导对于培养大学生健全人格、促进大学生心理健康有着重要意义。

全面贯彻落实党中央、国务院关于加强和改进大学生心理健康教育工作的决策部署，认真落实教育部关于推进大学生心理健康教育工作科学化建设和进一步发挥课堂教学在大学生心理健康教育工作的主渠道作用、提高大学生心理健康素质的工作要求，既是高校全面贯彻党的教育方针、落实立德树人根本任务的重要举措，也是推动高等教育改革、加强和改进大学生思想政治教育的重要任务，更是新时代大学生健康成长、全面发展的必然要求。"大学生心理健康教育"作为公共基础课程，注重大学生心理素质培养，在专业人才培养中，发挥着积极作用。特别是近年来，心理健康教育已经成为促进大学生实现全面发展的重要手段，规范化开展心理健康教育，帮助大学生塑造健康的人格，已经成为人才培养过程中不可或缺的环节。

2018 年秋季，我们编写了心理健康教育教材《大学生心理健康教育》，该教材使用四年来反响良好，能够很好地满足日常教学和指导辅导员开展大学生心理健康教育。近两年，根据在校学生（主要为 2000 年后出生）心理普测数据的跟踪分析，当前大学生心理异常表现发生明显偏移，心理异常主要表现在情绪爆发、家庭变故、人际交往矛盾等方面，学生的心理承压能力有明显降低。鉴于当前大学生心理异常分布的新的群体特点，为满足心理健康教育的适应性，现对第一版教材进行修订，编写《大学生心理健康教育（第二版）》。

《大学生心理健康教育（第二版）》融合学校心理健康教育中心工作实际和我校（湖北生态工程职业技术学院）生态人文特色，经编写团队研究、教研室审议，本教材的修订编写在科学性、专业性、系统性的前提下，突出实用性与可读性。编写贴近现实生活和临床实际，强调"学以致用"，丰富多彩，最大限度地启用心灵鸡汤、案例分析等实用而有趣的元素，强调所有理论、原理的现实应用性。突出典型案例剖析和教学实用性，既能满足日常学生管理工作业务参考需要，又能适应学生的阅读习惯，使广大学生能够更好地掌握和理解心理健康教育的方法和意义，提升自我调适能力。

本教材结合我校实际，立足我校心理育人特色落实建设。

一是以"案"为鉴，读懂"自我"。教材建设以实际案例为蓝本，进行深入剖析，结合一定的理论知识，让学生在案例解析中学会自我判断、自我警醒、自我释压调适，读懂自己的内心世界。

二是以"生态文化"育心，强化心理疗愈。把学校"五艺"技能的展示实践，作为心理干预过程中的典型做法，使学生通过手工制作、技能尝试等方式提高专注度和增加释压途径，加快以专业群为基础的“一院一品”心理团队建设工程。

本书由熊楚国担任主审，冯森洋、黄翠芳担任主编，章灿、程晓琼、侯梅担任副主编，王云霞、戈英、王晓、刘尢、左晓明、刘海东、何紫薇、冯晓乐参与编写。本书第一、三章由冯森洋负责编写，第二章由章灿负责编写，第四章由程晓琼、侯梅负责编写，第五、六章由黄翠芳负责编写，其余两章由王云霞、戈英、王晓、刘尢、左晓明、刘海东、何紫薇、冯晓乐共同编写，熊楚国负责全书主审。主审熊楚国教授是湖北生态工程职业技术学院的副校长，长期分管学生管理、心理健康等工作，积累了大量的实践管理经验。本书为我校湖北省心理健康教育达标中心立项的阶段性成果。在本书出版的过程中，华中科技大学出版社给予了大力支持，在此深表感谢！

由于编者水平有限，书中难免会存在疏漏之处，恳请广大读者批评指正。

编　者

2022 年 11 月

目　　录

第一章　大学生心理健康导论…………………………………………………… (1)
　第一节　心理健康概述…………………………………………………………… (1)
　第二节　心理异常………………………………………………………………… (7)
　第三节　大学生心理健康 ……………………………………………………… (20)
　第四节　走近心理咨询 ………………………………………………………… (25)
第二章　大学生学习适应 ………………………………………………………… (30)
　第一节　学生学习和大学生学习的特点 ……………………………………… (30)
　第二节　大学生的学习动机 …………………………………………………… (32)
　第三节　大学生的学习策略 …………………………………………………… (38)
第三章　大学生情绪管理与调适 ………………………………………………… (43)
　第一节　认识情绪 ……………………………………………………………… (43)
　第二节　情绪管理与调适的策略和方法 ……………………………………… (51)
　第三节　大学生常见情绪障碍的调适 ………………………………………… (61)
　第四节　积极情绪 ……………………………………………………………… (71)
第四章　大学生人际交往 ………………………………………………………… (76)
　第一节　大学生人际交往概述 ………………………………………………… (76)
　第二节　影响大学生人际交往的因素 ………………………………………… (82)
　第三节　大学生人际交往常见问题的表现及心理调适 ……………………… (87)
　第四节　大学生健康人际交往的培养 ………………………………………… (95)
第五章　大学生爱情与性心理 …………………………………………………… (98)
　第一节　大学生爱情概述 ……………………………………………………… (98)
　第二节　大学生爱情心理……………………………………………………… (101)
　第三节　大学生常见恋爱问题及对策………………………………………… (107)
　第四节　大学生常见性心理障碍与治疗……………………………………… (113)
第六章　大学生职业生涯规划…………………………………………………… (119)
　第一节　职业生涯规划概述…………………………………………………… (119)
　第二节　自我评估……………………………………………………………… (125)
　第三节　外部环境分析………………………………………………………… (129)
　第四节　目标确立……………………………………………………………… (132)
　第五节　实施策略……………………………………………………………… (137)

第七章 大学生心理危机应对…………………………………………………… (139)
第一节 心理危机及心理危机理论………………………………………… (139)
第二节 大学生心理危机的特点和表现…………………………………… (144)
第三节 心理危机预警与干预……………………………………………… (148)
第四节 自杀干预…………………………………………………………… (156)
第八章 大学生自我完善………………………………………………………… (161)
第一节 促进健康 认识自我……………………………………………… (162)
第二节 健全人格 塑造自我……………………………………………… (167)
第三节 追求成功 实现自我……………………………………………… (170)
参考文献…………………………………………………………………………… (195)

第一章　大学生心理健康导论

本章学习目标

- 理解健康的含义
- 领悟心理健康的含义和标准
- 了解心理异常的分类和成因
- 掌握大学生心理健康的标准

近年来，大量研究资料表明，大学生群体中有相当一部分人在心理上存在不良反应和适应性障碍，大学生心理健康问题已成为各高等学校关注的焦点。面对挑战，加强大学生心理健康教育，精心呵护莘莘学子的心灵，不仅是高等学校素质教育的需要，也是我们这个时代的需要。2001 年，教育部颁发了《教育部关于加强普通高等学校大学生心理健康教育工作的意见》，标志着高等学校心理健康教育正式走上了健康、快速发展的轨道，同时也意味着心理健康教育成为高等学校教育必不可少的内容之一。2011 年 2 月，教育部办公厅印发了《普通高等学校学生心理健康教育工作基本建设标准（试行）》，2011 年 5 月，教育部办公厅印发了《普通高等学校学生心理健康教育课程教学基本要求》，大学生心理健康教育课程教学真正成为大学生心理健康教育工作的主要渠道。

第一节　心理健康概述

一、健康的含义

1. 健康观

健康对每一个人都很重要，从古到今，人们一直在用不同的语言表达对健康的共同向往：健康是人生第一财富；健康和智慧是人生的两大幸福；健康就是美。但什么是健康？在这个问题上，长期以来，人们一直存在着许多认识上的误区。健康等于没有疾病或疾病仅限于躯体疾病是人们普遍的看法。这种只注重生理健康而忽视心理健康的现象，在青少年教育中尤为突出。

各种心理健康问题在大学生中大量存在，这严重地影响了大学生的健康。著名哲学家西塞罗认为,心理疾病的危害比生理疾病的危害更严重。因此,让全新的、科学的健康观深入人心显得尤为迫切。

2. 健康的科学内涵

人类对健康的认识是随着社会的发展以及人类自身认识的深化而不断丰富的。

在生产力水平比较低下时,人类只关注如何适应和征服自然,维护自身的生存。之后,随着生产力水平的提高,人类开始关心身体健康,防病治病的医学科学应运而生。历史发展到现代,人类对健康的认识又发生了飞跃,不再局限于生理机能的正常与疾病的减少。20世纪30年代,美国健康教育学专家鲍尔提出,健康是人们身体、心情和精神方面都自觉良好,活力充沛的状态。1948年,世界卫生组织(WHO)明确指出,健康不仅是没有疾病,而且是身体上、心理上和社会适应的完好状态或完全安宁。1989年,健康又被定义为生理、心理、社会适应和道德品质的良好状态。这是对健康较为全面、科学、完整、系统的定义。这种对健康的理解意味着衡量一个人是否健康,必须从生理、心理、社会适应、行为等方面进行分析,不仅要看他有没有器质性或功能性异常,还要看他有没有主观不适感,有没有社会公认的不健康行为。

世界卫生组织还提出了健康的十条标准。

(1) 有充沛的精力,能从容不迫地应付日常生活和工作压力,而不感到过分紧张。

(2) 态度积极,乐于承担责任,不论事情大小,都不挑剔。

(3) 睡眠良好。

(4) 能适应外界环境的各种变化,应变能力强。

(5) 能够抵抗一般性的感冒和传染病。

(6) 体重适当,身体均匀,站立时,头、肩、臂的位置协调。

(7) 反应敏捷,眼睛明亮,眼睑不发炎。

(8) 牙齿清洁,无空洞,无痛感,无出血现象,牙龈颜色正常。

(9) 头发有光泽,无头屑。

(10) 肌肉和皮肤富有弹性,走路轻松。

从这十条标准可以看出,健康包括身体健康、心理健康及社会适应良好等方面,它们相辅相成,缺一不可。

3. 亚健康

亚健康是指人的身心、情感处于疾病与健康之间的一种健康低质状态,是机体虽无明确的疾病,但在躯体、心理和人际交往上出现种种不适应的感觉和症状,从而呈现出活力、反应能力和对外界的适应能力降低的一种生理状态。世界卫生组织将机体无器质性病变,但有一些功能性改变的状态称为“第三状态”,我国称之为“亚健康状态”,即处于疾病与健康之间的一种生理机能低下的状态。WHO的一项全球性调查显示,全世界真正健康的人仅占5%,经医生诊断患病的人也只占20%,75%的人处于健康和患病之间的状态。

《亚健康中医临床指南》将亚健康定义为人体处于健康和疾病之间的一种状态,表现为一定时间内活力下降、机体功能和适应能力减退。亚健康的诊断标准如下:①以疲劳、睡眠紊乱、疼痛等躯体症状表现为主;②以郁郁寡欢、焦躁不安、急躁易怒、恐惧胆怯、短期记忆力下降、注意力不能集中等心理症状表现为主;③以人际交往频率降低、人际关系紧张等社会适应能力下降表现为主。其中任何一种症状持续3个月以上，经系统检查排除患有疾病者，可分别诊断为处于躯体、心理、社会交往亚健康状态。① 有学者认为导致不同类型的亚健康所需要的时间并不完全相同，但目前尚无公认的评定标准（亚健康量表）、持续时间标准和疾病排除标准。

现在的大学生正处在一个竞争加剧的环境中，面临着来自生活、学习和就业等方面的很多问题，并且网络极大地改变了大学生的生活习惯，大学生群体已成为亚健康的一个高发人群。

研究表明，对在校饮食状况较满意、饮食有规律、吃蔬菜和水果的频率较高、睡眠较充足、少熬夜、对自身健康状况和日常生活较满意、与室友相处融洽等对于降低大学生亚健康的发生率具有积极作用，而遭遇学习、情感和生理上的不良状况，学业过重，生活、学习压力过大，不吃早餐，沉迷于网络，对前途非常担心等容易导致亚健康的发生。②

二、心理健康的标准与理解

健康的心理是大学生接受思想政治教育以及学习科学文化知识的前提与保证。如果一个人经常处于焦虑、郁闷、孤僻、自卑、犹豫、暴躁、怨恨等不良心理状态，他不可能在学习、生活中充分发挥个人潜能，取得成就。

1. 心理健康的含义与标准

在界定心理健康的含义及标准时，因为其复杂性，至今尚无统一、肯定的答案。多数学者主张应以人的整体行为的适应情况为标准，而不应过分重视个别症状的存在。就心理结构而言，心理健康应包括人格、能力、认识、行为和情绪等多方面的健康。就心理健康的人本身而言，又有水平高低之分。心理健康从低水平上理解是指没有心理障碍或行为问题的一种精神状态；从高水平上理解则是指人们客观地认识环境与自我，进行心理调节，最大限度地发挥自身的潜能，从而更好地适应社会生活，更有效地为社会和人类做贡献的心理发展状态。这只是较为笼统的解释，要想具体地掌握心理健康的含义，就需要了解心理健康的标准。以下是几种较有影响力的心理健康标准，分别从不同的侧面揭示了心理健康的标准与含义。

1946年，第三届国际心理卫生大会曾对心理健康下了这样的定义：心理健康是指在身体、智能以及感情上与他人的心理健康不相矛盾的范围内，将个人的心境发展成最佳状态。第三届国际心理卫生大会还具体指明了心理健康的标准：身体、智力、情绪十分调和；适应环境，在与人交往的过程中能彼此谦让；有幸福感；在工作中，能充分发挥自己的能力。

美国心理学家马斯洛和米特尔曼提出的心理健康标准如下。

（1）具有适度的安全感，有自尊心，对个人的成就有价值感。

（2）能进行适度的自我批评，不过分地夸耀自己或苛责自己。

（3）生活目标、理想切合实际。

（4）与现实环境能保持良好的接触，能容忍生活中挫折的打击，不会过度幻想。

（5）能适度地接受个人的需要，并有满足自身需要的能力。

---

① 中华中医药学会．亚健康中医临床指南．北京：中国中医药出版社，2006.

② 晋晋．大学生亚健康症状及成因调查．中国科学技术大学学报，2014(6)：531-534.

(6) 有自知之明,了解自己的动机与目的并对自己的能力有适当的估计,对个人违背社会规范、道德标准的欲望,不过分地否认或压抑。

(7) 能保持人格的和谐与完整,个人的价值观能随社会标准的变迁而改变,对自己的工作能集中注意力。

(8) 有切合实际的生活目的,在个人的生活目的中,含有利己与利人两种成分,个人所从事的工作多为实际的、可能完成的。

(9) 具有从经验中学习的能力,能适应环境的需要而改变自己。

(10) 在团体中能与他人建立和谐的关系,重视团体的需要,接受团体的传统,并能控制为团体所不容的个人欲望或动机。

(11) 在不违背团体意愿的原则下,能保持自己的个性,有个人独立的意见,有判断是非善恶的能力,对他人不过度谄谀,也不过分追求社会的赞许。

美国学者坎布斯认为,一个心理健康的人应具有以下四种特质。

(1) 积极的自我观念。

(2) 恰当地认同他人。

(3) 面对和接受现实。

(4) 主观经验丰富,可供利用。

美国心理学家奥尔波特提出了心理健康的六条标准。

(1) 力争实现自我成长。

(2) 能客观地善待自己。

(3) 人生观统一。

(4) 有与他人建立亲密关系的能力。

(5) 不断追求进步和完善,获得人生所需的能力、知识和技能。

(6) 具有同情心,对生命充满爱。

中国台湾学者黄坚厚提出的心理健康标准如下。①

(1) 心理健康的人是乐于工作的,能将自身的能力在工作中发挥出来,同时,能从工作中获得满足感。

(2) 心理健康的人是有朋友的,能与他人建立和谐的关系,在与人交往、与人相处时,正面、积极的态度(喜悦、依赖、友爱、尊敬等)常多于反面、消极的态度(仇恨、敌视、嫉妒、怀疑、畏惧等)。

(3) 对自身有适当的了解,能悦纳自己,愿意努力发挥自身的潜能,对无法补救的缺陷也能安然接受。

(4) 能与现实环境有良好的接触,能对现实环境进行正确、客观的观察,并能较好地适应环境,对生活中的各种问题,能采用切实有效的方法去解决,而不企图逃避。

王登峰、张伯源提出的心理健康标准如下。②

(1) 了解自我,悦纳自我。

---

① 张春兴.现代心理学——现代人研究自身问题的科学.3版.上海:上海人民出版社,2009.

② 王登峰,张伯源.大学生心理卫生与咨询.北京:北京大学出版社,1992.

(2) 接受他人,善于与人相处。

(3) 正视现实,接受现实。

(4) 热爱生活,乐于工作。

(5) 能协调与控制情绪,心境良好。

(6) 人格完善和谐。

(7) 智力正常。

(8) 心理、行为符合年龄特征。

王效道教授提出了判断心理是否健康的三个原则:一是心理与环境的一致性;二是心理与行为的整体性;三是人格的稳定性。他还提出了心理健康水平的七个评估因素:适应能力、耐受力、控制力、意识水平、社会交往能力、康复力、道德愉快感。

2. 心理健康中的"灰色区"概念

心理正常与不正常无明显界限,它们之间有一个连续变化的过程。具体地说,如果将心理正常比作白色,心理不正常比作黑色,那么,在白色和黑色之间存在着一个巨大的缓冲区域——灰色区。世界上大多数人都散落在灰色区域内。灰色区是非器质性精神痛苦的总和,其中包括心理不平衡、情绪障碍及变态人格。这些问题不同程度地干扰了人们的情绪状态与正常生活。

灰色区又可以进一步划分为浅灰色与深灰色两个区域。浅灰色区的人只有心理冲突而无人格变态,突出表现为由诸如失恋、丧亲、工作不顺心、人际关系不和睦等矛盾而带来的心理不平衡与精神压抑。处在深灰色区的人则患有种种异常人格和神经症,如强迫症、恐怖症、癔症、性倒错等症状。浅灰色区和深灰色区之间也无明显界限,后者往往包含了前者。

灰色区的存在,说明在人生的发展过程中我们面临心理问题是正常的,不必大惊小怪,应积极加以调整和矫正。

三、心理健康评价

1. 评价心理健康的基本原则

怎样评价心理是否健康,是健康心理学的一项重要的、复杂的课题,对此,心理学家曾有过诸多论述,但至今尚无定论。客观地说,健康与不健康是相对的,没有也不可能有绝对的分界线。一般来说,我们在评价心理健康与否的时候,可以遵循以下基本原则。

1) 心理与环境的一致性

心理是客观现实的反映,任何正常的心理活动,其形式和内容都应与客观环境保持一致,否则,就会让人难以理解。

2) 心理与行为的统一性

一个人的行为选择往往受他的心理意识支配,在本质上,知、行应是统一的。如果一个人想的、说的、做的基本一致,心理活动与行为选择协调统一,就应该认为他的心理是健康的。

3) 人格的稳定性

人格是一个人在长期的生活中逐步形成的独特的个性心理特征。这种个性心理特征一旦形成,就具有相对的稳定性,并在一切活动中显示出其区别于他人的特性,在没有重大变故的情况下是不易改变的,否则,就要考虑这个人是否出现心理问题了。

在判定一个人心理是否健康时,要慎重、客观、实事求是,综合各种因素,具体问题具体分析。

2. 评价心理健康的方法

如何正确、有效地评价人的心理健康状况?心理学家提供了多种可使用的方法,但是目前还没有一种方法可以完全客观、准确地评价一个人的心理健康状况。这里介绍三种方法:环境适应判定法、症状观察法及心理测量法。每种方法都可以单独使用,但都有局限性。在实践中,通常把这几种方法结合起来使用,这样效果更好。

1)环境适应判定法

通过前面的介绍,我们已经知道,尽管心理学家描述的心理健康标准不相同,但大部分心理学家都把"适应良好"作为一条重要的标准。良好的适应涉及心理活动的各个方面,是一个比较综合的标准。环境适应主要包括社会适应和生活适应两个方面。社会适应是指个体与社会处于和谐状态而不是对立状态。换言之,若个体的行为符合社会行为规范的要求,说明其社会适应良好,视为心理正常;若个体的行为不符合社会行为规范的要求,则说明其社会适应不良,视为心理异常。生活适应以个体是否表现出与外在的生活情景相一致的情感、语言、行为为依据,对人的生活适应水平进行了解,从而判断其心理是否健康,即一个人的言行表现越是与外在的生活情景相一致,其心理越正常,越是不一致,其心理越异常。

环境适应判定法的优点是简便易行,获得的信息直观、真实,但局限性也显而易见。例如,有些违反社会规范的行为,可能是心理异常造成的,也可能就是单纯的犯罪,很难区分。这时,就需要配合其他方法综合分析,才能做出准确的判断。

2)症状观察法

症状观察法是通过观察个体的行为表现,捕捉基本信息,从而了解其是否存在某些心理异常的症状,并对其心理健康状况进行判定的方法。使用此法进行判定时,要求判定者对心理异常的多种症状较为熟悉,并且要求对被检查者的心理的方方面面进行检查后,才能进行判定。

症状观察法的可靠性取决于判定者对心理异常症状的熟悉程度和检查的细致程度。采用这种方法时,最好能结合被检查者的自诉症状来进行判断,因为任何行为都伴随着主观感受,一种行为是否健康不仅取决于行为本身,在很大程度上还要看个体的主观感受如何,要看这种行为是快乐的还是痛苦的。将外部观察和内部体验结合起来评价一个人的心理健康状况是较为可行的方法。

3)心理测量法

这是一种采用专门的心理测量工具(如测验量表),在较短的时间内对被试的某些方面的心理属性进行测定,然后和常模(某一特定人群的心理健康平均水平)进行比较,从而判定被试的心理健康水平的方法。

进行心理测量时可使用的量表很多,常用的有明尼苏达多项人格测验量表、卡特尔 16 种人格因素问卷、康奈尔健康问卷、抑郁自评量表、焦虑自评量表等。上述量表在学校心理咨询工作中可以使用。

第二节　心理异常

如今,心理异常成为广受关注的社会问题。事实上,研究心理异常者的心理和行为历来都是心理学重要的研究主题之一。心理异常者在人群中所占比例虽然不高,但就其数量而言,却是一个不可忽视的庞大群体。变态心理学的基本内容就是探讨心理异常的表现、类别和成因,寻求有效的诊断、治疗和预防方法。对异常心理的研究,常常能从一个极端的角度,启发和深化我们对正常心理的认识。更重要的是,对异常心理的研究越深入,我们就越有把握帮助那些患病的人,让他们重新健康快乐地生活。维护心理健康对于处在社会急剧发展变化中的现代人来说是无法回避的课题,因此,认识和了解心理异常具有非常重要的实践意义。

一、心理异常的标准、分类和成因

1. 心理异常的标准

美国精神医学学会编著的《精神障碍诊断与统计手册》在总结不同观点的基础上,给出了心理异常的七个判别标准。

1）痛苦的主观感受或心理功能不良

不适的情绪体验通常是心理异常的报警器。摆脱痛苦的主观感受通常是心理异常者寻求心理帮助的强烈动机,心理治疗也常常是从求治者对痛苦情绪的描述和倾诉开始的。但并非所有的心理异常者都有痛苦的感受,一些严重的心理疾病患者在疾病发作期间通常“自我感觉良好”。心理功能不良也是心理异常的常见表现,如感知的迟滞或过敏、记忆的减退或增强、思维的迟缓或奔逸。心理功能不良必然导致患者社会功能的衰退。

2）不适应性

心理异常者习惯于采用“损人害己”的行为,这种行为方式既妨碍了自身目标的实现,无益于个人的幸福,又给他人和社会造成了不良影响。例如,反社会型人格障碍患者可能时常陶醉于自身行为给自己带来的种种收益,其实他们的行为既损害了他人的权益,又恶化了自身生存和发展的环境,使得自己的需要更难以得到满足。

3）非理性

个体对客观现实的感知、理解和反应是歪曲的,如听到并不存在的声音、坚信自己被迫害、采取毫无意义的防御行为以减缓自己的不安全感等。

4）不可预测性

个体的心理和行为缺乏稳定性和一致性,呈现出紊乱状态。例如,在没有明显诱因的情况下,情绪大起大落,人格显著改变,甚至几种人格无规则地交替出现。

5）非常态性

个体的心理特征和行为方式在统计学上处于极端位置且不被社会接受或赞同。并非所有的非常态状况都是心理异常的表现,例如,在某些情况下,处于统计学极端位置的心理和行为是积极健康的,如智商高、创造力强、成就动机水平高等。有时某一维度的统计只是显示出某种类型差异,它告诉我们人类心理和行为的复杂性和丰富性,如同性恋,虽然人数很少,但是是一种客观存在的恋爱模式。心理异常者与常人不同的极端表现通常是不被社会认可的。

6）令观察者不适

个体通过令他人感受到威胁或体验到痛苦而造成他人的不适,如在公众场所裸行、无端猜忌等。

7）对道德或公众标准的违反

个体违反道德或公众标准,侵犯他人或公众的利益。

以上七条标准有些是相互联系的,有时在一个人身上可能是矛盾的。这说明对心理异常的判断是一项极其困难的工作。需要强调的是,没有一条标准对所有心理异常者来说是必要条件,也没有哪一条标准可以单独作为充分条件来区分正常心理和异常心理。较为一致的看法是,个体符合心理异常的标准越多,其表现越处于极端位置且频率越高,越有把握判定其心理异常。不容回避的是判断心理异常的客观性问题,即如何能有效地把心理异常者找出来,这一直是困扰理论研究者和实践工作者的一道难题。

2. 心理异常的分类

心理异常的分类是心理异常研究中的一个至关重要的问题。分类是研究者相互交流的基础,反映出研究者对各种心理异常的病理学理解及治疗方案的构想。美国精神医学学会编著的《精神障碍诊断与统计手册》第 4 版(DSM-Ⅳ-TR)是以可观察的行为或症状为基础对心理异常进行分类的。它采用不同的维度(或称为轴)来描述心理异常的相关信息(见表 1-1)。主要的临床障碍大部分包括在轴Ⅰ内。轴Ⅰ还包括除了智力发育迟滞外所有童年期出现的障碍。轴Ⅱ列出了智力发育迟滞和人格障碍,这些问题可以和轴Ⅰ中的障碍伴随发生。轴Ⅲ列出了一些医学状况方面的信息,这些信息可能与了解或治疗轴Ⅰ和轴Ⅱ中的心理障碍有关。轴Ⅳ和轴Ⅴ为计划个体的治疗和评定预后提供了有用的补充信息。轴Ⅴ可以帮助临床工作者对个体功能的整体水平做出评价。

表 1-1　DSM-Ⅳ-TR 的五个轴[①]

轴	信息的分类	描　　述
轴Ⅰ	临床障碍	这些精神障碍表现为给个体带来痛苦或者导致某一领域功能损害的症状、行为模式或心理问题,包括在婴儿期、儿童期或者青少年期出现的障碍
轴Ⅱ	(1) 人格障碍; (2) 智力发育迟滞	这个轴包括对现实世界感知或反应机能失调的问题
轴Ⅲ	一般医学状况	这个轴包括与了解或治疗轴Ⅰ和轴Ⅱ中的心理障碍有关的躯体问题

① 理查德·格里格,菲利普·津巴多.心理学与生活.16 版.王垒,王甦,等,译.北京:人民邮电出版社,2003.

续表

轴	信息的分类	描　　述
轴Ⅳ	心理社会和环境问题	这个轴包括可能影响个体心理障碍的诊断、治疗和康复的心理社会和环境应激
轴Ⅴ	对功能的整体评价	这个轴用于报告个体目前在心理、社会和职业领域内的整体功能水平

表1-2列出了DSM-Ⅳ-TR中常见的心理异常的类型。

表1-2　DSM-Ⅳ-TR中常见的心理异常的类型①

通常在婴儿期、儿童期或青少年期被诊断出的障碍	
· 智力落后	轻度智力落后
·（婴儿期或儿童期）饮食障碍	异食癖
· 学习障碍	阅读困难
· 抽动障碍	反复无常地抽动
· 运动技能障碍	运动不协调
· 交流障碍	口吃
· 综合性发展障碍	孤独症
· 与排泄系统有关的障碍	遗尿
· 注意缺陷障碍与捣乱行为	注意缺陷、多动症
· 其他障碍	分离焦虑
谵妄症、遗忘症、痴呆症和其他认知障碍	
· 谵妄障碍	患病所致胡言乱语
· 遗忘障碍（记忆丧失）	患病后出现的遗忘症
· 痴呆障碍	早老性痴呆
· 其他未识别的认知障碍	
无法归入其他类型的患病所致障碍	
· 患病所致的极度紧张	
· 患病后人格改变	
· 其他患病所致的心理障碍	
药物所致的心理障碍	吸毒引起的精神病

① Dennis Coon. 心理学导论——思想与行为的认识之路. 9版. 郑钢，等，译. 北京：中国轻工业出版社，2004.

续表

精神分裂症 · 突发性精神分裂症 · 情感性精神分裂症 · 妄想症 · 患病所致精神分裂症 · 引发性精神分裂症 · 其他精神分裂症	夸大妄想、自以为是妄想
心境障碍 · 抑郁症 · 双相精神障碍 · 患病所致心境障碍 · 引发性心境障碍 · 其他心境障碍	重度抑郁
焦虑性障碍	恐惧症
躯体性障碍	病变性障碍
心因性障碍	认为自己丧失能力或生病
性功能障碍和性别认同障碍 · 性功能失调 · 性心理障碍 · 性别认同障碍 · 其他性心理障碍	性唤起障碍 窥阴癖
进食障碍	神经性厌食症
睡眠障碍 · 基本睡眠障碍 · 失眠 · 异常睡眠障碍 · 与其他心理障碍有关的睡眠障碍 · 其他睡眠障碍	难以入睡 害怕入睡 紧张引起的失眠 滥用药物导致的睡眠障碍
行为控制障碍	偷窃癖
适应性障碍	适应不良
人格障碍	反社会型人格障碍

3. 心理异常的成因

医学模式认为,心理异常是一种心理疾病。这种观点取代了早期将心理异常看作魔鬼或邪恶力量惩罚的观点。但是医学模式也受到了广泛的质疑。现在大多数心理健康工作者采纳生物-心理-社会观点。这种观点认为,心理和生理是密不可分的,压力和负面情绪会导致心理疾病,并以生理的形式体现出来。心理异常是遗传的易病体质和心理状态共同作用的结果,不仅受内在心理动力系统的影响,而且受社会和文化环境的影响。

二、心理异常的常见类型

在介绍了心理异常的分类之后,这里对现实生活中较为常见的心理异常进行简单的介绍。这是我们在自助和助人时必须掌握的基本知识。

1. 焦虑障碍

焦虑是由紧张、不安、焦急、忧虑和恐惧等感受交织组成的情绪状态。伴随着焦虑体验,通常会产生心跳加快、血压升高、颤抖、排汗、头晕等生理反应。适当的焦虑能调动人的身心能量,帮助人应对客观存在的威胁情境,焦虑障碍则表现为过度或不适当的焦虑,会给人们的生活适应带来困难。

1）恐惧症

恐惧症是对某种特定事物、活动或情境产生持续的不合理的恐惧反应。很多时候,当事人知道这种恐惧是非理性的、没有必要的,却无法摆脱恐惧的情绪。当一个人的恐惧对象与他的日常生活、学习、工作密切相关时,其生活适应和社会功能的发挥必将受到严重的影响。与焦虑不同,焦虑发生在危险来临之前,而恐惧在面临危险时发生。

一般来说,恐惧症主要有以下三种。

(1) 单一恐惧症:惧怕特定的对象或情境,如害怕某种动物、害怕高处、害怕封闭而拥挤的地方等。

(2) 社交恐惧症:对他人的注意感到非常害怕,不敢与别人交往,不敢在众人面前讲话,常逃避社交活动。

(3) 广场恐惧症:对开放、拥挤的地方感到害怕,不愿意出现在公开、热闹的场合。

2）广泛性焦虑障碍

广泛性焦虑障碍的特征是持久的不祥的预感和交感神经系统的兴奋,表现为缺乏明确对象和具体内容的提心吊胆与紧张不安。除了焦虑的心情外,还有显著的植物神经紊乱症状、肌肉紧张和运动性不安。患者总觉得不幸会随时降临,过度警觉,注意力难以集中,身心疲倦,头晕目眩,同时会伴有心悸、失眠、口干、尿频、腹泻等症状。其核心是对各种应激源的弥漫性恐惧。

3）惊恐障碍

惊慌障碍是一种突然发作的严重焦虑,通常不是由外部刺激引起的。其基本特征是严重焦虑反复发作,并且发作不限于某一特殊情境或特殊场合,因而难以预料。主要症状因人而异,但常有突发的心悸、胸闷、窒息感和眩晕感。患者会突然无缘无故地感到惊慌,好像大祸临头,并出现心跳加快、呼吸急促、四肢颤抖、头晕、恶心、盗汗等生理症状。

4）强迫障碍

强迫障碍是以不能为主观意志所控制,反复出现的观念、意向和行为为临床特征的一种心理障碍,简称强迫症。强迫症的特点是有意识的自我强迫和自我反强迫同时存在,二者的尖锐冲突使患者感到焦虑和痛苦,患者体验到观念或冲动来源于自我,但违反他的意愿,所以极力抵抗和排斥,但无法控制,患者认识到强迫症是异常的,但无法摆脱。

在临床上,强迫障碍可以分为强迫思想障碍和强迫行为障碍两类。强迫思想障碍包括强迫观念、强迫回忆、强迫表象、强迫性穷思竭虑、强迫性害怕丧失自控能力等。强迫行为障碍表现为反复洗涤、反复核对检查、反复询问,以及其他反复的仪式化动作。

5)应激障碍

应激障碍包括创伤后应激障碍和急性应激障碍。

创伤后应激障碍(PTSD)是超出正常人承受范围的痛苦事件导致的心理障碍,以强烈的恐惧、回避与事件相关的刺激、事件再现为特征。PTSD 可能在灾难后的几个月甚至几年内发生。经历过地震、火灾、战争的人很容易出现 PTSD 症状。创伤性事件以闯入性的记忆、重复的梦等形式不断出现。PTSD 患者总是尽力回避那些与创伤性事件相关的想法和行为,睡眠质量受损,易怒,注意力难以集中,过分警惕,有强烈的惊跳反应。在“9·11”事件发生后的 1 个月里,8.5%接受调查的曼哈顿居民被诊断为正在经受 PTSD 的折磨,大多数是由恐怖分子的行为引发的。20%住在世界贸易中心附近的居民出现了经常做噩梦、严重焦虑、害怕公共场所等警示信号。美国哥伦比亚大学的研究人员说,纽约大约有 40 万人患有创伤后应激障碍。

急性应激障碍是由突然而强烈的应激因素诱发,以焦虑和无助体验为特征的心理障碍。例如,在遇到失去亲人、社会地位急剧改变等事件时,一些易感性强和应对能力不足的人可能会产生急性应激障碍。急性应激障碍一般在事件发生后的 1 个月内出现,持续时间为 2 天到 4 个星期。

2. 分裂性障碍

分裂性障碍是意识或自我认同突然发生暂时性改变的障碍,个体丧失了自我统合感,心理过程处于分离状态。

1)分裂性遗忘症

分裂性遗忘症患者会突然想不起重要的个人信息。这种记忆丧失的现象没有生理症状的依据,纯粹是心理原因造成的。这种失忆具有选择性,患者失去的可能是对某段时间的记忆,也可能是对一些重要事情的记忆,其技能和一般性知识仍然存在。遗忘症状可以持续几个小时甚至几年的时间。

2)分裂性神游症

分裂性神游症患者会突然离开自己的家庭或工作场所,到另外一个新的地方,丧失对过去生活的一些记忆,包括自己的姓名、住址、职业等。在新的环境中,患者会重新开始适应,重新建立一种与过去完全不同的人格,这种新的人格通常比原来的人格更友善。一段时间之后,许多患者会突然醒悟,恢复记忆,但不能记起神游期间的经历。

3)分裂性认同障碍

分裂性认同障碍患者通常有多种不同的人格,在不同的情境中,会出现不同的人格,这种转换常常是非常突然的。

3. 心因性躯体障碍

心因性躯体障碍是没有证据表明有任何器质性病变,患者却总是抱怨有身体疾病的一种障碍。其主要特征是患者反复陈述躯体症状,不断要求进行医学检查,反复检查的阴性结果和医生的解释都不能消除其疑虑。患者有时有某种躯体障碍,但是不能解释症状的性质和程度。心因性躯体障碍包括躯体化障碍、疑病症、躯体形式的植物神经功能失调、持续的躯体形式的疼痛障碍、转换性障碍等。

1)躯体化障碍

躯体化障碍是一种以持久的担心或相信各种躯体症状的优势观念为特征的神经症。

2)疑病症

疑病症患者非常关注自身的健康状况,有各种主观症状,但各种医学检查均不能证明其有任何器质性病变,医生的解释通常不能消除其疑虑。

3)躯体形式的植物神经功能失调

患者表现出的症状似乎是植物神经支配的器官或系统的躯体障碍导致的,但是并没有证据可以证明有关器官和系统存在躯体疾病。

4)持续的躯体形式的疼痛障碍

持久、严重、令人痛苦的疼痛,不能完全用生理过程或躯体障碍进行解释,是这类障碍的突出表现。心理社会问题通常是疼痛发生的主要原因。

5)转换性障碍

转换性障碍是没有任何医学根据的身体机能的巨大变化或严重丧失。早期,转换性障碍被认为是女性才会患的病,病因为子宫在体内游走。现代的精神医学研究者否定了这一看法,认为其实质是心理问题的躯体化,即心理冲突转化成了身体疾病。例如,在第二次世界大战期间,有些飞行员患上了一种奇怪的夜盲症,尽管他们的视觉神经正常,但是不能在夜里执行战斗任务。

转换性障碍通常呈现出以下特点。

(1)患者身体局部功能丧失,却无任何生理上的病因。

(2)发病突然,一般在遭受重大压力事件之后。

(3)症状不符合生理学的解释,如瘫痪常以关节为界。

(4)症状在催眠或自然睡眠状态下消失。

(5)患者似乎不太在意自己的症状,不为自己的症状感到苦恼,因此容易给人一种装病的印象。

4. 心境障碍

心境障碍又称为情感障碍,是以明显而持久的心境高涨或心境低落为主要症状的一组精神障碍,并有相应的思维和行为改变。大多数患者有反复发作的倾向。

同心境高涨一起出现的症状有思维奔逸和精神运动性兴奋,称为“三高症状”,有时还会伴有自负、自傲、行为莽撞等症状,这些症状持续一周以上,可考虑为躁狂发作或躁狂症。同心境低落一起出现的症状有思维缓慢、语言和动作减少,称为“三低症状”,往往伴有失眠、乏力、食欲不振、工作效率低等症状,这些症状持续两周以上,可考虑为抑郁发作、抑郁障碍或抑郁症。

1)躁狂发作

躁狂发作也称为躁狂症,可分为轻型躁狂症、无精神病症状躁狂症、有精神病症状躁狂症、复发性躁狂症。

2）双相障碍

双相障碍患者的心境在极度兴奋和极度抑郁的双相循环中转换，但这种转换与外部事件无关。在极度兴奋阶段，患者兴高采烈，精力充沛，睡眠减少，思维速度快，喜欢讲话但不停地变换话题，爱管闲事，喜欢干涉和支配他人，有时有攻击倾向，这种状态通常只能维持较短时间，然后患者会突然陷入极度抑郁的状态。

3）抑郁发作

抑郁是许多人都会产生的一种情绪体验。重度抑郁障碍是目前心理异常中患病率最高的一种。重度抑郁障碍一般会表现出以下症状。

(1) 在情绪方面，患者长期情绪低落，痛苦绝望，常常企图通过自杀使自己得到解脱。

(2) 在认知方面，患者对自己、对他人、对生活、对未来的看法十分消极，自我评价低。

(3) 在动机方面，患者对任何事物都缺少主动的兴趣和意愿，在行为上极为被动，有时会独自坐在一个地方，几个小时不动。

(4) 在生理方面，患者食欲降低，体重明显减轻，四肢无力，疲劳感重，性欲减退。

抑郁发作以心境低落为主要症状，可以从闷闷不乐到悲痛欲绝，严重者可能会出现幻觉、妄想等精神病症状。抑郁发作也称为抑郁症，可以分为轻型抑郁症、无精神病症状抑郁症、有精神病症状抑郁症、复发性抑郁症。

4）持续性心境障碍

持续性心境障碍表现为持续性的有起伏的心境障碍，发作时极少严重到足以描述为轻型躁狂症或轻型抑郁症。持续性心境障碍每次发作都会持续数年，因此会造成很大程度的主观痛苦和功能残缺。

5. 精神分裂症

精神分裂症以精神分裂为主要特征，是一种非常严重的心理障碍。正常人的心理世界是和谐、统一的，认知、情感和行为互相关联，人格较为稳定，主观世界与外部环境协调一致，而精神分裂症患者的心理世界统一性丧失，认知、情感和行为互不配合，人格无缘由地显著改变，主观世界与外部环境割裂。

1）精神分裂症的常见症状

精神分裂症可以分为不同的类型，其症状也各不相同，但下面几种症状是精神分裂症患者通常具有的，只是表现程度存在差异。就每一个精神分裂症患者而言，各种症状之间通常是相互支持、相互影响的，共同构成了一个与客观世界相脱离的、不为常人所理解的主观世界。

(1) 思维紊乱。思维过程缺乏连贯性和逻辑性是精神分裂症的特征性症状。患者在意识清楚的情况下说话，虽然语法正确，但语句之间没有联系，使人感到不易理解。严重时，语言支离破碎，甚至词语之间也缺乏联系。有些患者会出现一些奇怪的逻辑推理，有些患者会用一些很普通的词或动作表示某些特殊的除自己以外别人无法理解的意义，有些患者会用图形或符号代替某些概念。

(2) 感知扭曲。有些患者听到很小的声音也会觉得震耳欲聋，有些患者会感到时间停滞不前，有些患者会感到自己的头部变大，或者四肢的长短、粗细、形状发生了变化。

(3) 幻觉和妄想。幻觉是一种无中生有的虚幻的知觉。例如，有些患者听到了并不存在的声音，有些患者看到了并不存在的事物，有些患者闻到了并不存在的气味。妄想是没有客观证据支持的、稳定的、错误的信念。例如，有些患者坚信自己正受到某个人或某个组织的迫害，有些患者将周围环境中与其毫无关系的一些人物、现象、事情都牵连到自己身上，认为都是针对自己的，有些患者坚信自己的思想和行为受到某些人或某种神秘力量的影响、干扰和支配，有些患者坚信配偶对自己不忠。

(4) 不恰当的情绪和行为。患者的情绪及表达方式与正常人不同。本来应该高兴的情境，他却悲伤；本来应该悲伤的情境，他却高兴。他会以高兴之情述说一件伤心的事，也会以悲痛之情述说一件高兴的事。患者的行为也非常奇怪，有时无缘无故傻笑，有时咬牙切齿，有时愁眉苦脸，有时手舞足蹈，并且这些行为明显与环境脱节。

2) 精神分裂症的心理成因

对精神分裂症的心理成因有着不同的解释。精神分析论者认为，精神分裂症是幼年时期性心理发展障碍造成的。由于本我的原始性冲动不能在自我中找到出路并获得满足，个体便在心理上出现退化倾向，重新回到以口唇期为主的更幼稚的阶段。行为主义论者认为，精神分裂症是个体在生活适应中学习的结果。对现实生活中压力事件的逃避既可以让自己不感到焦虑，也可以让自己得到别人的关注，因此，逃避现实的行为不断地被强化。个体在现实中迷失，于是退缩到幻想的世界里。

6. 人格障碍

人格障碍指人格特征明显偏离正常，使患者形成一贯的反映个人生活风格和人际关系的异常的行为模式，这种模式显著偏离特定的文化背景和一般的认知方式(尤其是在待人接物方面)，明显影响其社会功能与职业功能，造成对社会环境的适应不良，患者为此感到痛苦，并已具有临床意义。人格障碍通常开始于童年期或青少年期，患者虽然没有智力障碍，但适应不良的行为模式难以矫正，仅少数患者在成年后在程度上可以有所改善。

人格障碍的症状是个体的内心体验和行为特征在整体上与其文化所期望和所接受的范围明显偏离，这种偏离是广泛的、稳定的、长期的，表现为对人和事物的认知的异常偏离、情感反应的异常偏离、控制冲动及满足个人需要的异常偏离、人际关系的异常偏离。

常见的人格障碍有以下几种。

(1) 偏执型人格障碍：以猜疑和偏执为特点。

(2) 分裂型人格障碍：以观念和行为奇特、情感冷漠、人际关系不良为特点。

(3) 反社会型人格障碍：以行为不符合社会规范、经常违法乱纪、对人冷酷无情为特点。

(4) 冲动型人格障碍：以阵发性情感爆发，伴有明显的冲动性行为为特点。

(5) 表演型人格障碍：以过分感情用事，用夸张的言行吸引他人的注意为特点。

(6) 强迫型人格障碍：以过分要求完美无缺为特点。

(7) 其他类型：如依赖型人格障碍、焦虑型人格障碍等。焦虑型人格障碍的特征是经常感到紧张、提心吊胆、不安和自卑，总是需要被人喜欢和接纳，对拒绝和批评过分敏感，习惯性地夸大日常处境中的潜在危险。依赖型人格障碍的特征是不能独立解决问题，害怕被人遗弃，常感到无助、无能和缺乏精力。

三、心理异常的治疗

心理治疗是指治疗者通过与来访者互动，运用心理学的原理影响来访者的观念、情感和行为,帮助来访者克服心理障碍,适应生活中的各种问题,促进其发展的过程。

心理治疗是心理科学发展到一定阶段的产物。在科学心理学兴起之前的很长一段时间,对心理异常的治疗带有强烈的迷信色彩。由于"鬼神附体"等病理观念的影响,人们通常采用求神拜佛、念咒、悬吊、针刺、火烧等治疗方法,有些手段极为残忍。即使在今天,一般人对心理异常者仍存在较多的误解。由于心理学各流派对心理异常的成因解释不同,所以所采用的治疗方法也不同。这既反映出心理治疗理论的发展和繁荣,也显示出心理治疗理论还需要进一步完善,同时还说明心理治疗本身就是一项十分复杂的工作。精神分析疗法、行为疗法、认知疗法和以人为中心疗法是目前最具有代表性的心理治疗方法。

1. 精神分析疗法

精神分析疗法又称为心理分析疗法,是心理治疗中最主要的一种治疗方法。在催眠术的基础上,弗洛伊德创立并完善了精神分析学说。无论是荣格的心理分析法、阿德勒的心理分析法、约翰·罗森的直接分析法,还是认知主义和人本主义的某些疗法,都与弗洛伊德的心理分析理论和心理分析疗法有着千丝万缕的联系。

弗洛伊德认为,人的心理活动可以分为潜意识、前意识和意识三个层次。潜意识深藏于意识之后,是人类行为背后的内驱力。虽然我们意识不到潜意识的内容,但我们大多数的动机都是潜意识的。个体重要的行为表现都源于自己意识不到的动机和内心冲突。

精神分析疗法是以潜意识理论为基础,设法使潜意识的东西进入意识中,然后使个体通过自我认识,摆脱心理问题和不良情绪的一种心理治疗方法。精神分析的价值在于它能够挖掘出深藏在潜意识中的各种关系(尤其是童年的精神创伤和痛苦体验),使其回到意识中。患者借助于医生的分析、解释,理解这些关系,彻底认识自己,医生再加以疏导,使患者宣泄并消除深藏在潜意识中的童年的精神创伤和痛苦体验,最后矫正不良行为,达到治疗的目的。

精神分析疗法采用的技术主要有自由联想、梦境分析、移情分析、阻抗分析、阐释等。

1)自由联想

自由联想是指让患者保持舒适的姿势,在无拘无束的情境下,尽可能说出自己心中所想到的一切,不管它们是如何琐碎、怪诞、模糊,只要是想到的,就毫无保留地说出来。自由联想能帮助患者释放潜意识中积存的痛苦,减轻内心深处的压力,本身就具有治疗效果。自由联想是开启潜意识之门的钥匙,通过自由联想,分析师能获取心理分析所需要的资料。

2)梦境分析

梦境分析是指分析师根据患者所讲述的梦境来解析梦的隐义。弗洛伊德把梦看作通往潜意识的大道。人在睡眠中防卫能力较低,一些被压抑的内容容易意识化。在梦中,个体潜意识中的欲望、需要与恐惧会表现出来,但很多时候并不是直接表现,而是以伪装的形式表现出来,所以需要对梦的内容进行分析。

3)移情分析

移情是指在治疗过程中,患者将其早年对某个人的情感转移到治疗者身上。如果转移的是爱意,称为正移情;如果转移的是恨意,称为负移情。在治疗过程中,通过患者移情时的行为表现,治疗者可以了解其以往的人际关系及感情经验。

4）阻抗分析

阻抗是指患者有意或无意地回避某些敏感话题，抵抗治疗。弗洛伊德认为，阻抗是患者的一种防御机制，目的是逃避面对自己无法忍受的焦虑。处理阻抗的方法是指出患者的阻抗心理，帮助患者了解阻抗的原因，让患者正视阻抗行为。患者的阻抗表现，应当成为治疗者关注的焦点。

5）阐释

阐释是指治疗者通过解释，让患者正视他所回避的东西或尚未意识到的东西，使潜意识中的内容意识化。

2. 行为疗法

行为疗法也称为行为矫正，是将行为主义的实验研究成果用于矫正人的某些不良行为的方法。行为疗法的理论基础主要是巴甫洛夫的经典条件反射原理、斯金纳的操作条件反射原理和班杜拉的模仿学习原理。行为主义论者认为，所有行为都是学习的结果，不良行为是个体过去经历中的不当强化或模仿造成的，矫正不良行为，要经历一个重新学习的过程，通过重新学习，用对刺激的适当反应来代替原有的不适当反应。这里主要介绍系统脱敏法、厌恶疗法、代币强化法和示范法。

1）系统脱敏法

系统脱敏法又称为交互抑制法，是美国学者沃尔帕创立的。他认为，人的肌肉放松和焦虑是两个对抗的过程，两者不能相容。一种状态出现，必然会对另一种状态产生抑制作用，即交互抑制。例如，当全身肌肉处于放松状态时，心率、呼吸等生理反应指标，都表现出与焦虑状态完全相反的变化。当然，与焦虑有交互抑制作用的反应，并不是只有肌肉放松，进食、性满足等活动同样也能抑制焦虑反应。

采用系统脱敏法时，一般的治疗程序如下。

(1) 建立害怕事件层次。系统脱敏治疗的要点在于将使患者感到恐怖的刺激呈现在患者面前(患者此时正处于放松状态)时，这一刺激不会使患者感到非常害怕。为了做到这一点，治疗者首先必须通过口头询问、问卷测试等方式，全面、系统地找出令患者感到恐怖的事件或观念，然后治疗者要将这些事件或观念按等级排列，即建立害怕事件层次。

(2) 掌握放松技术。放松是作为焦虑的对抗反应应用于治疗的。肌肉放松可分为放松全身肌肉群和逐个放松身上的肌肉群，也可分为直接放松和间接放松。

(3) 实际治疗。在建立害怕事件层次之后，患者初步掌握放松技术，就可以开始进行系统脱敏治疗了。系统脱敏可分为想象系统脱敏和现实系统脱敏。

2）厌恶疗法

厌恶疗法又称为对抗性条件反射疗法，是运用令人厌恶的惩罚性刺激来矫正或消除某些不良行为的方法。其特点是疗程较短，效果较好。它的一般原理是将令人厌恶的惩罚性刺激，如电击、催吐、语言责备等，与求治者的不良行为结合起来，以对抗已形成的条件反射，形成新的条件反射，从而矫正或消除原来的不良行为。厌恶疗法可用于治疗酒癖、烟癖、性变态，还可用于矫正儿童的不良习惯和行为。厌恶疗法的形式主要有电击厌恶疗法、药物厌恶疗法和想象厌恶疗法等。

(1) 电击厌恶疗法。当求治者出现不良行为时,及时对其进行电击。电击一次后休息几分钟,再进行第二次电击。每次治疗时间为20～30分钟。电击强度要与症状的严重程度相适应,既要能引起求治者心理上的厌恶感,又要避免对身体的伤害。在日常生活中,也有在手腕上戴橡皮圈,当不良行为出现时,立即用橡皮圈弹击皮肤的,这是由电击厌恶疗法演变而来的橡皮圈疗法。

(2) 药物厌恶疗法。当求治者出现不良行为或欲望时,让其服用催吐药物,产生呕吐反应,从而使不良行为或欲望逐渐消失。用药物厌恶疗法治疗酒癖,有很好的疗效。当求治者出现饮酒的欲望时,立即对其注射阿扑吗啡,半个小时后让其闻酒味,就会出现呕吐反应,每日一次或隔日一次,连续10～30次后,求治者就会形成对酒的呕吐反射,从而达到戒酒的目的。

(3) 想象厌恶疗法。想象厌恶疗法是将对令人厌恶的情境的想象与不良行为相结合的一种治疗方法。例如,性心理障碍患者,当其出现不良的性行为或欲望时,立即让其闭上眼睛,想象自己被惩罚、羞辱的情境,以达到减少或控制这种不良的性行为或欲望的目的。

3) 代币强化法

代币强化法是一种利用强化原理促使更多的适应性行为出现的方法。代币是一种象征性的强化物,如小红旗、小红花等,使用这些强化物可以兑换有实际价值的奖品。例如,孩子作业完成得很好,家长就在纸上画一朵小红花,当小红花达到一定数量时,就奖励孩子一件他一直想要的物品,以培养孩子认真完成作业的习惯。

4) 示范法

治疗者提供范例,让求治者模仿,以习得适应性行为。示范可采用多种形式,如治疗者本人所提供的示范、生活中他人所提供的示范、电视或有关读物所提供的示范。

3. 认知疗法

认知疗法于20世纪六七十年代在美国产生,是根据人的认知过程影响其情绪和行为的理论假设,通过认知和行为技术来改变患者的不良认知,从而矫正不良行为的心理治疗方法。认知疗法的主要着眼点是患者非功能性的认知问题,主要是通过改变患者对自己、对他人或对事物的看法与态度来改善所呈现的心理问题。

认知一般是指认识活动或认识过程,包括信念、信念体系、思维和想象。由于文化水平、知识水平及周围环境背景的差异,人们对同一个问题往往有不同的理解和认识。例如,同一所医院,小孩可能根据自己的认识和经验,把它看成一个可怕的场所,一般人会把它看成救死扶伤之地,而有些老年人则可能把它看成进入坟墓之门。所以,关键不在于医院客观上是什么,而在于被人们看成什么。不同的认知会滋生不同的情绪,从而影响人的行为反应。

认知疗法就是通过改变个体的认知过程和在这个过程中所产生的观念来矫正其不良的情绪或行为。治疗的目标不仅针对行为、情绪这些外在表现,而且分析患者的思维活动,找出错误的认知并加以纠正。认知疗法主要采用认知重建、心理应付、问题解决等技术进行心理辅导和治疗,其中认知重建最为关键,它向患者说明一个人的看法与态度是如何影响其情绪及行为的。

认知疗法不同于传统的行为疗法,因为它不仅重视不良行为的矫正,而且重视认知方式的改变和认知、情感、行为三者的和谐。同时，认知疗法也不同于传统的精神分析疗法，因为认知疗法重视目前患者的认知对其身心的影响，而精神分析疗法重视患者的经历特别是童年时期的经历对目前问题的影响。

认知疗法的基本观点是认知过程及其导致的错误观念是行为和情感的中介，不良行为和情感与不良认知有关。治疗者的任务就是与患者共同找出不良认知，并通过学习或训练矫正这些不良认知。随着不良认知的矫正，患者的心理障碍会逐步好转。

4. 以人为中心疗法

以人为中心疗法是美国心理学家罗杰斯创立的，是人本主义心理治疗中最有影响力的一种心理治疗方法。以人为中心疗法被称为心理治疗方法的第三种势力(第一种势力为精神分析疗法，第二种势力为行为疗法)。以人为中心疗法最主要的特点是强调治疗关系，罗杰斯认为，良好的治疗关系是心理治疗的基本条件。

以人为中心疗法的基本理论详述如下。

(1) 人类的本性属于现象学。我们依据对现实的知觉来建构自己，并在我们所知觉到的现实里激励自己去实现自己。

(2) 人有自我实现的倾向。罗杰斯认为，人天生就有一种基本的动机性的驱动力，即自我实现倾向。

(3) 人拥有机体的评价过程。个体在其成长过程中，不断与现实互动，并对互动过程中的经验进行评价，这种评价不依赖于某种外部的标准，也不借助于个体在意识水平上的理性，而是根据机体产生的满足感来进行评价。这种机体产生的满足感与自我实现倾向是一致的。机体的评价标准是自我实现倾向，符合自我实现倾向的经验，会被个体喜欢，成为个体成长发展的有利因素，而那些与自我实现倾向不一致的经验，会被个体拒绝。

(4) 人是可以信任的。以人为中心疗法强调每个人都是有价值的，是可以信任的，是可以改变的。心理治疗的关键是治疗者尊重和信任来访者，并建立一种有助于来访者发挥个人潜能，促使其改变自己的合作关系。

(5) 自我概念。自我概念主要是指来访者如何看待自己，是自我知觉和自我评价的统一体，包括对自己身份的界定、对自身能力的认识、对自己的人际关系的认识，以及对自己与环境之间的关系的认识等。

(6) 价值条件化。价值条件化是指个体为了满足得到他人的积极评价的需要，将他人的价值观念内化，变成自我概念的一部分。

(7) 心理失调的实质。自我概念与经验之间的不和谐是心理失调产生的原因。

(8) 心理治疗的实质。以人为中心的心理治疗的实质是重建个体在自我概念与经验之间的和谐。

各种心理治疗方法都有其形成的实践基础。由于心理异常的复杂性，固守一种治疗方法的治疗者非常少见，绝大多数治疗者都会根据来访者的实际情况综合采用几种治疗方法，以取得较好的疗效。

第三节　大学生心理健康

一、大学生的心理特点

1. 大学生的心理发展水平

正确认识和准确把握大学生的心理特征，是帮助大学生增进心理健康、提高心理素质的前提。大学阶段是人从少年到成人的过渡期，也是人生中的一个转折期，因此，大学生具有自己明显的心理特征。艾里克森的心理发展理论如表1-3所示。

表1-3　艾里克森的心理发展理论

阶段	年　龄	发展危机	成功解决者的心理特征	不成功解决者的心理特征
1	0～1.5岁	信任对不信任	对人信任，有安全感	面对新环境时会焦虑不安
2	1.5～3岁	自主性对羞怯和疑虑	能按照自己的意愿行事	自我怀疑，缺乏信心
3	3～6岁	主动性对愧疚感	订立目标，并积极保持以达到目标，获得创新精神	丧失自信心，形成无价值感
4	6～12岁	勤奋对自卑	学习必要的谋生技能，使自己具备基本的待人处事能力	缺乏生活基本能力，在人格中形成无能感
5	12～18岁	同一性对角色混淆	有了明确的自我观念与自我追寻的方向	生活无目的无方向，时而感到彷徨迷失
6	18～25岁	亲密对孤僻	与人和谐相处，有亲密感	与社会疏离，时感寂寞孤独
7	25～65岁	繁殖对停滞	热爱家庭关心他人，有责任心有义务感	不关心他人与社会，自私
8	65岁～死亡	自我整合对希望	随心所欲，安享余年	悔恨旧事，消极失望

大学生处于艾里克森所说的第五和第六阶段，即青年后期和成年早期。

大学生处于青年中期，生理发育已基本成熟，心理发展正趋向成熟。青年中期是人生的关键时期。大学生的心理发展水平可以概括为“三大高峰”。

1）智力发展高峰

这一时期，个体的大脑和神经系统已基本发育成熟，这为思维的发展奠定了物质基础。同时，这一时期与青年初期和少年期相比，个体所处的学习环境不一样，这样就为智力的发展提供了必要条件。因此，大学生处于智力发展的高级阶段。

2）欲求发展高峰

大学生的世界观、人生观逐渐趋向成熟，个性基本形成，对知识、技能、爱情、事业、前途等的欲求日益强烈，逐渐达到高峰。

3）创新高峰

大学生所处环境、所受教育的特殊性，决定了他们最容易接受新生事物，最富有创新精神。

2. 大学生的心理冲突

大学生正处于青年中期，在心理上正经历着“断乳期”，发展很不平衡，往往会产生以下十种心理冲突。①

1）理想与现实的冲突

大学生一般都有远大的理想，希望自己成为社会需要的人才。但是，在现实生活中，他们往往难以找到实现理想的途径，很多大学生只有美好的愿望，没有刻苦努力的行为。这一冲突在一年级大学生身上表现得尤为明显。在中学时，学习目标明确，期望值高，都想考上自己理想中的大学，而上了大学之后，发现自己所见到的一切并不像自己想象中的那样完美无缺，因此，在心理上产生了较大的反差，加上原来上大学的目标已经实现了，新的目标还没有确立，这样就很容易出现期望值过高引起的失衡心理和没有目标造成的困惑心理。

2）情绪与理智的冲突

大学生的情绪是丰富而动荡的，往往容易激动、兴奋、热情，也容易生气、发怒、与人争吵，甚至打架，特别是在遇到挫折时，情绪容易呈现极端性。出现这些情况的主要原因是大学生心理发展不成熟，自控能力差。因此，丰富、动荡的情绪往往与理智发生冲突。

3）独立与依赖的冲突

一方面，随着独立意识的增强，大学生非常希望摆脱家庭、学校的束缚，成为独立自主的人；另一方面，大学生不够成熟，自理能力比较差，因此，他们需要社会、学校和家庭在各方面给予指导和帮助。这样，大学生在心理上就产生了独立与依赖的冲突。

4）乐群与防范的冲突

大学生喜欢与人交往，喜欢参加集体活动，渴望有更多的朋友，同时，他们不会轻易相信一个人，在与人交往的过程中，总是带着防范心理，一般不会说出自己的真心话，这样就产生了乐群与防范的冲突。正如有些大学生所说，他们接触的人很多，但信得过的人很少，同学很多，但真正的朋友很少。

---

① 杨怀中. 心理健康教育工作手册. 武汉：武汉理工大学出版社，2005.

5) 求知与见识的冲突

大学生有很强的求知欲,他们渴望成才,在学习中希望跃入浩瀚的知识海洋,并且希望干一番大事业,但是,他们的理解能力、分析能力和鉴别能力往往有限,甚至以丑为美,混淆是非,这样就产生了求知与见识的冲突。

6) 性欲与性惧的冲突

随着第一性征、第二性征的发育逐渐完善,加上环境的影响,大学生的性意识开始萌发,渴望有异性朋友,出现性欲和性冲动,但是,从客观上来看,学校纪律、国家法律和社会道德又有一道道防线,这样就容易产生矛盾,轻则造成心情苦闷,影响学习,重则造成心理失衡,意志消沉。

7) 逆反与顺从的冲突

大学生的独立意识逐渐增强,思维活跃,思路开阔,一般不愿受他人约束和支配,因此,对学校的有关规章制度,以及老师和家长的教育往往会产生逆反心理,同时,学校、社会是一个既有纪律又有自由、既有民主又有法制的生活环境,大学生必须遵守法纪,服从老师的管理,这样就产生了逆反和顺从的心理冲突。

8) 自尊与自卑的冲突

大学生一方面自尊心很强,把自己看得很重,往往希望有机会展示自己的才华,希望得到社会的肯定和他人的尊重,另一方面又存在着自卑感,在大学生这个群体中,每个人都有自己的优势,很多人加入这个新的群体后,会有很大的压力,总是认为自己缺乏能力和知识,难以出人头地,这样,自尊心理与自卑心理交织在一起,时常发生冲突。

9) 竞争与求稳的冲突

大学生有很强的竞争意识,认为不竞争是没有出路的,但是竞争是要承担一定的风险的,在面对竞争时,有些大学生往往会害怕承担风险,出现求稳心态,这样就产生了竞争与求稳的冲突。

10) 追求与安逸的冲突

大学生一般都有美好的追求和愿望,而美好的追求和愿望是需要通过努力才能实现的。有的学生上了大学以后,认为自己已经"大功告成",产生安逸感,认为许多事情只要过得去就行了,这样就产生了追求与安逸的冲突。

3. 大学生心理健康的标准

心理是否健康一般采用量表测量,其标准不是固定不变的。心理健康标准随着时代变迁、文化背景变化而变化。大学生的年龄一般在18~25岁,从心理学的观点来看,正处于青年中期。大学生的心理具有青年中期的许多特点,但作为一个特殊群体,他们又不能完全等同于社会上的青年,根据我国大学生的实际情况,评判他们的心理健康水平应从以下几个标准给予着重考虑:

1) 智力正常

智力,是人的观察力、注意力、记忆力、想象力、思维力、创造力及实践活动能力等的综合,包括在经验中学习或理解的能力、获得和保持知识的能力、迅速而成功地对新情境做出反应的能力、运用推理有效地解决问题的能力等。这是大学生学习、生活与工作的基本心理条件,也是适应周围环境变化所必需的心理保证。

2）情绪健康

情绪健康的标志是情绪稳定和心情愉快，包括的内容有：愉快情绪多于负性情绪、乐观开朗、富有朝气，对生活充满希望；情绪较稳定，善于控制与调节自己的情绪，既能克制又能合理宣泄自己的情绪，情绪的表达既符合社会的要求又符合自身的需要，在不同的时间和场合有恰如其分的情绪表达；情绪反应与环境相适应，反应的强度与引起这种情境相符合。

3）意志健全

意志是人在完成一种有目的的活动时进行的选择、决定与执行的心理过程。意志健全者在行动的自觉性、果断性、顽强性和自制力等方面都表现出较高的水平。意志健全的大学生在各种活动中都有自觉的目的性，能适时地做出决定并运用切实有效的方式解决所遇到的问题，在困难和挫折面前，能采取合理的反应方式，能在行动中控制情绪和言而有信，而不是行动盲目、畏惧困难、顽固执拗。

4）人格完善

人格是个体比较稳定的心理特征的总和。人格完善就是指有健全统一的人格，个人的所想、所说、所做都是协调一致的。人格完善包括人格结构的各要素完整统一，具有正确的自我意识，不产生自我同一性混乱，以积极进取的人生观作为人格的核心，并以此为中心把自己的需要、目标和行动统一起来。

5）自我评价正确

正确的自我评价是大学生心理健康的重要条件，大学生在进行自我观察、自我认定、自我判断和自我评价时，能做到自知，恰如其分地认识自己，摆正自己的位置，既不以自己在某些方面高于别人而自傲，也不以某些方面低于别人而自卑，面对挫折与困境，能够自我接纳，自我悦纳，自尊、自强、自制、自爱适度，正视现实，积极进取。

二、大学生心理异常的表现

不健康的心理表现统称为心理异常表现。按照不同的划分方法，大学生心理异常的表现可分为三个层次、四种类型。

按照性质和程度，大学生心理异常的表现可以分为以下三个层次。

（1）心理失衡。大学生心理失衡一般表现为心理适应不良，出现孤独感和焦虑感。产生心理失衡的主要原因有追求的目标不能实现、恋爱受挫、人际关系紧张、考试失利、生病、毕业求职受挫等，这些均容易引起心理失衡。心理失衡若不能及时矫正，就容易发展为心理障碍。

（2）心理障碍。大学生出现的心理障碍是多种多样的，主要有以下五种。一是意识障碍，主要表现为不能正确地认识自己，不能清晰地感知、领悟外界事物，不能与外界环境保持协调一致的关系。二是智力障碍，主要表现为在智力活动方面不协调或过于迟钝，产生错觉和幻想。感知障碍、注意障碍、记忆障碍和思维障碍等，都是常见的智力障碍。三是情感障碍，主要表现为情绪非常不稳定，喜怒无常，情绪反应与刺激的性质、强度不相称。四是意志障碍，主要表现为缺乏自制力，常出现冲动行为，遇事优柔寡断，懦弱胆小。五是人格障碍，主要表现为以自我为中心的性格特征。人格障碍一般没有知觉、运动或意识等方面的严重障碍，也没有智力发展上的缺陷。大学生中常见的人格障碍有爆发型人格障碍、偏执型人格障碍、强迫型人格障碍、逆反型人格障碍、压抑型人格障碍、焦虑型人格障碍等。在有人格障碍的人中,有的缺乏责任心,有的经常为一些小事耿耿于怀,有的喜欢幻想,有的孤独、自卑、忧郁,对周围的事物没有兴趣,甚至认为自己是一个不幸的人。心理障碍若不能及时发现和解除,就容易发展为精神疾病。

(3) 精神疾病。大学生中常见的精神疾病有神经官能症和精神分裂症两种。抑郁症、焦虑症、恐惧症、强迫症等,是神经官能症的表现;敏感、多疑、对有关活动厌倦、对人冷淡、孤僻、犹豫、破坏性行为等,是精神分裂症的表现。

大学生心理异常的表现可以分为以下四种类型。

(1) 自卑心理。自卑心理是指个体由于某些缺陷而产生的轻视自己,认为自己在某个方面或某些方面不如他人的心理。自卑心理往往会导致缺乏自信心,不求上进,不愿意与人交往,不愿意参与集体活动。

(2) 孤独心理。孤独是一种封闭、内向的性格障碍,是一种主观感受。它不同于独处,有些人由于某种原因而独处,但是不一定会有孤独感。大部分大学生都能认识到人际交往的重要性,同时也想交到许多朋友并希望有知心朋友,但是由于一方面人际关系发生了变化,呈现出新的特点,另一方面大学生缺乏交往能力,不能满足自身交往的需要,所以许多大学生在人际交往中碰到了各种问题,存在着孤独感。这种心理异常表现在大学新生中尤为突出,有的对交往缺乏兴趣,也不善于交往,有的不知道如何接近他人,如何处理与同学之间的冲突,有的不知道如何与异性交往,这些现象如果发展下去,他们将会由于缺乏正常的人际交往而感到更加孤独。

(3) 焦虑心理。这是大学生中常见的轻度心理异常表现,有的大学生面对新的学习内容、学习方法、学习环境和新的人际关系、生活方式,往往会感到无所适从,特别是在生活、恋爱、学习上遇到挫折后,很容易产生焦虑心理。当一个人出现焦虑感时,会出现紧张不安、心烦意乱、心跳加快、呼吸加深、易怒等心理和生理上的不良反应。考试焦虑心理比较常见,有的学生学习动机过强,有的学生考试前准备不充分,都容易产生焦虑心理。

(4) 苦闷心理。目前,高等教育不是义务教育,上大学需要缴纳各种费用,部分学生来自贫困地区或城市下岗职工的家庭,经济困难使这部分学生产生了苦闷心理。

三、影响大学生心理健康的因素

影响大学生心理健康的因素是复杂的、多方面的,主要有以下三个方面。

1. 生理遗传因素

现代医学研究和心理学研究都已证明,人的生理遗传因素与人的心理活动之间的关系十分密切。例如:人的大脑发育不全,会引起器质性精神障碍;人的甲状腺素分泌过多或过少,会引起紧张、焦虑、情绪波动,甚至表现出抑郁症状;女生在月经期的不同阶段会表现出不同的心理状态。

2. 客观环境因素

客观环境因素,主要是指自然环境因素、社会环境因素、家庭环境因素,以及个人生活环境因素。这些复杂的环境因素是影响个体心理活动的决定性因素。

1) 自然环境因素

气温偏高或偏低、环境污染严重等都会引起心理异常。

2）社会环境因素

社会上存在的一些现象，如“一切向钱看”、损人利己、损公肥私等，都会引起不同程度的心理异常。

3）家庭环境因素

父母不能很好地满足子女的正当要求、父母对子女的教育方法不妥、父母长期不和、父母离婚等，都会使子女产生心理异常。

4）个人生活环境因素

失恋、人际关系紧张、经济困难等，都会使大学生产生心理异常。

3. 主观个体因素

主观个体因素是指一个人自身的能力和素质。它包括认知能力、智力水平、知识经验、意志品志、情感表现和性格特征等方面的因素。例如，身心迅猛发展带来的大脑皮质对皮下中枢支配的暂时失调、心理发展过程中各种矛盾和冲突的激化、消极的个性心理特征、情绪不稳定、认知能力和自控能力差、过分迟钝或敏感等，都是产生心理异常不可忽视的因素。

第四节　走近心理咨询

案例导入

心理咨询室的门为谁而开？

小欣走入咨询室的时候，我甚至没有察觉，她怯生生的，生怕她的脚步声被别人听到，生怕有人看到她进入咨询室。“老师，我能和您谈谈吗？”声音细细的，小小的，“您千万不要告诉任何人，我来过。”

像小欣一样，在和同学的交流当中，有很多同学都对做心理咨询心有疑虑。有的同学说：“老师，我认为只有得了心理疾病的人才去心理咨询。”还有的同学说：“我轻易不敢来咨询室，犹豫了很久。”

那么，难道真是有了心理疾病才去做心理咨询？心理咨询到底面对哪些人？心理咨询室的门为谁而开？

这是一个普遍性的问题。有不少同学有了心理问题不知去哪里求助，找谁才能解决问题，以为如果自己做心理咨询，就说明自己得了心理疾病。

心理咨询在我国是一个新兴行业，20 世纪 80 年代才兴起，首先设立心理咨询室的是学校和医院。随着人们对心理健康的重视和对心理咨询的需求，现在社会上又出现了很多心理咨询机构。学校的心理咨询主要面对在校学生群体成长中出现的心理问题；而医院心理咨询侧重于鉴别和解决各种心理障碍和心理疾病。学校心理咨询主要解决的是正常人在生活和学习中遇到的心理问题。学校心理咨询过程中，如果鉴别和诊断出来访者有心理疾病，就会介绍到有关医院进行及时治疗。

【启示】在生活中，每个人都会面临压力，会有各种各样的困惑和负性情绪，就容易产生各种心理问题,心理问题就像"心理感冒",人人都有可能遇到。但如果不及时治疗,"感冒"就容易严重,发展成"肺炎"或出现其他疾病。所以,当一个人有了压力、负性情绪时,及时寻找解决途径,就能尽量避免得心理疾病。反之,如果压力和负性情绪积累多了,会影响一个人的健康,出现心理上的"亚健康",逐步发展成心理疾病。

心理健康绝不是指一个人没有心理问题,而是能有效地解决心理问题。解决问题的方法永远都比问题多。所以,当有了压力和负性情绪能够及时想方法解决,心理疾病就会远离我们。

一、心理咨询的概念

心理咨询是心理问题解决的重要途径,是心理健康教育和心理指导干预的常用手段。受过专业训练的心理咨询者依据心理学理论和技术,通过与来访者建立良好的咨询关系,帮助其认识自己,克服心理困扰,充分发挥个人的潜能,促进个体成长,这一过程常常被称为心理咨询。

美国心理学会咨询心理学分会将心理咨询定义为:帮助个人克服在成长过程中可能遇到的各种障碍,从而使个人得到理想发展。1984 年出版的国际心理学联合会编辑的《心理学百科全书》认为:心理咨询学始终遵循教育的,而不是临床的、治疗的或医学的模式,咨询对象被认为是在应付日常生活中的压力和任务方面需要帮助的正常人;咨询心理学家的任务就是教会他们模仿某些策略和新的行为,从而能够最大限度地发挥其已经存在的能力,或者形成更为适当的应变能力。从上面对心理咨询的诠释可以看出,心理咨询的对象是正常人,心理咨询的目的是帮助个体了解自我,完善自我,提高生活满意度。美国《哲学百科全书》认为,心理咨询有以下几个方面的重要特征:

(1)主要针对正常人;

(2)为人的一生提供有效的帮助;

(3)强调个人的力量与价值;

(4)强调认知因素,尤其是理性在选择和决定中的作用;

(5)研究个人在制订总目标计划以及扮演社会角色方面的个性差异;

(6)充分考虑情景和环境的因素,强调人对于环境资源的利用以及必要时的改变。

二、大学生心理咨询的意义

大学生中常见的心理问题一般包括一般性心理问题和严重的心理问题,属于心理不健康状态,主要是由现实的学习、工作、个人生活,以及恋爱、人际、家庭、适应等具体事件引发的各类不良情绪(如抑郁、焦虑、恐惧、内疚等)与行为(如学习困难、网瘾、失眠、攻击性言行等),是心理咨询的主要对象。心理咨询师运用心理学的理论和方法帮助学生们调适、缓解不良情绪,减轻各种心理问题的症状,促进其个性的健康发展,提高他们的心理健康水平。

(1) 心理咨询能帮助大学生解决在成长和适应环境时出现的心理问题。

由于在日常生活中,大学生常常需要面对学习、环境适应、发展、恋爱、人际交往、择业等方面的压力,所以某些不适应或迷茫现象时有发生。如果学生不能及时地自我调整,同时又得不到外界有效的帮助，就会加重这些不适应的情况，最终导致心理障碍。高校里的心理咨询服务，为大学生提供一个倾诉内心烦恼、苦闷、忧虑、痛苦的场所，学生可借助心理咨询老师的专业帮助，提高自己应对挫折的能力，较快地走出心理困境。

（2）心理咨询能引导大学生了解自己，发掘潜在能力并完善自我。

不少来咨询的大学生一开始只想解决生活和学习中某些具体的问题，但随着咨询的进行，他们逐渐会对自己和周围的环境有更加客观的认识，真正地认识自己的需要、价值观、态度、动机以及优缺点等，在遇到新问题时，他们可以根据自己的情况设计更符合自己的计划，能够更成熟且明智地采取一些有效的方式解决面临的现实问题。这其实就是咨询的最终目的：促进个体的成长。

（3）心理咨询能及时地发现有心理疾病的大学生。

有少数大学生在某些过大的应激压力或过重的心理负担下会出现一些严重的心理疾病，甚至会有自杀倾向。心理咨询能够及时地发现这些大学生，并有效地对他们进行心理干预或及时帮助他们获得所需的专业治疗，避免病情的恶化或自杀事件的发生。

知识链接

心理咨询的五个“不等于”

1. 心理问题≠精神病

心理咨询在我国是一门起步较晚的新兴学科，有一种神秘感。来访者通常都是左顾右盼、鼓足了勇气才走进诊室，在心理医生（也称为心理咨询师、心理治疗师）反复保证下，才肯倾吐愁苦；或是绕了很大圈子，才把真实的情绪暴露出来。因为在许多人眼里，咨询的人很可能有什么不正常或有精神病，要不就是有见不得人的隐私或道德品质方面有问题。此外，在中国人的传统观念中，表露出情感上的痛苦是软弱无能的表现，对于男性来说尤其如此。以上种种原因，使得很多人宁愿饱受精神上的痛苦折磨，也不愿或不敢前来就诊。其实，心理问题与精神病是两个不同的概念。每个人在成长的不同阶段及生活工作的不同方面，都有可能会遇到这样那样的问题，导致消极情绪的产生。对这些问题如能采取适当的方法予以解释，问题就能顺利地解决；若不能及时加以正确处理，则会产生持续的不良影响，甚至导致心理障碍。这样看来，心理问题是日常生活中经常会遇到的，就这些问题求助于心理咨询并不意味着有什么不正常或有见不得人的隐私，相反，这表明了个体具有较高的生活目标，希望透过心理咨询更好地自我完善，而不是回避和否认问题，浑浑噩噩虚度一生。

2. 心理学≠窥视内心

许多来访者不愿或羞于吐露自己的心理活动，认为只要简单说几句，心理咨询师就应该猜出他心中的想法，要不就表明心理咨询师水准不高。其实心理治疗师也是人，他们没有什么特异功能去窥见他人的内心世界，他们只是运用心理学的理论和方法，对来访者提供的讯息进行讨论和分析。因此，来访者只有详尽地提供有关情况，才能帮助医患双方共同找到问题症结，才有利于心理治疗师做出正确的诊断并进行恰当的治疗。

3. 心理咨询≠无所不能

一些来访者将心理医生视为“开锁匠”，期盼其能打开所有的心结，所以常常求诊一两次,没有达到所希望的"豁然开朗"的心境,就大失所望。实际上,心理咨询是一个连续的、艰难的改变过程。心理问题与来访者的个性及生活经历有关,就像一座冰山,堆积已久,没有强烈的求助、改变的动机,没有恒久的决心与抗衡,是难以冰消雪融的,所以来访者需有打"持久战"的心理准备。

4. 心理医生≠救世主

一些来访者把心理医生当作"救世主",将自己的所有心理包袱丢给医生,以为医生应该有能耐把它们一一解开,而自己无须思考、无须努力、无须承担责任。然而,心理咨询与心理医生只能起到分析、引导、启发、支持、促进来访者改变和人格成长的作用,他们无权把自己的价值观和愿望强加给来访者,更不能替来访者改变或做决定。真正的"救世主"只有一个,那就是自己。只有改变自己、战胜自己,最终才能超越自我,达到理想目标。

5. 心理咨询≠思想工作

心理咨询作为医学中的一门学科,有着严谨的理论基础和诊疗程式,它与思想工作是有本质区别的。思想工作的目的是说服对方服从、遵循社会规范、道德标准及集体意志,而心理咨询则是运用专门的理论和技巧寻找心理障碍的症结,予以诊断治疗,心理咨询师持客观、中性的态度,而不是对来访者进行批评教育。另外,某些心理障碍同时具有神经生化改变的基础,需要结合药物治疗,这更是思想工作所不能取代的。

心理咨询与心理治疗的区别如表 1-4 所示。

表 1-4 心理咨询与心理治疗的区别

项　　目	心理咨询	心理治疗
工作对象	正常人和恢复期病人	心理障碍患者
问题	人际、教育、家庭、就业	神经症、性变态、精神病等
所需时间	短,一次至数次	长,几十次至数月或数年
干预层次	在意识层次进行,重视其教育性、支持性,使之得到发展	主要在无意识领域进行工作,重点在于重建病人的人格
目标	具体,有限	比较模糊,促使人改变

注:此表内容由我国学者钱铭怡归纳。

拓展专题

专题 1-1　　给"高贵"一个合适的门槛

读书,本来是门槛最低的"高贵",如今却因为网络技术的发达而显得门槛过低。心理学方面的书籍也是如此。在某些人眼里,用华丽的辞藻取代严谨的分析撰写所谓的"鸡汤文"似乎比真的炖一碗鸡汤还要简单,因为不管咸淡,总有人照单全收。

诚然,心理学学术期刊中复杂难懂的统计图表对于非专业人士来说确实是一个难以跨越的门槛,但是这并不能成为我们降低门槛的理由。"高贵"还是需要一个合适的门槛的,所幸越来越多的人逐渐认识到了这一点。

专题 1-2　让心去飞

大学是青春的，总免不了成长的烦恼；大学又是励志的，总躲不开忙乱时的无助；大学还是热血的，总逃不掉受挫时的失落。总之，看上去很美的大学也是不完美的，偶尔也会有负能量。谁说少年不识愁滋味，我们相信，你并不总是在为赋新词强说愁。

思考与讨论

1. 结合所学的知识，谈谈你对心理健康的理解。
2. 如何把握心理健康的标准？
3. 大学生应该如何面对自身的心理问题？

第二章　大学生学习适应

本章学习目标

- 了解大学生学习的特点
- 理解学习动机和学习效果的关系
- 学会调整自己的学习动机水平
- 了解学习策略的主要种类
- 学会选择适合自己的学习策略

学习是人类生活的永恒主题。为了生存和发展，人类必须学习，没有学习，就没有人类的进步。当今社会是一个学习化社会，更需要努力学习、终身学习。心理学研究认为，学习是一种十分复杂的心理过程，这一过程需要全部智力因素和各种非智力因素的积极参与。大学生的主要任务是学习，健康的学习心理对于提高大学生学习的质量和效率具有重要的意义。培养健康的学习心理可以帮助大学生正确认识和处理学习过程中出现的各种问题，更好地适应大学学习。

第一节　学生学习和大学生学习的特点

一、学生学习的特点

学生的学习是人类学习的一种特殊形式，它是在教师的指导下，有目的、有计划、有组织地进行的，教师要帮助学生在比较短的时间内系统掌握科学知识和技能，形成一定的世界观与道德品质，开发其智能，培养其个性。与人类的学习相比，学生的学习具有其自身的特点。

1. 学生的学习过程是掌握间接经验的过程

学生的学习主要是掌握间接经验，不需要像人类认识那样事事都从直接经验开始，而是以学习前人已经积累起来的知识经验为主，同时补充感性的经验。当然，学生在学习过程中有时也会有新的发现。

2. 学生的学习是在教师的指导下，有目的、有计划、有组织地进行的

教师都接受过专门的教育训练，采用的是特殊的、行之有效的方法，能在有限的时间内高效率地达到教学目标。同时，教学活动又有其严密的组织系统。学校通过课程设置、教学计划安排对学生的学习进行控制，学生必须在规定的、有限的时间内完成一定的学习任务并接受考核。因此，学生在学校中的学习比在日常生活中的学习有效得多。

3. 学生的学习内容是多方面的

学生的学习内容非常广泛，主要包括知识的获得、技能的形成、思维方式的改善、行为习惯的培养、态度的形成与改变、道德品质的提高、人格的完善等。

二、大学生学习的特点

大学生的学习是学生学习的一种，与中小学生的学习相比，大学生的学习表现出不同的特点。

1. 学习目标要求高

中小学教育是一种基础教育，主要任务是向学生传授科学文化的各种基础知识，为升学或就业做一般性的准备，大学教育的主要任务则是使学生在中学学习普通科学文化知识的基础上，进一步学习和掌握专业知识和专业技能，把他们培养成各行各业所需要的高级专门人才。因此，大学里学习目标的要求明显高于中小学。

2. 学习内容专又博

中小学是基础教育阶段，中小学生是不区分专业的，学生主要按年级划分，各年级开设的主要课程基本相同，只是程度有差异，学生对开设的各门课程都必须学习，大学则不同，大学是专业教育阶段，学生首先是按专业划分的，大学生在入校前或入校后一段时间内必须根据自己的兴趣、爱好以及特长选择一定的专业，各专业在课程设置、教学内容、教学安排以及培养目标上存在较大差异。中小学教育的内容是多学科性的、全面的、不定向的，大学教育则是一种定向的专业教学，专业教学是其显著的特点，每一个学生都需要了解自己专业领域的理论、尚有争论的问题和最新的科研成果，需要学习专业基础课、专业选修课、专业主干课这三类课程。但是专业性不等于单一性，不等于大学生的学习必须拘泥于某一学科或专业。大学培养的是复合型人才，大学的学习又有博的要求，大学生一般要学习一些基础课程，如两课、大学语文、计算机、外语、体育、高等数学、大学物理等。有的学校大一是不分专业的，主要学习一些基础课程，有的学校要求学生必须选修其他学院的课程。因此，大学生一定要学好专业知识，同时广泛涉猎各学科领域，扩大自己的知识面，实现“一专多能”，这样才能更好地适应社会。

3. 学习途径多样化

中小学的学习途径比较单一，主要通过课堂学习来进行，学习活动基本上由教师安排。大学的学习途径则是复杂多样的，课堂学习虽然仍是主要的学习途径，但已不像中小学那样几乎是唯一的途径。除了课堂学习外，大学生还可以通过实验课、课外讲座、科研活动、专题讨论、社团活动、社会实践活动、课程设计、毕业设计等多种形式进行学习。丰富多彩的学习活动为拓宽大学生的知识面，提高大学生的实践能力提供了良好的条件。

4. 实践性教学环节所占的比例较大

大学生既要掌握抽象的理论知识，又要将理论知识用于具体实践，以提高实践能力。因此,实践性教学环节在大学学习中占有十分重要的地位,在总学时中所占的比例较大,一般超过 20%,有些工科院校实践性教学环节所占的比例高达 30%。大学生的实践性教学环节主要有实验课、课程设计、生产实习和毕业设计等。实践性教学环节对于提高大学生的综合素质是必不可少的。

5. 学习方法重自主

在中学,每天的课程都安排得满满的,学生自主支配的时间比较少,即使是早自习和晚自习,也安排有固定的课程,有老师检查督促。大学则不同,大学生的学习虽然也需要老师讲授,但是老师讲授之前的预习,讲授之后的理解、消化、巩固等环节主要靠学生独立完成。同时,大学生自主支配的时间较多,除了教学时间之外,学习方面一般没有具体的规定,大学生可以根据自己的需要、兴趣、特点自主安排,并且可以自由选择在教室、阅览室、图书馆或者宿舍里学习。这就需要大学生充分发挥自主性和主观能动性,统筹规划,合理安排自己的学习内容,选择合适的学习方式,以便在有限的时间内达到较好的学习效果。

6. 学习过程重探索

大学生的学习具有研究和探索的性质。大学的课堂教学已从阐述既定结论逐步转变为介绍各理论学派的争论、最新的学术动态等,因此,大学生的学习方式和思维方式也应从死记硬背、正确记忆教学内容逐渐向汇集众家之长、确立个人见解的方向转变。大学生可以通过撰写学术论文、调查报告等,逐步养成良好的科研习惯,还可以通过参与学生科研项目、教师科研项目来提高科研能力。大学生不但要掌握所学的知识,而且要了解学科和专业发展状况、存在的问题,以及解决这些问题的可能性,还要提高独立思考、探索创新的能力。死记硬背、墨守成规、缺乏灵活性和创造性的大学生在学习过程中可能会感到压抑和不适应。

第二节　大学生的学习动机

案例导入

郁闷的小李

小李是一名大一新生,父母自农村外出打工供他上学。他自从上学以来,学习一直十分刻苦。但是进入大学后,他忽然感到心中茫然,对学习一点也提不起精神,对于未来感觉渺茫,有时候想到自己家庭的窘迫和上大学的不易,心里也是十分着急,但又确实找不到学习的目标和动力。上课时间一长就觉得自己浑身不舒服,经常头晕眼胀,听课效率特别低,在学习上得过且过,上课经常犯困打盹,作业能应付就应付。最近经常上网打游戏,但他解释说并不是自己喜欢上网,而是实在觉得学习太没劲才上网打发时间。他对于自己现在的这种状态十分苦恼,但却束手无策。

【分析】案例中的小李面临的是典型的学习问题。

首先,小李学习动力缺乏。由于刚从高考中解脱步入四年的大学生活,离毕业尚早,没有时间的紧迫感和危机感。此外,由于大学以自己学习为主,学习方式发生了变化,与高中老师和家长的强迫式学习十分不同。小李一时间还没有适应，没有学习目标，缺乏学习动力。由于他没有明确的学习目标和学习计划，在学习中缺乏连贯性和目标性，没有成就感，不能集中精神进行学习；并且随着闲暇时间的增多，他通过网络游戏或上网聊天来打发时间，导致学习成绩不佳，学习动机更加不足。

其次，小李产生了学习疲劳。大学生的学习疲劳分为生理性疲劳和心理性疲劳。生理性疲劳是长时间的持续过度学习所引起的一系列身体上的不适感，如眼睛干涩、头部或脖子出现酸痛等。而心理性疲劳则是指感官活动机能降低、注意力涣散、思维迟钝、情绪躁动、忧郁、厌烦、学习效率下降等，甚至出现对于学习的心理排斥。案例中的小李两者皆有，上课头昏脑胀、浑身不舒服是生理性疲劳，而学习动力不足、上课效率低则是心理性疲劳。生理性疲劳可以经过一段时间的休息得以恢复，心理性疲劳则只能通过心理调节进行缓解。

此外，小李还存在学习适应的问题。由于大学生的学习内容和学习方式不同于以往，需要自主性学习和创新学习，小李产生了适应上的困难。加上学习动力不足，找不到方向和目标，就借上网来打发时间，导致学习状况日益变差。

学习动机缺乏者通常有以下表现。

1. 容易分心，注意力差

学习动机缺乏者往往不能专心看书，不能集中思考，兴趣容易转移；学习肤浅，满足于一知半解；行动忽冷忽热，情绪忽高忽低。

2. 厌倦情绪

学习动机缺乏者往往对学习冷漠、畏缩、常感厌倦，对学习生活感到无聊，在学习中无精打采，很少享受到学习带来的快乐。

3. 缺乏正确的学习方法

学习动机缺乏者往往不注意摸索学习规律，缺乏正确的学习策略和方法，学习能力弱、效率低、效果差。

4. 缺乏自尊心、自信心

学习动机缺乏者往往感觉自己搞不好本专业的学习，自己对所学专业提不起兴趣，经常拿“我在这方面天生就不行”的话来安慰自己，因而学习成绩搞不好也不觉得丢面子，成绩不及格也不在乎。

学习动机缺乏者在生活上表现为：懒散、惰性大；不遵守纪律，经常旷课和睡懒觉，对吃喝玩乐情有独钟，整天沉溺于下棋、玩扑克、搓麻将、跳舞、看电影、逛商场、上网聊天、谈恋爱等；乱花父母的血汗钱而心安理得；无端浪费大好时间而无动于衷，等等。

学习动机缺乏主要是因为学习动机不正确，社会责任感不强，价值观念不强，学习态度不端正，学习毅力不强，对专业不感兴趣，对自我的学业期望不足，学业自我效能感低。

一、学习动机概述

动机是个体行为的内部动力，是个体以一定方式引起和维持其行为以满足需要的心理倾向。学习动机是引发和维持个体进行学习活动，并使学习活动朝着一定目标进行的内部动力或心理倾向。学习动机的一种直接外在表现是学习积极性，是在学习活动中认真、主动、投入的状态。如果学生对学习没有兴趣，缺乏求知的欲望，学习是很难长久地维持的。因此，在整个学习过程中，激发学习动机是至关重要的，但是这并不意味着学习动机越强烈越好。

1908年,耶克斯和多德森通过研究,提出了著名的耶克斯-多德森定律(见图2-1)。一般情况下,即在工作难度是中等的时候,动机强度与工作效率之间并不是线性关系,而是倒U形的曲线关系:动机强度适宜时,工作效率最高;动机强度过低时,缺乏参与活动的积极性,工作效率不可能提高;动机强度过高时,工作效率会随动机强度增加而不断下降,这是因为过强的动机会使个体处于过度焦虑和紧张的心理状态,干扰记忆和思维。

另外,动机的最佳水平不是固定的,依据工作任务的不同会有所改变。工作难度很小时,动机十分强烈,才能有较高的工作效率。工作难度很大时,适当地降低动机强度,有利于提高工作效率。

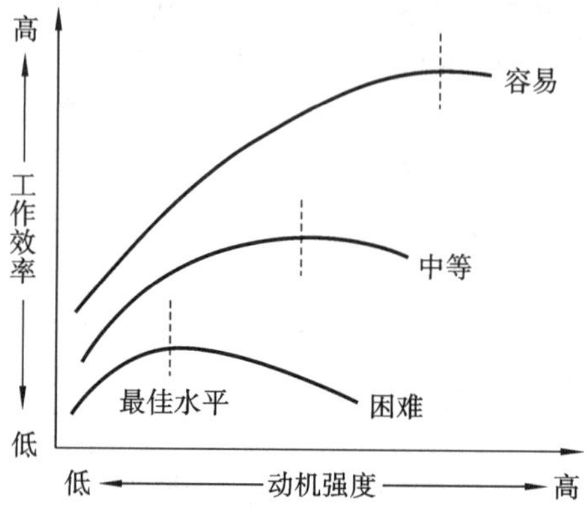

图2-1　耶克斯-多德森定律

二、学习动机缺乏

大学生学习动机缺乏的主要表现是厌学。大学生厌学是指大学生对学习感到厌倦的心理和消极的学习行为倾向。

1. 厌学的表现

厌学的学生一般都缺乏理想与信念,缺乏目标。具体表现如下:上课迟到、早退、旷课;在课堂上听音乐、玩手机、看小说、睡觉;课前不预习,课后不复习;白天吃饱喝足,得过且过,晚上通宵上网;平时不用功,考前抱佛脚,考试作弊等。

2. 厌学的原因

大学生厌学的原因有很多,既有客观方面的原因,也有主观方面的原因,这里仅从主观方面进行分析。

1）缺乏目标

很多大学生在高中时的目标是考上自己心目中理想的大学,于是很努力地去学习,走进大学校园之后,就觉得万事大吉了,于是开始吃喝玩乐,得过且过,完全没有了积极的学习态度,有的同学甚至抱着“60分万岁,61分浪费”的心态去应付学习。这都是缺乏目标,对自己放松要求所导致的。

2）理想与现实之间有差距

有的大学生对自己所考入的学校不满意,对所学的专业不感兴趣,理想与现实之间的差距使他们出现了很多的负面情绪，但是他们又不愿意去面对这种差距，不愿意去处理负面情绪，于是把大部分时间放在与学习无关的事情上，从而影响学习。

3）自我管理能力差

很多大学生自我管理能力差，意志力薄弱。有些大学生仍旧采用中学时期的学习模式，希望老师对学习提出要求，否则就不知道该学习什么，还有些大学生很容易受到周围不良环境的影响，沉迷于网络游戏、电视剧等，影响正常学习。

3. 克服厌学的方法

针对以上几种厌学的原因，可以采取以下方法克服厌学。

1）制定目标并付诸行动

进入大学后，每一个人都站在了新的起点上，那么四年或五年之后，会以什么样的状态走出校门，这是每一个大学生都要思考的问题。大学生要给自己制定大学时期明确的学习目标，并且所制定的目标要有系统性，既要有短期的目标，比如这个学期要争取每门课程的成绩都在 75 分以上，也要有长期的目标，比如四年之后要考上研究生。

2）提高适应能力，培养学习兴趣

大学生要提高适应能力，培养学习兴趣。人的一生中很多事情都不是一帆风顺的，理想与现实总是会有差距，我们要学会接受并适应。或许这所学校不是你心目中理想的大学，或许所学的专业你也不太喜欢，但是在无法改变现状的情况下，你只能面对现实，努力地去发现这所学校的优势和拥有的资源，去了解自己所学的专业，进而喜欢上自己所学的专业。

大学生要通过多种途径全面、深入地了解自己所学的专业，提高对专业的认识水平，激发自己的学习兴趣。现在许多大学生上课时不喜欢听老师讲课，老师让他们讲的时候，他们又表现得不知所措。之所以会这样，是因为他们对所学的专业不了解，根本就没有钻进去。如果钻不进去，就发现不了问题，就不会对所学的专业感兴趣。反之，如果钻进去了，就会不断地发现问题，学习兴趣自然会被激发。

3）增强意志力和自我管理能力

大学生应当增强意志力和自我管理能力。学习任务没有完成却控制不住自己去玩网络游戏、熬夜看电视剧、不能合理地利用每个月的生活费，都是意志力薄弱、自我管理能力差的表现。意志力和自我管理能力需要在生活中慢慢地培养，可以给自己制订一个计划，如果计划完成了，就奖励自己，如果计划没有完成，就惩罚自己。用这种自我奖惩的方法可以有效提高自我管理能力。

延伸阅读

做六件事让大学生活充实快乐

走进大学，离开了“唠叨”的父母和手把手教学的老师，高职高专新生难免感到茫然，甚至无所事事。但下列六件事情，能让大学生活充实快乐。

一是阅读大量的书籍。除了阅读跟所学专业密切相关的书籍、论文外，高职高专学生还应多读一些历史书籍、名人传记，从成功人士身上汲取各种经验。

二是找一位优秀的学哥或学姐当自己的参照目标。每年学校会组织各院系优秀毕业生向新生“指点迷津”。新生可从中寻找与自己成长经历、兴趣爱好相近的学哥、学姐作为榜样,借鉴他们的学习方法、生活习惯等。

三是跟专业老师做一次深入沟通。与专业老师交流,是了解自己所学专业最直接、最有效的办法。在请教老师时要克服羞涩心理,积极主动。

四是坚持在一个阶段内记日记或周记。写日记能帮助生活更有规划,目标更明确。一段时间后回顾这些日记,是反思自己、认识自我的最好方式。

五是争取代表班级或学院在公开场合展示自己的机会。在大学,就要时刻做好融入社会的准备,在公开场合演讲、辩论,哪怕是大合唱,都是锻炼自己、增强信心的好机会。

六是承担一份社会职务。无论是在校内勤工俭学、帮各科教师做辅助工作,还是在校外打工、当家教,都能帮助高职高专学生更多地了解社会,提高动手能力、沟通能力等。

三、学习动机过强

学习动机固然对学习活动起着推动作用,但是这并不意味着学习动机越强,学习效果就越好。心理学研究认为,学习动机过强,不论是内部的期望过高,还是外部的奖惩诱因过强,都会使学生专注于内部的期望和外部的奖惩,而不是专注于学习,从而影响学习。

1. 学习动机过强的主要表现

1) 期望过高

有些学生由于缺乏对自身各方面素质的全面认识和对外界客观条件的认识,对自己有很高的期望 ,并为自己确立了很高的目标。目标过高,而自己的能力又达不到目标的要求,所以很容易失败,失败之后,很容易挫伤自尊心、自信心,严重的时候还会产生自卑、抑郁等心理问题。

2) 好胜心过强

学习动机过强的学生常把分数和名次放在很重要的位置上,他们争强好胜,在每次考试或竞赛中总想取得很好的名次,看到别人超过自己就不高兴。他们很想得到老师、长辈的肯定与表扬,唯恐别人看不起自己。

3) 学习强度过大

学习动机过强的学生常把学习看成是最重要的,把时间全部用在学习上,很少将时间花在娱乐活动上。他们在学习上不怕苦、不怕累,对待学习到了废寝忘食的地步,把全部心思都用在了学习上。如果长期这样下去,肯定会影响身心健康,不利于个人发展。

4) 精神紧张

学习动机过强的学生由于长时间超负荷学习,情绪上很难放松,常伴随着学习焦虑和考试焦虑现象。精神紧张易引起学习过程中注意力不能集中、记忆力下降等问题,从而造成学习效率低,久而久之还容易引起头痛、头昏、耳鸣、心悸、肠胃不好等疾病。对于学习动机过强的学生来说,学习可能是一件苦差事,而不是一种乐趣。

5) 要求过严

有些学生对自己的要求是只能成功,不能失败。他们不允许自己失败,一旦没有达到自己设定的目标,就会责备自己,并给自己施加更大的压力,希望下次能获得成功。他们通常对自己的现状感到不满意,总觉得自己应该做得更好,即使成功,也不会感到特别高兴。

2. 学习动机过强的原因

1）学习目标设置得过高

如果学习目标设置得太高，目标实现的可能性很小，就可能造成学习动机过强，导致对自己的要求过于严格。

2）不恰当的认知模式

努力是取得成功的必要条件之一，这是毋庸置疑的。但是，有的大学生把努力看成取得成功的唯一条件，错误地认为“只要我努力，就能取得成功”。这种认知模式容易使大学生产生过强的学习动机，容易使他们在学习中，不顾自身的能力及各种客观条件，为了一个不太可能实现的目标盲目努力，却始终尝不到成功的喜悦，对身心造成一定的损害。任何事情要想取得成功，都必须考虑自身的能力和环境因素。

3）他人不适当的强化

在我国，大多数人会更倾向于支持那些学习动机过强者，称赞他们学习劲头足、刻苦、有志向，并期望他们做得更好。因此，学习动机过强的大学生很容易得到他人的肯定和支持，这种不适当的强化会使他们看不到学习动机过强的危害，并且会使他们对自己的要求更加严格。

4）性格原因

学习动机过强与性格关系密切。例如，具有追求完美、好强、固执等性格特征的大学生很容易形成过强的学习动机，性格内向、沉默寡言、不善于交际的大学生也很容易形成过强的学习动机。性格的形成一方面与遗传因素有关，另一方面也与个体的成长经历、成长环境有关。在性格形成的初期，如果父母过于严厉，对孩子的期望过高，就很容易使孩子形成争强好胜的性格特征，导致日后学习动机过强。

3. 学习动机过强的调适

1）正确认识自我

大学生对自己的能力和水平要有客观的评价和正确的认识，制定目标时要量力而行，既不要好高骛远，也不要盲目攀比。

2）科学地制定目标

大学生制定目标时要考虑自己所具备的条件及实际环境，“跳起来正好够得着”应是目标制定的基本原则。还需要注意的是，制定的目标要清晰、具体，具有可操作性，是经过努力能够实现的，切勿把目标定得过高、过于模糊，难以操作，否则会造成学习动机过强，影响学习效果和身心健康。

3）关注学习本身

学习动机过强的大学生往往过分注重长辈、老师及周围的同学对自己的看法，这样会使得他们在学习中压力过大，患得患失。这样的大学生要注意把关注点放在如何学会学习以及学会了多少知识上，不要总是去想失败的后果，要增强自身的抗挫折能力。

4）营造宽松的学习氛围

过强的学习动机，不是一朝一夕形成的，它是在个体成长的过程中逐步形成的。在这个过程中，环境的影响起着很大的作用。学习动机过强的大学生要注意争取父母的支持，让他们对自己有合理的期望，营造宽松的学习氛围。

第三节　大学生的学习策略

有的大学生学习困难、学习效率不高，是学习策略不恰当造成的。本节主要探讨大学生常用的三类有效的学习策略——认知策略、元认知策略、资源管理策略。

一、认知策略

认知策略是学习者加工信息的一些方法和技术，有助于有效地从记忆中提取信息。其基本功能有两个方面：一是对信息进行有效的加工与整理；二是按照类别对信息进行储存。常用的认知策略有三种：复述策略、精加工策略、组织策略。

1. 复述策略

复述是指在工作记忆中为了保持信息而对信息进行多次重复的过程。在学习中，复述是一种主要的记忆手段，许多新信息，如人名、外语单词等，只有经过多次复述后，才能在短时间内记住并长期保持。常用的复述策略有以下几种。

(1) 在复述的时间上，采用及时复习、分散复习。因为遗忘随时都在发生，我们必须多次重复才能有好的记忆效果。德国心理学家艾宾浩斯对记忆进行了研究，他用无意义音节(由若干字母组成的能够读出的无实际意义的音节)作为记忆材料，用节省法计算记忆保持量，并根据实验结果绘制出了描述遗忘进程的曲线，即著名的艾宾浩斯遗忘曲线(见图 2-2)。艾宾浩斯遗忘曲线显示，遗忘在学习之后立即开始，并且遗忘是有规律的，最初遗忘速度很快，之后逐渐变慢，即先快后慢。有意义的学习材料的记忆也具有这样的特点。有人做过一个实验，两组学生学习同一篇课文，甲组的学生在学习后不复习，一天后记忆保持量为 36%，一周后为 13%。乙组的学生按照遗忘规律复习，一天后记忆保持量为 98%，一周后为 86%，乙组学生的记忆保持量明显高于甲组的学生。根据遗忘规律，我们在复习的时候，时间间隔可以按照 1 天、2 天、4 天、7 天、15 天来安排。

(2) 在复述的次数上，采取适度的过度学习。过度学习是指在学习某一材料时，在达到勉强可以回忆的地步以后，再继续学习一定的时间。过度学习不是毫无限度的超度学习，一般认为，在一定范围内，过度学习是必需的，超过了一定限度，就是很不经济的，因为过度学习需要更多的时间和精力。一般来说，学习程度以 150%为佳，即过度学习 50%，效益最佳。例如一段文字，反复读 8 遍后勉强可以背下来，接着再读 4 遍，这时的记忆效果比较好。

(3) 在复述的方法上，运用多种感官协同记忆。运用多种感官协同记忆，如边听边看、边读边写、边听边做等，可在大脑中留下多方面的回忆线索，从而提高记忆效果。有心理学家曾做过这方面的研究，研究结果表明，人们的学习 1%通过味觉，1.5%通过触觉，3.5%通过嗅觉，11%通过听觉，83%通过视觉，而且人们一般可记住自己阅读的 10%，自己听到的 20%，自己看到的 30%，自己看到的和听到的 50%，交谈时自己所说的 70%。这说明多种感官参与，能有效提高记忆效果。

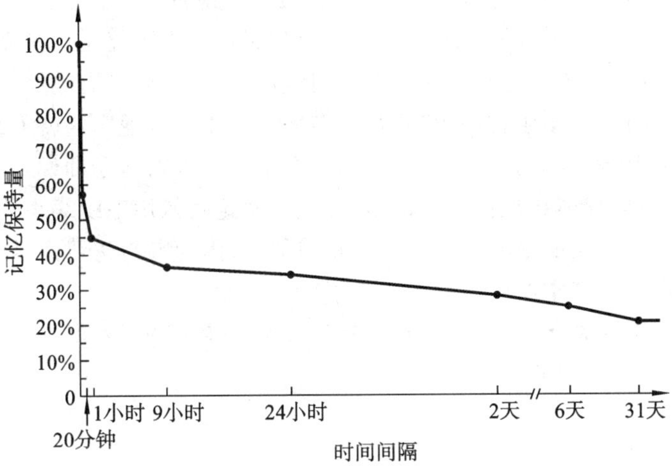

图 2-2 艾宾浩斯遗忘曲线

2. 精加工策略

精加工策略是指把新信息与头脑中的旧信息联系起来,从而增加新信息的意义,促进新信息的理解和记忆的深层加工策略。与复述策略相比,精加工策略是一种更高水平的、更精细的信息加工策略,其要旨在于建立信息间的联系。

研究发现,学习者对材料加工得越细致、越深入,对知识的掌握就越牢固。已有较多研究表明,是否使用精加工策略是成功学习者与非成功学习者的重要区别。成功的大学生常常使用精加工策略,而且频率很高,而不成功的大学生常常使用复述策略。常用的精加工策略有以下几种。

(1) 联想法。联想法包括形象联想法、谐音联想法、关键词联想法等。例如:记忆“橘子-狗”这一组词,可以想象成“一个比狗还大的橘子砸中了一条狗”;记忆“计算器-书”这一组词,可以想象成“计算器印在书的封面上”。想象越奇特,加工得就越深入、越细致,记忆得就越牢固。有一种用想象来加深记忆的方法,就是编一个故事,将所有要记忆的信息联系在一起。

(2) 提要法。这是一种去粗取精、删繁就简、提炼关键信息的方法,包括画线法和笔记法。例如,在学习的时候,在学习材料上圈出不知道的词,标明事件序号,用“?”表示有疑问的地方,画箭头表明关系,写下评论,表明自己的观点。做笔记是阅读和听讲时用得较为普遍的精加工策略。研究表明,学生借助于笔记可以有效地监控自己的学习过程,有助于发现新知识的内在联系和建立新知识与旧知识之间的联系,有利于知识的概括、总结。学生可以尝试用自己的话做笔记,自己看得懂就行。

(3) 提问和回答问题。研究发现,提问和回答问题是一种很好的促进学生学习的策略。在提问和回答问题的过程中,学生必须停下来评估自己对所学内容的掌握情况。

(4) 生成性学习。生成性学习就是要求学生对学习材料重新进行加工,产生新的理解,将其变成自己的东西。

有两个标准可以用来衡量是否是精加工:一是精加工是由学习者自己完成的;二是与学习者已有的知识内容相关联,且加工后与学习内容有关。例如,当读到“哥伦布 1492 年发现美洲”时,一个学生认为应该记住,就在心里一遍又一遍地重复“哥伦布 1492 年发现美洲”,这不是精加工,而是复述。另外一个学生在心里想“哥伦布很可能是由东而西到美洲的”,这就是精加工,因为这是由该学生自己完成的,并且该学生将自己已有的地理知识与这一新知识联系起来了。还有一个学生在心里想“哥伦布平时爱吃什么呢”,这就不是精加工,因为这个学生所思考的问题与学习内容无关。又如,一个学生听到物理老师说“分子在气体中比在液体中相隔更远,所以气体比液体轻”,该学生就想到“这就像用毛线编织的疏松的毛衣要比用同样的毛线编织的密实的毛衣要轻”,这也是精加工,因为它与学习内容有关,并且该学生将自己已有的生活经验与学习内容联系起来了。

大学生在学习中要善于把新知识与已有的知识联系起来,以促进对新知识的理解与掌握。

二、元认知策略

元认知是指个体对自己的认知过程的认知。元认知策略包括对自己的认知过程的了解和控制策略。元认知策略大致可以分为三种:计划策略、监视策略和调节策略。

1. 计划策略

计划策略是指根据学习活动的特定目标,在学习之前制订计划,预计结果,选择策略,想出解决问题的方法,并预计其有效性。计划策略包括设置学习目标、预计待回答的问题,以及分析如何完成学习任务。

2. 监视策略

监视策略是指在认知活动进行的过程中,根据认知目标及时评价、反馈认知活动的结果,正确估计自己达到认知目标的程度,并根据有效性标准评价各种认知行为、策略的效果。监视策略包括阅读时对注意进行跟踪、对材料进行自我提问、考试时监视自己的答题速度等。这些策略可以使学习者发现自己在注意和理解方面存在的问题,并及时改正。

3. 调节策略

调节策略是指根据对认知活动的结果的检查,采取相应的补救措施,根据对认知策略的效果的检查,及时修正、调整认知策略。

调节策略与监视策略有关。例如:当学习者意识到自己不理解课文的某一部分时,他会退回去重新阅读;考试时跳过难题,先做简单的题目。调节策略可以帮助学生矫正学习行为。

三、资源管理策略

资源管理策略是对可用的环境和资源进行管理的策略,主要包括时间管理策略、学习环境管理策略、努力管理策略、社会资源利用策略等。

1. 时间管理策略

时间管理策略要求分辨需求,根据需求的重要性排序,并根据重要性分配相应的时间和资源。

1）统筹安排时间

大学生在安排学习活动时，要分清哪些事情必须做，哪些事情可做可不做，每天都要按照事情的重要程度来安排学习活动，确保每天都在做最重要的事情。

大学生在执行学习计划时，要避免拖延。做事拖拉的人总是习惯把事情推到以后做，他们一般花许多时间思考要做的事，担心这个，担心那个，给自己找借口推迟行动，之后又会因为没有完成任务而悔恨。

2）高效利用最佳学习时间

大学生要根据自己一周内、一天内学习效率的变化来安排学习活动，把最佳学习时间用在最难的或者最重要的课程上面。

一周内，由于长期的双休制，形成了智力周期。星期一和星期五临近休息日，智力机能有下降的趋势。

由于每个人在一天中的新陈代谢状况和大脑机能状况不同，所以最佳学习时间也因人而异。有的人是白天型的，早睡早起，一觉醒来，精力充沛，大脑活跃，有的人是晚上型的，一般早上状态不好，到了下午精神逐渐变好，大脑逐渐转入兴奋状态，到了夜深人静时，大脑异常活跃，学习效率很高，还有的人是混合型的，不管在任何时候，只要休息好了，就可以达到最佳状态。当然，学生主要是在白天学习，因此，晚上不宜睡得太晚。

3）灵活利用零碎时间

零碎时间大多是学习效率较低的时间，如饭前、饭后、等人、等车、乘车、乘船等。这些时间也可以灵活地加以利用。首先，可以利用零碎时间处理学习上的杂事；其次，可以利用零碎时间看杂志，拓宽自己的知识面；最后，可以利用零碎时间与他人交流。

2. 学习环境管理策略

学习环境管理策略是指通过选择或管理自己的学习环境，让自己能集中精力学习，取得好的学习效果。

首先要注意调节自然条件，保持空气流通、温度适宜、光线明亮、色彩和谐，其次要设计好学习的空间，可以从空间范围、室内布置、用具摆放等方面进行设计。如果条件允许，应当有一个相对固定的学习场所，形成一个相对安静的学习环境。学习环境应该有利于学习，而不是有利于放松、娱乐。

3. 努力管理策略

努力管理策略是指合理安排自己有限的精力，取得最好的效果。一个人的精力是有限的，不可能一直保持旺盛的精力，过分努力会使人感到疲劳，从而使学习效率下降。对个人努力的管理如同对时间的管理一样，要分清事情的轻重缓急，要把有限的精力优先运用到重要的事情上。

4. 社会资源利用策略

学习总是需要与人交流的，老师和同学是大学生最重要的社会资源。大学生在学习中遇到困难时，要抛开顾虑，积极地向身边的老师、同学求助。

拓展专题

专题 2-1　　时间都去哪儿了

你是不是觉得自己很努力,完成的事却很少?你是否觉得自己老是很忙,却没有多少收获?在忙忙碌碌之后,回顾自己的生活,你是否总是忍不住问自己,时间都去哪儿了?让我们仔细想想自己的时间都去哪儿了。

专题 2-2　　与拖延告别

拖延是在能够预料后果的情况下,仍然把计划要做的事情往后推的一种行为。拖延是一种普遍存在的现象。一项调查显示,50%的大学生认为自己一直拖延。严重的拖延会对个体的身心健康带来消极影响,如出现强烈的自责情绪、负罪感,不断地自我否定,并伴有焦虑、抑郁等心理障碍,一旦出现这种状态,就需要引起重视。那么应该如何改掉拖延的习惯呢?让我们一起讨论一下吧!

思考与讨论

1. 与中小学生的学习相比,大学生的学习有哪些特点?
2. 如果对自己所学的专业不感兴趣,应该如何处理?
3. 你常用的学习策略有哪些?还可以尝试哪些学习策略?
4. 如何管理好自己的时间?

第三章　大学生情绪管理与调适

本章学习目标

- 了解情绪的特征
- 了解情绪产生的原因
- 掌握情绪管理与调适的内容与方法
- 学会处理焦虑、抑郁等常见的情绪问题
- 了解积极情绪的培养策略

情绪作为一种心理现象，总是伴随在人的左右，无论是所思所想还是所作所为，都离不开情绪这一心理背景：或兴奋或平静，或愉快或忧郁，或紧张或轻松，等等。情绪产生时，不仅会产生各种内心体验，也会引发某些身体反应。情绪的性质、强弱与状态不同，还会导致人们的活动效率与结果不同，从而影响人的幸福感和心理健康水平。

为了维护身心健康，每个大学生都应该和情绪交朋友，主动关心自己的情绪，努力认识自己的情绪，积极调节和控制自己的情绪。

第一节　认识情绪

一、情绪的心理学解读

1. 情绪的特征

世界上没有无缘无故的爱，也没有无缘无故的恨，情绪的产生从来都不是无缘无故的。“人非草木，孰能无情”，人对客观世界是有知觉的，人总是依据自己的知识、经验、需要、兴趣、价值观去评价人、事、物，由此对自己所处的环境，对自己的工作、学习、生活及行为，对他人的言语和行为等产生肯定或否定、赞同或反对、接纳或排斥的态度，这些评价和态度被人清晰地知觉到和体验着，就成为某种情绪。

心理学上这样解释情绪：情绪是人对客观事物能否满足自己需要的一种态度和主观体验。情绪反映的是主体与客体之间的关系。

情绪包含三种成分。

1）主观体验

情绪的主观体验是个体对不同情绪状态的自我感受与体验。个体对不同情绪的主观体验不同，情绪的主观体验包括情绪体验的性质、强度、紧张度、复杂度等。

根据情绪对人的心理活动的效能产生的不同影响，可以区分出两种不同性质的情绪体验：正向的情绪体验和负向的情绪体验。凡是符合人需要的刺激，引起人肯定的评价，所产生的情绪就是正向的情绪，如喜爱、快乐、满足、自豪等。凡是不符合人的需要，或者妨碍人的需要得到满足的刺激，引起人否定的评价，所产生的情绪就是负向的情绪，如厌倦、烦躁、愤恨、痛苦、害怕等。

情绪体验有强与弱之分。情绪体验的强度不仅与刺激本身的强度有关，而且取决于个人如何认识、评价刺激对自己的意义。每一种情绪体验在强度上会有不同的表现。例如，高兴可以表现为愉快、喜悦、欢乐、狂喜等，生气可以表现为不快、气愤、狂怒等。

情绪体验有紧张与轻松之分。紧张表现为神经系统的兴奋性增强，对目标高度关注，精神上有压迫感，还掺杂了一些不安、担心和恐惧。它通常与活动的紧要关头以及最有决定性意义的时刻相联系，往往在人们面临重大、困难、紧迫的任务时产生。轻松则与此相反，或者恰好是在上述任务完成之后产生，表现为紧张被解除，精神上没有压迫感，内心感到安定、平和、宁静。

日常生活中，我们较少体验单一的情绪，常常是几种情绪混合在一起产生。情绪体验的复杂度，取决于快乐、悲哀、恐惧、愤怒等几种原始情绪的组合情况。

2）生理变化

不同性质、不同强度、不同紧张度的情绪产生时，人的一些生理活动会发生一些变化，如血压升高或降低、心跳加快或减慢、血管收缩或舒张、呼吸急促或变缓等。它们是情绪的表现，也可以作为观察、测量情绪变化的客观指标。

3）行为反应

情绪产生时，常常会伴随一些外在的行为表现，如面部的表情、身体的姿势、言语活动等。这些行为表现可以从外部直接观察到，被称为表情。表情可以分为面部表情、身段表情、言语表情。它们是情绪表达的手段，也是了解情绪的客观指标之一。需要注意的是，外在的表情与内在的情绪状态并不总是一致的。

2. 情绪的产生

情绪产生的原因主要包括以下三个方面。

1）身体内外的刺激

有时候，人们会觉得情绪来得莫名其妙，其实只不过是引起情绪的刺激不那么明显、具体，或者当事人没有意识到罢了。如果仔细寻找，我们可以发现每一种情绪的产生都存在或隐或显、或直接或间接的刺激原因，它们是情绪的诱发因素。

外部刺激包括感觉器官接受的各种外界刺激（如视觉、听觉、嗅觉、味觉、皮肤感觉等刺激）、重要的生活事件、他人的言语和行为、自然环境等。例如：壮丽的河山、优美的音乐、整洁的环境会让人感到兴奋和愉快，拥挤的街头、嘈杂的声音、肮脏的环境则让人感到烦躁和压抑；即将面临的考试、拖欠的债务、失去恋人会让人感到焦虑和沮丧，完成工作、职务的晋升、与亲朋好友相聚则让人感到愉快和轻松。

内部刺激包括身体健康状况、生理需要的满足状况、激素的水平，以及内心对过去的回忆、对未来的想象等。例如：体弱多病容易使人感到压抑；有人饿了的时候容易发火；甲状腺素分泌过多的人脾气暴躁，分泌不足的人则情绪低落；预计自己将实现某个愿望令人产生兴奋、快乐的情绪；回忆一段痛苦的往事，会让人感到悲伤、烦恼。

2）主体的认识活动

能够引发情绪的刺激，必须是当事人认知的对象。面对某种刺激，个体必须根据自己的需要，通过自己的认识活动，对该刺激能否满足自己的需要、满足到何种程度，做出解释和评价，形成一定的看法和态度，确定刺激对自己的意义，这样才能产生不同的情绪体验。因此，情绪总是与需要相关，需要是情绪产生的基础。

不同的人由于需要不同、对事物的看法和态度不同，面对同样的刺激，可能会产生不同的情绪。例如，从邻居房间里传来的歌声，对一个在家休息、无所事事的人来说，可能是令人愉快的伴奏，但是对一个第二天要参加重要考试，正在紧张复习的学生来说，可能是无法忍受的噪声。

由此可见，情绪的产生不仅需要有刺激存在，还取决于个人的需要和认识活动，以及个人对刺激情境的认知与评估，所以情绪具有很强的主观性。情绪与理智并不是对立的，情绪本身就是以理智为中介的产物。

3）生理激活水平

在面临刺激时，个体的生理激活（唤醒）水平也会影响情绪产生的难易和强弱。这里所说的生理激活水平是指生理活动被激发的强烈程度、激素水平、高级神经系统活动的类型、遗传特点等，它们是情绪产生的生理影响因素。例如，一个人喝了酒之后，生理活动会被激发到较高水平（心跳加快、血管扩张、全身发热），这时他如果听到赞扬或者挑衅的言语，会更容易产生高兴或者愤怒的情绪。又如，有些人因为疾病或天生的原因，身体的某些激素含量偏低或偏高，会造成他对同一刺激产生比常人更弱或者更强的情绪反应。人的高级神经系统活动的类型所决定的气质类型，是一种天生的较为稳定的心理特性，同样也会影响情绪的产生。例如：胆汁质者的高级神经系统活动强而不平衡，属于不可遏制型，其情绪的产生常常迅速而强烈；多血质者的高级神经系统活动平衡而灵活，其情绪丰富，容易变化，不深刻；黏液质者的高级神经系统活动属于安静型，其情绪体验深刻而持久，但产生的速度较为缓慢；抑郁质者的高级神经系统活动属于抑制型，其情绪体验敏感、细腻而深刻，常常表现为多愁善感。此外，生理学和遗传学的研究表明，某些可遗传的体内生化特性、神经特性及染色体的结构，对人的情绪的产生也有一定的影响，比如，神经递质中的5-羟色胺减少，会导致抑郁的产生。

总之，情绪的产生，是由身体内外的刺激引起的，以个人的需要和认识活动为中介，并且受到生理状态的制约。

二、情绪状态

不同性质、强度、紧张度的情绪，以一定的方式组合起来，在一段时间内形成影响人的整个身心活动的主导情绪，这就是情绪状态。

1. 心境

心境是一种微弱、持久、弥散性的情绪状态，它可以在一段时间内（短则几小时，长则几年),使人的所有活动带上同样的情绪色彩。造成心境的原因有很多种,涉及个人的生活处境、身体状况、气质、性格,以及天气变化、居住环境等。"人逢喜事精神爽"正是一种愉快心境的表现。

心境由于不强烈,又没有伴随强烈的生理和行为变化,因此容易被人忽视。实际上,心境持续时间长,弥散于整个心理活动中,它对人的活动效率、生活感受、身心健康都有很大的影响。积极、乐观的心境,可以提高人的活动效率,使人增强信心,对未来充满希望,有益于健康;消极、悲观的心境,会降低人的活动效率,使人丧失信心和希望,经常处于焦虑状态,对健康不利。人的世界观、理想和信念决定着心境的基本倾向,对心境有着重要的调节作用。[①] 因此,大学生应该积极关注并学会调整自己的心境。

2. 激情

激情是一种突然爆发的、持续时间短暂、表现剧烈、失去自我控制力的情绪状态,这种情绪状态通常由对个人具有重大意义的事件引起。重大成功之后的欣喜若狂、惨遭失败后的绝望无助、亲人突然离世后的悲痛欲绝、身处危险境地时的极度恐惧等,都是激情状态。

激情状态往往伴随着明显的生理变化和外部行为表现。例如:盛怒时全身肌肉紧张,血压上升,心跳加快,同时,双目圆睁,咬牙切齿,双拳紧握;狂喜时放声大笑,手舞足蹈;极度恐惧、悲痛时手脚冰凉。狂喜、暴怒、极度恐惧等激情状态可能使人发呆、晕厥,甚至出现所谓的激情休克现象,有时则表现为过度兴奋、言语紊乱、动作失调。这些变化既是激情的表现,也是对激情的宣泄。激情包含着巨大的能量,激情得不到适当的宣泄,或者激情过分强烈地爆发,都会对当事人的身心造成伤害。大学生情感丰富,情绪体验比较强烈,应该注意让自己的激情得到适当的表达和宣泄。

激情状态下人往往会出现"意识狭窄"现象,即认识活动范围缩小,表现为注意范围变窄,思维能力下降,分析问题的能力受到抑制,自我控制能力减弱。因此,激情状态下人容易对自己的行为失去控制,甚至会出现一些鲁莽、轻率的行为,对他人、自己和环境造成损害。有人用激情爆发来原谅自己的错误,认为激情状态下人完全失去理智,无法控制自己,这种做法并不可取。人不仅能够意识到自己的激情状态,也能够有意识地进行调节和控制,任何人都要对自己在激情状态下的失控行为所造成的不良后果负责任。因此,大学生应该学会疏导激情,控制不良激情的爆发。

激情并不都是消极的,激情也有积极的作用。我国运动员在奥运会比赛中奋力拼搏、勇夺金牌后喜极而泣,这种激情不仅体现了运动员获胜后的喜悦心情,也感染了许多中国观众,激起人们强烈的民族自豪感和崇高的爱国主义情怀。这样的激情会成为大学生成长、成才的强大动力。

3. 应激

应激是人对某种意外的环境刺激所做出的适应性反应,是一种非常强烈、紧张的情绪状态,它通常在人们遇到意外事故或重大挑战的时候产生。例如,遭遇火灾,需要紧急逃生,这种情况下人们所产生的特殊的紧张情绪体验,就是应激状态。

当人处于应激状态时,他的生理、心理和外部行为会产生一系列的协同反应,集中自己

---

① 彭聃龄.普通心理学.4版.北京:北京师范大学出版社,2012.

的智慧和经验，迅速做出选择，采取有效的行动，此时人的身心处于高度紧张状态，以应付紧张的局面，对抗外界的压力和威胁，直至消除应激事件、脱离困境为止。如果长时间无法消除应激事件、脱离困境，人就会在压力的持续作用下走向身心崩溃。

应激状态的产生，与人面临的情境及人对自己能力的估计有关。当情境非常困难，对一个人提出了摆脱困难的要求，而这个人意识到自己无力应付当前情境的过高要求时，就会感到非常紧张，从而处于应激状态。

大学生要避免长期处于严重的应激状态，对学习、生活中可能出现的压力和威胁，平时应该有足够的预见性，还要注意增强体质，提高适应环境和处理突发事件的能力，提高心理承受能力，学会对应激事件做出合理的评价，对目标和环境做出恰当的选择，主动寻求社会的支持。

三、情绪的作用

情绪在个体的生存适应和人际交往中起着十分重要的作用，能激发人的动机，引导人的行为，影响人的活动效率和身心健康。

1. 情绪对认知的制约作用

知之深，爱之切。一方面，情绪以认知为基础，另一方面，情绪会影响认知的种类和进程。情绪决定客观事物的某种属性能否被感知以及被感知的深度和结果，情绪激发个体的想象活动，支配着个体对客观事物的记忆效果，制约着个体思维的灵敏性和选择性。积极的情绪会加速个体对和决策有关的材料的加工，使人能迅速提取有用的材料，不良情绪则会打断、干扰认知活动。

2. 情绪对行为的影响

耶克斯-多德森定律表明，行为效率与情绪之间存在着某种联系。活动内容越难，行为效率越容易受到较高激动水平的干扰，而简单的操作则在高度激动水平上有较好的效果，一般难度的任务保持中等激动水平时最佳。

3. 情绪影响身心健康

现代科学研究已经证明，长期的紧张、焦虑、愤怒、忧郁等情绪易导致机体正常生理活动的紊乱，破坏内分泌系统、免疫系统的功能，降低机体对恶性刺激的抵抗力，导致消化性溃疡、冠心病、偏头痛、高血压、月经失调等疾病，而轻松、愉快、平和的情绪是保证身心健康的重要条件，不仅能够维持大脑和整个神经系统适宜的紧张度，提高活动效率，还能增强机体对疾病的免疫力，提高个体适应环境的能力。我国近年来少儿偏头痛、高血压、胃溃疡等疾病呈上升趋势，而且其比率城市高于农村、教育发达地区高于教育相对落后地区，这与学生长期处于学习竞争和升学压力所造成的不良情绪状态有关。

4. 情绪对人际关系的促进

发展和谐的人际关系，不仅要靠言语信息的传达，也要靠非言语信息的表达。善于使用言语表情、面部表情、身段表情，如热情的话语、真诚的微笑、赞赏的目光、满意的点头等，有助于人与人之间互相接近、互相了解、互相接纳，有助于建立和维持良好的人际关系。

5. 情绪对人格形成的作用

一个人的情绪特征本身就是人格的构成部分，良好而稳定的情绪对健全人格的形成起着积极的作用。消极的情绪如果持续发展,会对人格产生不良影响。

四、大学生情绪活动的特点

大学时期是人的心理走向成熟的重要时期,大学生面临着转换角色、适应社会、确立自我意识等成长的压力,所以大学时期也是情绪丰富、相对不稳定的时期。随着社会地位、知识素养的提高和自身所处特定年龄阶段的影响,大学生的情绪活动表现出如下特点。

1. 情绪活动趋向丰富,高级社会情感逐渐成熟

在大学阶段最重要的心理变化是自我意识不断发展,各种高层次的需要不断出现而且强度逐渐加强。这表现为情绪活动的对象、内容增多,出现较多的自我体验,自我尊重需要强烈,自卑、自负情绪明显。

大学阶段突出的感情活动之一是恋爱,恋爱及其伴随的各种情绪,是许多大学生在校期间印象最深的情感体验。大学时期的恋爱,一方面是性生理和性心理成熟的表现,另一方面也是大学生寻求和确立自我同一性过程的一部分。研究表明,大学生较早或频繁的恋情可能对其社交产生消极影响。对大学生的一项调查显示,恋爱中的大学生所列举出的朋友的人数比未卷入恋情的大学生所列举出的朋友的人数要少一些,而那些已婚的大学生列举得更少。一对大学生的恋情愈深,他们就愈少听取别人的意见,对私人事务也越少暴露,即使对亲人也是如此。

道德观、羞耻感、集体感、利他主义、理智感、美感等高级情感活动在大学时期开始对个人的生活产生明显的影响,并影响其情绪反应。部分大学生确立了道德、正义的观念,当出现与之不符的观念与行为时,他们通常会感到自己犯了错误,情绪体验极端痛苦。大学生社会情感的发展决定了大学时期情感教育的重要性,学校、家庭及全社会都应关注情感教育的内容、方式与意义,采取有针对性的措施培养大学生良好的高级社会情感。

2. 情绪活动具有冲动性的特点

“血气方刚”“初生牛犊不怕虎”所描述的正是年轻人情绪活动冲动的特点。大学生的情绪体验比较强烈,富有激情。大学生对新事物比较敏感,精力旺盛,虽然具有一定的理智和自我控制能力,但情绪活动一旦失控,往往造成可怕的后果。例如,集体斗殴、离校出走、因感情挫折而自杀等都与大学生情绪活动的冲动性有关。

强烈的情绪活动在大学生身上也容易随着认知评价的改变而改变。有些大学生可能今天对某个人物崇拜得五体投地,明天又可能不屑一顾,情绪活动具有明显的两极性、摇摆性的特点。

3. 情绪活动易于心境化

大学生的情绪活动一旦被刺激引发,即使刺激已经消失,情绪状态有所缓和,其持续影响的时间就会很长,会转化为心境,对今后的活动产生广泛、持久的影响。大学生的许多不良情绪,如焦虑、抑郁、自卑等,都具有这种心境化的特点。大学生情绪活动的心境化还与大学生想象力丰富的特点有关。大学生通常会陷入某种想象性的情绪状态,而难以被另外一种情绪取代。

4. 外显性与内隐性并存

大学生对外界刺激反应迅速、敏感,喜、怒、哀、乐常形于色,比起成年人,大学生的情绪活动更加外露和直接，但比起中小学生，大学生更加会隐藏或抑制自己的真实情感，表现出内隐、含蓄的特点。[①] 一般而言，大学生的很多情绪是一眼就能看出来的，如考试得了第一名或赢了一场球赛，他们马上会喜形于色。随着自制力的逐渐增强，以及思维的独立性和自尊心的发展，他们情绪的外在表现和内心体验并不总是一致的，在某些场合和特定问题上，有些大学生会隐藏或抑制自己的真实情感，表现出内隐、含蓄的特点。另外，随着社会化的逐渐完成与心理的逐渐成熟，有些大学生能够根据特有的条件、规范或目标来表达自己的情绪，使得自己的外部表情与内部体验不一致。

五、学会认知情绪

学会认知情绪，可以帮助自己迅速化解不好的感觉，是我们进行情绪管理的第一步。觉察能力的提高，可帮助我们了解和我们互动的人的情绪。

（一）制作心情谱

首先，用铅笔在白纸上画一条直线，像我们小时候画过的"数轴"，然后从左到右在直线上平均画出 10 个刻度，分别写上 1 至 10 的数字。

接着，把你认为的坏心情用熟悉的词语描述一下，如痛苦、忧伤、悲哀、愤懑、沮丧、烦躁或者郁闷；再用同样的方法表达心情一般的时候，如麻木、索然无味、平淡或者宁静；最后，让我们满怀憧憬，想象一下你所期待的好心情，如欣慰、满足、愉悦、感恩、激动、兴奋，乃至幸福。

然后，从这些词语或者你认为更合适的词语中挑选 10 个，以你的理解，按照不同程度的心情由低向高排列，并标注在相应的数字刻度下，如：1—痛苦、2—沮丧、3—郁闷、4—索然、5—平淡、6—宁静、7—欣慰、8—愉悦、9—兴奋、10—幸福。

评价一下你现在的心情，请在心情谱上选择与你心情相对应的词。如刚遭遇不幸，非常痛苦，你的心情指数就是 1；若是觉得"没劲"，情趣索然，你的心情指数就是 4；假如衣食无忧、家庭和睦，心情介于宁静与欣慰之间，你的心情指数就是 6.5；而要是受到了表彰，比较兴奋，你的心情指数就是 9。

除了可以测量心情指数，人还可以通过以上这条心情谱了解自己的心情特点。如果你的心情指数波动不大，比如从平淡、宁静到欣慰，或从郁闷、索然到平淡之间徘徊，维持在 3 个数级内，说明你的心情谱较窄，情绪相当稳定。也许你的心情指数经常在 4 到 6 个数级之间波动，说明你的心情谱相对宽泛，心情感受较为丰富。而你的心情指数若是超过 6 个数级，跳跃幅度较大，如可以感受到深深的痛苦，才能够体验到莫大的幸福，或者忽而沮丧，忽而兴奋，那就表明你的心情谱相当宽泛并且细腻、敏感，但情绪不够稳定。

通过心情谱还能了解人的心情背景：如果心情谱偏右，心情指数经常在 5 以上，表明你的心情背景较为明朗；如果心情谱偏左，心情指数经常低于 5，那就显示你的心情背景比较阴郁。

---

① 吴魁豪，王立新．大学生情绪的控制与调节．锦州师范学院学报（哲学社会科学版），2001(3).

(二)写情绪日记

记录、整理每天的情绪,可增加对情绪的认识和觉察。每天清晨一觉醒来,就在情绪状态词汇(见表 3-1 情绪词汇表)中勾选出自己的情绪状态;晚上睡前再记录一次,并将当天较为明显的情绪事件记录下来。这种方式可以让我们定时觉察自己当时的情绪。若能进一步辨识当时情绪的内涵,记录情绪产生的原因,则不仅能增强情绪的觉察能力,也能洞悉情绪与事件、想法之间的因果关系。

表 3-1　情绪词汇表

对人友好	自卑感	悲观失望	紧张感	怨恨感	懒散
愤怒感	富有同情心	脾气倔强	乏力感	心神不定	孤立无援
不愉快	坐立不安	萎靡不振	头脑清醒	不专心	困惑感
轻快感	疲劳感	警觉性很高	迷惑感	助人为乐	受骗感
为某事难过	生气	狂怒	三心二意	气馁	办事有效率
无精打采	愤恨不满	信任他人	有点气恼	紧张不安	劲头十足
体贴别人	寂寞感	脾气不佳	心酸	伤心	卑微感
活跃	心情愉快	惊恐感	精神饱满	好斗	安逸感
糊涂	无忧无虑	忧郁感	焦虑	缺乏判断力	情绪低落
健忘	有气	筋疲力尽	精力充沛	感到无希望	不知所措
易发怒	痛苦感	内疚感	恐慌感	脾气好	凄惨

我们还可以根据每日情绪记录,制作每周的"情绪温度"表(见表 3-2)。

表 3-2　一周的"情绪温度"

星　期	上　午	下　午	晚　上
星期一	欣喜	甜蜜	舒心
星期二	黯然伤神	勃然大怒	伤感
星期三			
星期四			
星期五			
星期六			
星期日			

(三)情绪反刍

情绪反刍是对各种无名之火、莫名之燥,甚至各种疾病痛苦或悲剧快感象征意义的溯本求源,慢慢体味、细细咀嚼自己过去所曾经体验到的各种情绪;对情绪的倒嚼可以使一个人变得心平气和、性情陶然。我们可以以情绪类型、时间、地点、环境、人物、过程、原因、影响等项目为自己列一个情绪记录表，连续地记录自己的情绪状况，利用情绪记录表反思自己的情绪：为什么会有这样的情绪？这种情绪产生的原因是什么？有什么消极的负面影响？今后应该如何消除类似情绪的产生？如何控制类似不良情绪的蔓延？

如我们只是隐约感到不开心、郁郁寡欢，至于那个"不开心"是什么，却心中无数，我们可以运用下面的方法觉察自己真正的情绪。

今天发生的主要事情：________________________________。

哪件事情让我感觉不开心：________________________________。

这种不开心具体是气恼、悲哀、肝肠寸断、担心、惊慌还是其他？____________。

我对这件事情的解释是：________________________________。

我的真实感觉应该是：________________________________。

（四）情绪恳谈

与你的家人、老师、朋友等恳谈，征求他们对你情绪管理的看法和意见，借助他人的眼光认识自己的情绪状况。

（五）情绪测试法

借助专业情绪测试软件工具，或咨询专业人士，获取有关自我情绪认知与管理的方法和建议。

总体来说，要学会认知情绪，应注意以下几个方面：

第一，要愿意观察自己的情绪：不要抗拒做这样的行动，以为那是浪费时间的事，要相信，了解自己的情绪，是重要的领导能力之一。

第二，愿意诚实面对自己的情绪：每个人都可以有情绪，接受这样的事实，才能了解内心真正的感觉，更适当地去处理正在发生的状况。

第三，问自己四个问题：我现在是什么情绪状态？假如是不良的情绪，原因是什么？这种情绪有什么消极后果？应该如何控制？

第四，给自己和别人应有的情绪空间：留给自己和旁人停下来观察自己情绪的时间和空间，才不至于在冲动下做出不适当的决定。

第五，替自己找一个安静定心的法门：每个人都有不一样的途径使自己静心，都需要找到一个最合适自己的安心方式。

第二节　情绪管理与调适的策略和方法

情绪是可以调控与管理的，1990 年，耶鲁大学的沙洛维和新罕布什尔大学的梅耶首次提出情绪管理的概念。情绪管理是一个人感受、理解、运用、表达、控制、调节自己的情绪，处理自己与他人之间的情感关系的活动。情绪管理能力包括认识自己的情绪、妥善管理情绪、自我激励、认识他人的情绪、人际关系管理五种能力。只有拥有了良好的情绪管理能力，才能在学习、工作、生活中应对自如，拥有健康的情绪。

一、情绪管理的基本出发点

在对情绪进行管理时首先要明确以下几点。

1. 从种类来说,情绪无绝对的好坏之分

我们将情绪分为正向情绪和负向情绪,每个人身上都会不可避免地产生各种正向情绪和负向情绪。正向情绪不一定都是健康的,负向情绪也不一定都是不健康的。健康的情绪与不健康的情绪之间不是种类差异,而是程度差异。例如焦虑,适度的焦虑能提高学习、工作的效率,但过度的焦虑、长时间的焦虑则不利于身心健康。又如高兴,过度则会使人癫狂,范进中举之后的表现便是如此。所以从种类来说,情绪并无绝对的好坏之分,每一种情绪都有意义与价值。情绪提供了一种信号,告诉我们生活中出现了某些事情,需要我们去处理。当然,如果某种情绪强度过高、持续时间过长,则要对其进行调控。

2. 不要强行压抑情绪,特别是负向情绪

心理健康的人并不否认负向情绪,而是去了解、接纳自己的负向情绪,学会与其和谐相处,这比单纯地否定、压抑负向情绪有效得多。

二、情绪管理与调适的内容

情绪管理与调适包括以下几个方面的内容。

(1) 识别情绪:及时觉察自己的情绪,敏锐地发现他人的情绪,接受情绪的多样性,承认和接纳不良情绪,可以通过具体的技术来觉察、感受自己的情绪,也可以通过观察、谈话来了解他人的情绪,心理测验也是常常被用到的一种方法,如抑郁量表、焦虑量表等。

(2) 理解情绪:弄清情绪产生的原因,是生理因素(如疾病、药物、生理期)、情境因素(如物理刺激、压力、应激事件)还是认知因素。

(3) 调控情绪:恰当地表达、合理地排解、有效地控制情绪。

(4) 培养情绪:积极培养健康的情绪。

三、情绪管理与调适的途径

我们可以从影响情绪的各种因素入手,实现情绪的自我管理与调适。

1. 改变客观刺激与主观认识

客观刺激是情绪发生的诱因,主观认识是情绪发生的决定因素,两者缺一不可。要改变一种情绪,可以从以上两方面入手,要么改变客观刺激的性质,要么改变自己的认识。改变客观事物,需要一定的能力、机遇和环境条件;改变自己的认识,需要有关的知识、合理的思维方式和自我认知的能力。

2. 调控内部的生理活动与外部的表情动作

情绪在产生的时候,一般会伴随着内部的生理变化和外部的表情动作。反过来,有意识地控制内部的生理活动和外部的表情动作,在一定程度上可以影响情绪的变化。例如:放松训练法就是通过放松全身的肌肉来对抗紧张情绪;临床上会用一些药物作用于身体,来缓解抑郁情绪。又如,我国传统的气功就是通过一定的身体动作和心理意念来达到调节情绪、增强体质的目的。再如,有时候重复做一种表情,可以增强相应的情绪体验,对抗相反的情绪体验。人们常说,“笑一笑,十年少”,相信笑总是比哭好。

3. 合理满足基本需要,学会学习

人类有一些基本的生理需要和感官需要,这些需要一旦得到满足,人就会感到愉快、轻松或平静;如果没有得到满足,就会感到痛苦、烦恼或不安。因此,设法采用丰富多样、新鲜有趣的方式,让人的基本的生理需要和感官需要得到充分的满足,可以在一定程度上增加快感,改善人的情绪状态。例如,用明快的色调打扮自己、观赏美丽的景色、倾听悦耳的音乐、品尝美味佳肴、陶醉在芬芳的空气中,都是调整情绪的有效方法。

人在刚出生时仅有几种基本的情绪,其他复杂的情绪是在后天的生活环境中通过学习逐渐形成的。人在成长、成熟的过程中,心理性、社会性需要越来越丰富,这些需要能否得到满足、满足的程度如何,都会对情绪的发展、变化产生影响。屡战屡败、一味苦涩的经历,与屡败屡战、初尝成功的经历,会造就截然相反的情绪体验和行为模式,前者是消极退缩,后者是积极进取。因此,年轻人最好设法让自己多品尝一点成功的喜悦,增加与真善美的接触,尽量减少与假恶丑的接触,通过正面的、积极的学习过程,塑造自己良好的情绪品质。

情绪的自我管理与调适需要用心学习、积极实践,还需要一定的时间来巩固成效。希望每一个大学生从自己的生活与心理的实际出发,找到适合自己的管理与调适情绪的方法。

四、情绪管理与调适的具体方法

1. 合理宣泄

不舒服、不愉快、心情烦闷时该怎么办？有人说心里难受时,别憋在心里,该哭的时候就哭,过度压抑自己的情绪,使其不能及时发泄出来,会导致疾病。的确如此,一个人如果长时间压抑自己的情绪,就会在其体内形成一种有危害性的能量,损害其身心健康,引起胃病、心脏病、高血压等身体上的疾病,以及心理紧张、精神病等心理上的疾病,甚至会使其出现不合作、不合群的行为。所以当不良情绪产生时,不要强行束缚自己的感情,应该通过合理宣泄,将心中的烦恼、郁闷和痛苦释放出来,从而尽快恢复正常情绪。

不愉快的情绪是不可避免的,采取适当的方式加以宣泄可以释放心中的烦恼和痛苦,有利于身心健康。宣泄的对象、地点、方法要合理,不要伤害别人,也不要伤害自己。有些同学不分时间、场合,对着引起自己不快的人大发雷霆,甚至大打出手,还有些同学为了宣泄自己的情绪,会摔东西,破坏公物,这些宣泄情绪的方法都是不可取的。当不良情绪产生时,应当将其宣泄出去,但宣泄应以合理为原则。

宣泄主要有两种方式。

(1) 直接宣泄。直接宣泄是指直接针对引发情绪的刺激表达、宣泄情绪。例如,当与同学闹了矛盾心里不痛快时,直接找对方开诚布公地交换意见,消除误会、解开心结之后,难受的情绪就会被释放出来。

(2) 间接宣泄。这种宣泄方式不是针对引发情绪的人或事物进行宣泄,而是通过其他间接的途径使不良情绪得到释放。向知心朋友诉说、写日记、痛哭一场、大声喊叫等,都是常用的间接宣泄的方法。例如,有些学生被老师误解后,会把苦闷和痛苦写在纸上,写完后不管是不是拿给老师看,都会感到内心轻松了许多。

2. 转移注意力

有时候,不良情绪不太强烈,也找不到明确的诱发原因,但它却像雾一样弥漫在几乎所有的活动中,表现为一种焦虑的心境,使人感到难以忍受。面对这种情况,最好的方法是不去关注自己的心情,而把注意力放在自己该做或喜欢做的事情上,如学习、工作、娱乐、社交、运动等,目的是转移自己的注意力,让自己没有时间去想那些不愉快的事情。

3. 适当地运用心理防御机制

心理防御机制是人在面对挫折时自发产生的反应,能帮助人们暂时缓解消极情绪。每个人都会有自我防御反应,但很多时候人们是意识不到的。心理防御机制并不改变原先的事实,只是简单地改变人们对事实的看法和观点,但认识的不同会使事件沿着不同的轨迹发展而得到不同的结果。因此,适当地、有意识地运用心理防御机制,是一种积极调适自我的有效方法。

以下是一些常见的心理防御机制。

(1) 文饰。文饰也称为合理化,是指个体寻找各种合理的借口来解释自己的情感、行为、动机,以使其可以被接受,从而减少焦虑反应。

(2) 退行。退行是个体在遇到挫折后,表现出与其年龄不相符合的幼稚行为反应以使自己感到舒服的一种心理防御方法。暂时性的退行可以帮助人们缓解焦虑、紧张的情绪,但是如果一个人经常使用幼稚的退行方法来应对现实问题,或利用自己的退行来获取他人的同情和照顾,就成了心理问题了。

(3) 幽默。幽默是一种积极的心理防御机制。有些人遇到尴尬的状况时,会用幽默的方式来化解,以维持自己的心理平稳。人格发展较为成熟的人,常常懂得在适当的场合,采用幽默的方式来渡过难关。

(4) 认同。一般是向比自己地位高或成就高的人表示认同,以消除自己在现实生活中无法实现愿望、获得成功时产生的焦虑。

(5) 幻想。幻想是指面对现实生活中的困扰,采用在幻想世界里遨游的方式得到内心的平静。幻想虽然可以使人暂时脱离现实,使不良情绪得到缓和,但幻想并不能解决现实问题,人最终要勇敢地面对现实。

(6) 反向。用与内在动机与愿望相反的态度或行为来表现,是为处理那些不能被意识和不被社会接受的欲望与冲动所采用的防御手段。反向方法如果使用得当,不仅无害,而且有助于提高人们适应社会的能力。

(7) 否认。人们常用"这不是真的"来否定发生的不幸事件,从而使自己免受伤害,稳定情绪,提高自信。

(8) 压抑。压抑是指把某些不良动机、情感和欲望从意识层面压制到潜意识层面。压抑的积极作用在于它能帮助人们控制冲动和违背道德伦理的念头,并通过暂时的"遗忘"来保护受伤的心灵。压抑是一种消极的逃避行为,并不能从根本上解决问题。

(9) 升华。升华是指把原始的、不符合社会要求的冲动、欲望或不能实现的动机、需要转换成社会认可的、可以实现的活动。升华不仅能使原来的动机冲突得到解决,使原来具有破坏作用的本能冲动变成追求社会价值的行动,帮助个体消除焦虑情绪,维持心理安定与平衡,还能满足个人创作的需要。

4. 自我暗示

积极的自我暗示，常常具有神奇的效果。自我暗示的方法有很多种，常用的方法有利用语言的自我暗示、利用环境的自我暗示、利用动作的自我暗示、利用“包装”的自我暗示、利用心理图像的自我暗示等。

1）利用语言的自我暗示

我们可以通过抄录、朗诵自我激励的句子，来振奋和控制自己的情绪。例如，如果对某一情境感到害怕，就不断地对自己说“我是很棒的”“我能做好这件事”“我一定能成功”。容易急躁、发怒的人，可以在显眼的地方写上“制怒”或“静”，在愤怒时可以在心里告诫自己“一定要忍住”。用于自我激励的话，要有积极、肯定的意义，如“我是独一无二的”“大家都喜欢我”“我很善良”“我很聪明”“我很漂亮”“我身体健康，精力旺盛”等。

2）利用环境的自我暗示

环境的意义很广，可以是人、物、光、声等。心情烦躁时，可以听听舒缓的音乐；消极悲观时，可以利用穿衣镜来观察自己的仪表、神态，不断赞美自己，鼓励自己。

3）利用动作的自我暗示

紧张不安时，可以深呼吸，以安定情绪；烦闷时，可以外出散步；胆怯时，可以提高嗓门，握紧拳头，给自己壮胆；愤怒时，可以咬紧牙关，握紧拳头，压制心中的怒火。

4）利用“包装”的自我暗示

穿衣戴帽、装饰打扮对人的心理与行为有一定的影响。例如：剪短头发使人显得精神、干练；长发披肩使人潇洒、美丽；通过化妆美化容貌，可以提升自信心，吸引别人的注意；着装时尚，可以保持心态年轻；服装样式较少改变，可以显示自己保持个性，不随波逐流。

5）利用心理图像的自我暗示

消极、悲观、不如意时，可以回忆过去那些开心的、成功的场景，还可以根据自己的需要，创造一些有激励作用的心理图像，在内心反复“观看”。

5. 表情调节

通过改变外部的表情，可以改变内部的情绪。情绪的产生，一方面能够引起一系列生理过程的变化，另一方面也能引起面部表情和体态等外部表情的变化。例如：当你兴高采烈时，你会手舞足蹈，满面笑容；当你心情沉重时，你会垂头丧气，肌肉松弛无力。既然内部情绪与外部表情有着如此密切的联系，那么通过有意识地改变外部表情，就能够起到调节情绪的作用。

焦虑、紧张时，可以有意识地放松自己的面部肌肉，舒展眉头，咧开嘴，不要咬牙，也不要握拳，还可以用双手轻搓面部，帮助面部肌肉产生放松感。心情沉重或情绪低落时，可以对着镜子强迫自己微笑，如果实在做不到，就去看看别人的笑脸，或者想一想高兴的事，这样可以使自己从郁闷、不安中解脱出来。

6. 自我放松

自我放松是指按一定的练习程序，学习有意识地控制或调节自身的心理、生理活动，使身心放松，从而缓解焦虑。

1）呼吸放松

呼吸放松是处理情绪波动的有效方法。通过深呼吸，可以使血液中的氧气含量更充足，使肺部的二氧化碳呼出得更彻底,还可以扩大胸廓,减少心脏和肺所受到的压力,这些都有助于使波动的情绪及时稳定下来。

从生物学的观点来看,快速呼吸会使体内吸入大量氧气,呼出大量二氧化碳,如果二氧化碳呼出过多,会使血液中的二氧化碳失去平衡,时间一长,会使中枢神经迅速做出抑制的保护性反应。这时如果采用深呼吸的方法,一段时间后,就会起到安定情绪的作用。人在紧张、激动时,呼吸会变得很急促,这时可采用缓慢呼气与吸气的方法来达到放松情绪的目的。情绪低落时,也可以采用长吸气与有力呼气的方法提高情绪的兴奋性。在考试之前、表演之前、演讲之前、面试之前、参加体育竞赛之前,都可以用深呼吸的方法来调整身心状态,缓解紧张的情绪。

呼吸放松的具体方法如下:以放松的姿势坐着或站着,抬头挺胸,双肩放平,身体放松,从丹田处往上吸气,注意腰部也要用力,尽量吸得深一些,稍事屏息后,再慢慢地把气呼出去,一直到把肺部的残留气体差不多呼尽为止,在这个过程中,尽量用鼻子呼吸。

呼吸放松时,要注意四点:一是必须分阶段一次一次地做下去;二是吸足气后,不要立即将气呼出,要尽量使这口气沉到腹部;三是绝对不要勉强用劲或用劲过大,否则便达不到应有的效果;四是让呼吸与脉搏同步,如果以脉搏的跳动次数为标准,吸、止、呼的比例参照脉搏跳动次数平均为 1∶4∶2。

2) 肌肉放松

肌肉放松经常用于对抗紧张、恐惧、焦虑等情绪。它既可以作为一种措施缓解已经产生的紧张情绪,也可以作为一种自我训练的方法,逐步增强抵抗和控制紧张情绪的能力。

肌肉放松技术的原理是基于这样一个事实:身体肌肉的深度放松状态与情绪的紧张状态是一对互相抑制的状态,即在一个人身上,这两种状态不可能同时存在,一种状态的出现或加强必然导致另一种状态的消除或减弱。因此,肌肉放松技术就是一种使全身肌肉得到深度放松的技术,以放松的肌肉状态去对抗紧张的情绪状态,从而达到缓解、消除紧张情绪的目的。[①]

肌肉放松的程序有多种,但基本上大同小异。在实际操作中,一般由教师或咨询师先教会当事人放松的步骤,然后让当事人自己练习。由于放松的程序比较简单,要求比较明确,所以可以通过自学来掌握。学会之后,可以根据自己的实际情况灵活运用。

肌肉放松的基本程序详述如下。

(1) 准备工作。找一间安静的房间,要求室内整洁,光线柔和,身处其中令人舒适、愉快。房间里必须有床、沙发或比较舒适的靠背椅。开始练习时,坐在靠背椅或沙发上,或躺在床上,尽量让自己舒服一些,然后闭上眼睛。

(2) 实施放松。分别针对身体的每个肌肉群,先集中注意力,然后使肌肉绷紧,仔细感受并保持肌肉的紧张状态,5～10 秒钟之后,解除肌肉的紧张状态,注意体会肌肉放松时松软、温暖的感觉。用同样的方法逐一收紧并放松全身的肌肉群。放松的顺序一般是手臂、头部、躯干、腿部、脚部。根据需要,可以对这个顺序进行调整。

在练习时,肌肉由紧张到放松要保持适当的节奏,要与呼吸相协调。每次练习时,都应

---

① 于家洋. 心理战的心理学理论依据探析. 西安政治学院学报,2002(3).

从头至尾完整地练习。刚开始练习时，可能并不容易使肌肉达到深度放松的状态，需要持之以恒，才会见效。一般可以每天练习 1～2 次，每次大约 15 分钟。

3）想象放松

利用想象可以帮助人放松身心。具体来说，先想一想自己最喜欢的，最能让自己心旷神怡、无拘无束、轻松、愉悦的情境是怎样的，然后以舒服的姿势坐下或躺下，轻轻地闭上眼睛，集中注意力，在脑海中想象自己正置身于以上情境中，仔细体验身体和心情的轻松、舒适、愉快、平静。

假设你喜欢风景优美的自然环境，你可以这样想象：自己正躺在湖边柔软的草地上，清澈、宁静的湖水恰似你此刻轻松、平静、无牵无挂的心情；湖的四周绿树环绕，青草遍地；辽阔的水面尽头有浅浅的蓝色的远山；空气清新，阳光柔和，微风拂面，鼻孔里有一丝淡淡的青草的芳香；周围静悄悄的，没有任何东西打扰这里的宁静；你尽情地舒展身体，全身没有一个地方用力，到处都非常放松；你的心情格外平静、轻松，除了眼前的景物，你的心里几乎是空荡荡的，很轻，很轻……注意，在进行这种放松练习时，要尽量想象得优美、生动一些，犹如身临其境一般。此外，应该把呼吸的节奏放得慢一些。喜爱音乐的朋友还可以挑选轻柔、舒缓的乐曲，一边听音乐一边放松，让音乐的旋律引导和协助想象，这样效果可能会更好。

4）自主训练

自主训练是指在指导语的暗示下，自己去体验温暖感、舒适感等。

自主训练的步骤详述如下。

（1）坐在椅子上，使背部轻轻地靠在椅背上，两眼正视前方，头稍稍前倾，两手平放在大腿上，两脚与肩同宽，全脚掌着地，脚心紧贴地面。

（2）两眼轻轻闭合，深呼吸三次，静下心来，排除杂念，把注意力放在两手和大腿边缘，然后把注意力集中到手心，这时心里默念“静下心来，静下心来，两手暖和起来了”。

（3）手心有温暖的感觉后，逐渐将注意力转移到脚心，重复上述动作，脚心也会感到暖和。一旦两只手、两只脚都产生温暖的感觉后，身体就会有一种飘然的感觉，此时头部也会感到很清爽。

这种方法简单易学，既可以调节情绪，又能消除心理压力，减轻烦恼。坚持使用这种方法一段时间后，就能尝到其中的甜头，但关键是要做到持之以恒。等熟练掌握这种方法之后，就可以随时随地使用，这样就能够随时随地缓解不良情绪，保持心情舒畅。

7. 系统脱敏

系统脱敏是利用条件反射原理，在放松的基础上，循序渐进地使人对某种事物或活动的过敏性反应逐渐减弱，直至消除的一种行为治疗方法。

采用系统脱敏法克服焦虑情绪的具体步骤如下。

第一步，列出引起焦虑反应的具体刺激情境。

第二步，将各种焦虑情境按程度轻重由弱到强排列成焦虑等级。

第三步，按照放松训练的方法，学会一种与焦虑反应相对立的松弛反应。

第四步，将松弛反应逐步同焦虑反应进行匹配（按照焦虑等级由弱到强的顺序），通过两种反应的对抗作用，最终使松弛反应彻底抑制焦虑反应，达到脱敏的目的。

系统脱敏的具体方法如下：当你处于放松状态后，按焦虑等级的第一种情境进行想象，看自己是否会感到焦虑。假如不感到焦虑，肌肉呈松弛状态，可转入下一种情境。假如感到有点焦虑,或者有些部位的肌肉没有完全放松,就在肌肉紧张的部位再做几次肌肉放松练习,直到想象结束以后,感觉所有的肌肉完全放松为止。这说明你对焦虑等级的第一种情境的脱敏成功了,松弛反应已经抑制了相应的焦虑反应,接下来可以对第二种情境进行脱敏。继续采取以上方法,直到肌肉完全放松为止。接着转入第三种情境……照此类推。应当注意的是,每次脱敏的数量不宜过多,一般每天进行一次脱敏,每次脱敏所包括的焦虑等级的情境不应超过三种。此外,还应注意,在每次进行新的脱敏之前,一定要先进行放松训练,只有在全身都处于松弛的状态下,才可进行脱敏,否则,是达不到脱敏的目的的。

8. 改变认知

学习案例

不良认知汇总

【描述】小丽是某职院二年级学生,她平时性格安静内向,为人胆小敏感,处世谨小慎微,因为从农村来到城市上学,经常感到孤单,希望身边能够有一些好朋友彼此支持照顾。所以,她特别在意周围同学对自己的眼光和看法,认为"自己应被周围所有人喜欢和称赞,尤其是生活中重要的人"。但是越是抱着这样的想法,在与同学们的相处过程中,越感觉吃力,虽然没有与别人发生矛盾,但是内心却怎么也开心不起来,也不知道为什么。

【分析】小丽的不合理信念——"自己应被周围所有人喜欢和称赞,尤其是生活中重要的人",可以进行以下步骤的辩驳。

辩驳——"自己应被周围所有人喜欢和称赞,尤其是生活中重要的人"这是不可能实现的。人的一生中,不可能得到所有人的认同,即便是家人、亲密的朋友等对自己很重要的人,也不可能永远对自己持一种绝对喜爱和赞许的态度,更何况人不是为了他人的喜欢和称赞而活,人活着是为了自己。

合理信念——一个人只要不被周围所有的人否定和排斥,就可以肯定自己是受欢迎的。

一个人必须能力十足,各方面都有成就,这样才有价值。

辩驳——这是不切实际的目标。金无足赤,人无完人。世界上根本就不存在一个十全十美的、永远成功的人。一个人可能在某些事上较他人有优势,但在另外一些事上,却可能不如他人。虽然他以前有许多成功的境遇,但他无法保证在每一件事上都能成功。持有这样信念的人,不得不为永远无法实现的目标而徒自悲伤。

合理信念——人的精力是有限的,能在某些方面上有所成就,人生就是有价值的。

事情不如意,是很可怕的,也是很悲惨的。

辩驳——人生不如意事十之八九。一个人不可能永远成功,生活和事业上的挫折可以说是家常便饭,关键在于你如何对待它。如果一遭受挫折就感到十分可怕,那么只会导致情绪困扰,使事情更加糟糕。如果遭受挫折会仔细分析并寻求解决的办法,那么挫折将会是一笔无形的人生财富。

合理信念——受挫是很正常的事情,没有什么可怕的。不喜欢某事可以试着去改变它;如果无能为力,那就试着接受它。

我们必须非常关心危险可怕的事情,而且必须时时刻刻忧虑,并注意它可能再次发生。

辩驳——对危险和可怕的事物有一定的心理准备是正确的,但过分的忧虑则是非理性的。因为坚持这种信念只会夸大危险发生的可能性，使人不能对其进行客观的评价、正确的面对并有效的处理解决。杞人忧天只会使生活变得沉重而缺乏生气，导致整日忧心忡忡，焦虑不已。与其担忧不如置之不顾，将精力花在当前需要解决的事情上。

合理信念——对危险可怕的事情要有一定的心理准备，但是不可过分忧虑。

人生中的每个问题，都有一个正确而完美的答案，一旦得不到答案就会很痛苦。

辩驳——人生是一个复杂多变的过程，人生的问题总是层出不穷，有些问题有明确的答案，有些不一定有答案，有些即使有也不一定有正确而完美的答案，对任何问题都寻求完美的解决办法是不可能的事。如果坚持要寻求某种完美的答案，只会使自己感到迷惑、失望和沮丧。

合理信念——并不是所有的问题都会有正确而完美的答案，对于那些没有确定答案的问题不必穷究到底，更不必因为得不到完美答案而痛苦伤心。但求够好，不求最好。

1）理性情绪疗法

理性情绪疗法是一种认知改变与行为重建相结合的方法，被广泛用于情绪的自我调适与情绪治疗上，是一种效果明显、适用性强的方法。

情绪的产生不是无缘无故的，客观刺激、主观认识、生理状态等都会导致情绪的产生，其中，人的认识活动起着关键性的作用，它不仅决定了在某一种情境中某种情绪是否会产生，而且决定了它的强烈程度。理性情绪疗法的创立者艾利斯正是抓住了这一根本因素，提出从转变人的不合理的认识、观念出发，去转变、调节人的不良情绪。他认为，每一个人既有合理的思维，又有不合理的思维，人的情绪是通过认知过程产生的，由思维产生的认识和信念可以决定情绪的性质。人们大部分的情绪困扰都来自非理性的、不合理的信念。当人们长期坚持在内心重复这些不合理的信念时，就会导致各种不良情绪和不适应行为，最终导致心理障碍。学习运用理性情绪疗法，通过自我训练，可以有效地达到控制、消除紧张情绪的目的。

艾利斯用 ABC 理论来解释人的情绪困扰和不适应行为的产生。其中，A（activating events）指诱发性事件；B（beliefs）指个人在遇到诱发性事件后产生的相应的信念，也就是对这件事的看法、解释与评价；C（consequences）指在特定情境下个人的情绪体验及行为结果。艾利斯指出，情绪（C）不是由某一诱发性事件本身（A）直接引起的，而是由经历了这一事件的人对事件的解释和评价（B）引起的，因此，A 只是 C 产生的间接原因，B 才是 C 产生的直接原因，是 B 决定了 C 的性质。如果想要改变 C，就必须改变 B。

在 ABC 理论的基础上，艾利斯提出了通过改变信念改变不良情绪与行为的方法，即理性情绪疗法，理性情绪疗法也被称为理性情绪训练 ABCDE 模式。具体来说，当一个人要摆脱不良的情绪，纠正不适应的行为时，首先他要找出情绪困扰和行为不适应的具体表现（C），以及与每一种表现相对应的诱发性事件（A），然后分析将 C 与 A 联系起来的认知活动，找出与之相关的信念（B）。接下来，他要领悟到自己的这些信念是不合理的，知道自己的思维方式有缺陷。在这里最重要的是从思想上动摇并最终放弃不合理的信念，主要的方法是与自己的不合理信念进行辩论，用合理的信念驳斥、对抗（disputing）它们，也可以与别人进行讨论，这个过程用 D 来表示。最后，用合理的信念代替不合理的信念，用合理的思维方式代替不合理的思维方式，并且通过模仿学习、强化学习等方法改变以往的行为方式，从而巩固合理的信念。这样会使情绪困扰得到解除，并产生积极的行为方式，即达到了治疗的效果 E(effects)。

2）三栏目技术

(1）基本原理。

人的不良情绪来源于失真的认知，特别是内心的自责。通过训练，使自己认识到并记录下内心的自责思想，弄清认知失真的根源，从理智上对它们进行反击，从而形成一个更加现实的、恰当的自我评价系统。

(2）具体做法。

• 对自我的不合理评价及积极思维如表 3-3 所示。

表 3-3　对自我的不合理评价及积极思维

对自我的不合理评价	积极的应对思维
我个子好矮，别人瞧不起我	拿破仑等许多伟人都是矮个子。个子矮又不是我的错，矮个子行动灵活、节约能量
我长得不漂亮，肯定没人喜欢我	长得不漂亮，但我个性不错，别人愿意与我交往，不漂亮的外貌反而帮助我远离那些只注重外表的浅薄家伙
我没有一点长处，真是没用	长处短处是相对的，不要太绝对了
我家境贫寒，根本找不到自信	贫寒给我奋进的动力，而且从来纨绔少伟男
我从来没当过班干部，说明我没有这方面的能力	能力是可以培养锻炼的，没试过怎么知道

• 在人际交往中常见的不合理观念及积极的应对思维如表 3-4 所示。

表 3-4　在人际交往中常见的不合理观念及积极的应对思维

人际交往中常见的不合理观念	积极的应对思维
我必须与周围每个人搞好关系	耶稣和佛陀都没有博得每个人的喜爱，作为普通人的我何必强求自己去追逐这一不可能实现的目标？何况只要热情大方、真诚开朗，与周围人的关系自然不会差
只有顺从他人，才能保持友谊	顺从他人的“友谊”即使保持了，你也只会是“顺从”的那一方。健康的友谊是平等的，相互理解、尊重，友谊才能长久
我对别人好，别人也应该对我好	我努力对别人好，别人对我怎么样，那只能由他决定；而反过来，我也有同样的权力
朋友之间应该坦诚，所以不应有保密的事	朋友应该有自己的空间

• 遇到挫折时，经常会出现的不合理观念及积极的应对思维如表 3-5 所示。

表 3-5 遇到挫折时的不合理观念及积极的应对思维

对挫折常见的不合理观念	积极的应对思维
一旦犯了错误，受处分、失恋，那我就完了	谁也免不了犯错误，区别在于能否从错误中获得智慧，不再犯同样的错误
与其有失败的危险，还不如不干	大胆尝试才知道能不能成功
别人的看法和评价是非常重要的，一旦不行，大家一定会议论纷纷	人不能为别人的看法而活，而且失败未必都是坏事，重在参与，我曾努力，我会更成熟
任何事情，只要去做，我应该做得彻底而完美	事有轻重缓急，我应该更注重对过程的体验，而非追求完美的结果，更何况世上没有绝对完美的东西

3）自我教导训练

自我教导训练是梅钦鲍姆设计的一种具有明显认知模式重建特征的训练方案。

自我教导训练的实质是通过处理内在对话，改变人的思维方式和行为方式。内在对话是一种自己说、自己听的自我沟通过程。人们对自己所说的话决定了他们所做的事。

自我教导训练主要包括以下步骤。

(1) 自我观察。观察自己的学习与生活情况，找出让自己不舒服的情境，说出并写出与情境有关的负向的内在对话。

(2) 寻找积极的内在对话。寻找与原有的非理性观念不相容的思考方式，并用新的内在对话来表达。

(3) 学习新的技巧。在现实情境中练习新的内在对话，并掌握一些有效的应对技巧，以便更好地适应现实情境。

9. 寻求社会支持

上述几种方法主要是自助策略，当这些方法都不能很好地帮助自己处理情绪问题时，一定要去寻求社会支持，如向好友倾诉、看心理医生等。情绪问题犹如心理上的感冒，去看心理医生是一件极其平常的事，绝不是什么丢人的事情。

第三节 大学生常见情绪障碍的调适

一、如何减轻焦虑

焦虑是一种综合的负向情绪，是在人们主观预期有挫折、威胁、压力等事物和情境将要来临而自己感到缺乏有效的应对措施时产生的一种不愉快的情绪体验。它既可以是一种正常的、具有适应意义的情绪，也可以是强度较轻的消极心境，还可以发展到一定程度而成为焦虑症。

一定的焦虑或紧张情绪是我们每天正常生活所必需的，它可以使人的身心处于比较积极的状态，有利于完成每天必需的活动。一般情况下，当造成人情绪紧张的外部刺激消失后，紧张就会消除，机体就会恢复到正常状态。但是如果某些刺激相当强烈，而且长时间地作用于机体，个体又缺乏有效的措施调节自己的心理，他就会长期处于焦虑状态，最终会对他的身心造成损害。因此，对于焦虑，应该设法及时予以缓解。轻松令人感到舒适、愉快，经常保持轻松的心情有利于身心健康。但是，轻松与消极、无聊、麻木、松懈有本质的区别。情绪应该有张有弛，保持平衡和弹性，这才是理想的状态。

大学生的焦虑以轻度焦虑为主，也有个别焦虑扩散、程度加重的情况。有的焦虑可以被直接观察到，能够被清晰地意识到，即显性焦虑；有的焦虑不容易被直接观察到，潜伏在内心深处，即隐性焦虑。

大学生常见的焦虑有以下几种。

(1) 考试焦虑：由于担心考试失败或渴望取得更好的成绩而产生忧虑、紧张的情绪。

(2) 社交焦虑：由于害怕被拒绝、缺乏自信、担心消极评价、不知如何与人交往等原因，害怕、回避社交而产生紧张的情绪。

(3) 就业焦虑：由于担心毕业后找不到合适的工作而产生恐惧、紧张的情绪。

(4) 性焦虑：由于心理冲突或缺乏性知识而对自己的性需要、性行为、性心理产生迷惘、恐惧、紧张的情绪。

大学生可以选择适合自己的自我调适、自我训练的方法来缓解焦虑。

1. 缓解焦虑心境的自我调适

原因不太明确、强度不大的焦虑情绪，容易造成持续的、弥散性的焦虑心境。焦虑心境常见的表现如下：平时不知道为什么总觉得心慌意乱，坐立不安；浑身无力，爱静怕动，情绪消沉；食欲不振，吃东西没味道，肠胃功能紊乱，经常腹泻；稍微活动一下就会觉得心跳加快、胸闷气急；遇到不称心的事，郁郁寡欢，沉默寡言；对他人的疾病非常关心，到处打听，唯恐自己身患同样的病；身处拥挤的环境时，容易思维混乱；做任何事情时不能专心致志，往往弄不清自己心中的想法；做事讲话，操之过急，言辞激烈；经常和同学、朋友或家人发生争吵；明明知道是愚蠢的事情，但是非做不可，事后又感到后悔。

要想缓解焦虑心境，可以采用以下方法。

1) 找人倾诉

将自己遇到的刺激、产生的感受讲给朋友听，既可以把心中的烦恼、郁闷发泄出来，又可以从朋友那里获得安慰。

2) 暂时放下

当你受到某些事件或情境的困扰时，不要钻牛角尖，可以先做一些别的事或暂时离开，等心平气和后再设法解决问题，这样既可以避免意气用事，又可以减轻紧张的情绪。

3) 按部就班

做任何事情，要有计划，要量力而行，要按部就班，这样会让人觉得轻松、愉快。盲目急躁，好大喜功，急于求成，会加重心理负担。

4) 行为宣泄

采用适当的方式进行行为宣泄，可以使心情恢复平静。例如，遇到伤心的事时，痛哭一场；愤怒时，对着沙袋痛击一阵。

5) 转移注意力

参加社会活动、体育活动、娱乐活动等趣味性较强的活动，可以转移对引发焦虑的事件的注意力，达到缓解焦虑情绪的目的。

6）助人与求助

帮助他人能使自己感到快乐，建立自信，形成良好的人际关系。自私、人际关系恶劣的人，戒备心特别强，时时提防别人，心理长期处于应激状态，易造成心理变态。当我们感到焦躁、烦恼、紧张时，可以向他人求助。我们经常会看到这些现象：一个人处于陌生的环境中，通常会感到紧张、恐惧，如果见到一个熟人，就会喜出望外，心情顿时就会变得轻松起来；一个人感到恐惧、胆怯时，有人在他的肩上拍一拍，他顿时会觉得有了勇气。当一个人陷入焦虑的情绪中不能自拔时，向他人求助，不仅可以在心理上得到安慰，还有助于找到解决问题的方法。

7）改变价值观

引起焦虑的主要原因是个人主观预期威胁即将来临，这种威胁并不是客观存在的，而是存在于个人的想象中，受威胁的感觉与价值观密切相关。如果改变自己的价值观，各种事物在心目中的价值、重要性、迫切性也会随之改变，原来让自己感到非常焦虑的事物，可能会变得无足轻重，焦虑情绪自然会随之消散。

2. 克服焦虑情绪的自我训练

1）放松训练

身体肌肉的深度放松状态与情绪的紧张状态是一对互相抑制的状态，即在一个人身上，这两种状态不可能同时存在，一种状态的出现或加强必然导致另一种状态的消除或减弱。因此，对全身肌肉进行深度放松，可以有效地缓解紧张的情绪。

2）系统脱敏训练

采用循序渐进的方式，使个人对原来感到紧张、害怕的事物逐渐失去敏感性，最终达到处之泰然的效果。采用系统脱敏法克服焦虑情绪的具体步骤在前面已经介绍过。

3）理性情绪训练

人的认识活动在情绪的产生中起着关键作用。人的不良情绪来源于头脑中不合理的观念和对事物不恰当的认识，要消除不良情绪，就要从改变不合理的观念入手。如果能彻底清除不合理的观念，转变思维方式，走出认识的误区，不正常的紧张情绪将会从根本上得到遏制。

二、如何化解抑郁

每个人在生活中都难免会遇到各种各样的困难、挫折、打击，甚至灾难，这些事情会使当事人产生消极的情绪体验，其中最突出的就是抑郁，伴随抑郁的往往还有焦虑、恐惧等情绪。一般来说，不愉快的事情导致人产生抑郁情绪是正常的，当事情过去之后，抑郁的情绪就会逐渐减弱以至消失。但是如果一件不愉快的事情发生之后的很长一段时间里，抑郁情绪丝毫没有减轻，或者强烈的抑郁间歇性地反复发生，那就是一种不利于身心健康的不良情绪状态，应该设法控制和消除。

抑郁的典型表现如下：缺乏活动的愿望，精力明显降低，容易感到疲乏；饮食与睡眠不好（过多或过少）；行动特别缓慢；身体容易感到不舒服；心境极为压抑，对自己评价过低，对未来感到悲观；回忆过去时总是会沉浸在痛苦、消极的记忆中；不愿意与他人交往；有时容易被激怒。轻度的抑郁会使人精力减退，活动效率下降，闷闷不乐，对事物缺乏兴趣；严重的抑郁会导致生理功能紊乱，生活自理出现困难，甚至自我否定，放弃一切愿望。[①]

抑郁情绪产生的原因包括生理、心理和社会三个方面。其中，由于遗传因素以及神经系统某些生化物质的缺乏所导致的抑郁可以通过药物进行治疗，各种社会刺激要通过人的心理活动才能对情绪产生影响，所以心理因素是抑郁产生的主要原因，心理调适与训练也就成了化解抑郁的重要途径。

使大学生产生抑郁情绪的刺激事件多种多样，可以分为以下几类：①令人不愉快的、长期以来无法摆脱的事件，如身材欠佳、家庭经济状况不好等；②突发的不愉快事件，如生病、失去亲人等；③学习压力过大；④人际交往受阻，长期感到孤单。化解抑郁的方法应该根据具体情况进行选择。

一般来说，化解抑郁的过程主要包括以下三个环节。

(1) 对抑郁情绪进行彻底的释放。之所以首先要将抑郁情绪彻底地释放出来，是因为抑郁是一种指向个人内部的消极、压抑的状态。抑郁的人对外人没有或很少有激烈的言行，甚至连表情、动作都非常少，他们给外人的印象是十分安静。其实，抑郁的无形之火在他们的内心燃烧，他们觉得悲伤、无助、失望、苦闷、烦躁，有时候他们会发脾气，但是大多数时候他们会有意或无意地把糟糕的情绪埋在心里，默默地忍受煎熬。这可能是由于抑郁情绪削弱了他们自我表达的精力与兴趣，另一方面，许多人习惯于从道德、理性的角度去贬斥抑郁者，于是，绝大多数抑郁者都会远离人群，在平静的外表下独自忍受抑郁对心灵的吞噬。为了使自己恢复精力，更好地同抑郁对抗，抑郁者必须首先将不愉快的情绪尽量宣泄出来。一般，可以通过哭泣、倾诉等方式，使自己的心情得到充分表露，并在适当的时候进行放松训练，这样能够使原来生理上的紧张暂时得到解除，心理上的压抑也可以得到缓解。

(2) 转变不合理的思维方式。抑郁者通常会在不愉快的事情发生之后，沉湎于对痛苦往事的回忆，并据此在想象中把未来描绘成毫无希望、毫无乐趣的样子，于是，一切愿望都因为必将落空而被放弃。不难发现，在抑郁形成与发展的过程中，当事人如何评价已发生的事情、如何解释自己目前的状况、如何看待未来，是非常重要的制约因素。可以说，不合理的思维方式是严重抑郁产生的重要原因。既然不愉快的事情已经发生，不良的环境已经存在，那么与其哀叹自己的遭遇，不如改变那些使自己不愉快的想法与信念，况且有些抑郁情绪本身就直接来自不合理的信念(如自我评价过低)。因此，转变不合理的思维方式十分必要，一旦抑郁情绪赖以产生的信念基础发生了动摇，减轻与消除抑郁就成功了一半。

(3) 采取实际行动走出困境。这是最关键的一步。由于长期的抑郁，当事人丧失了行动的动力与精力，学习、工作、生活、社交等方面都处于相当困顿、低沉的状态，这种状态会不断加重抑郁的感受，从而形成恶性循环。要彻底打破这个循环，单单从理智上消除不合理的信念还不够，还必须在行为上下功夫，要制定具体的目标和可行的策略，切切实实地在学习、工作、生活、社交等方面取得成效，并解决困扰自己的有关问题。只有做到了这一点，抑郁情绪才会从根本上消除，它与不良的生存状态之间的恶性循环才能被遏止，并形成良性循环。

在以上三个环节中，释放抑郁情绪是准备，转变不合理的思维方式是基础，采取实际行

① 董晓薇.警察情绪障碍的调适与身心健康.政法学刊，2004(3).

动是取得成效的关键。实际上，采取实际行动走出困境，类似于一个解决问题的过程。我们可以把如何采取实际行动这个问题分解成下面几个问题，解决了这几个问题，积极、有效的行动就被成功地启动了。

(1) 我需要改变什么。想一想自己期望在哪些方面变得更好，通常要找出亟须改善的方面。

(2) 我想要达到什么目标。想一想自己在以上几个方面想要达到的状态是怎样的，要开动脑筋，想象出各种可能达到的理想状态。

(3) 我现在拥有什么。找出自己现在拥有的、可以利用的资源，如身体素质、知识、经验、物质条件、社会关系、信息、资料、地域环境、时间、机遇等。这一步也需要开动脑筋，找出各种能够支持自己走出困境的资源。

(4) 我能实现什么目标。在(2)与(3)之间反复对照、权衡，探索实现各种目标的途径，最终选定一个最可行的目标及实现途径，并下决心实现这个目标。

(5) 我应该怎样做。根据选定的目标制订计划，然后按计划进行操作。在操作过程中，应该注意随时调整策略，以求最大限度地接近目标。

三、如何疏导激情

激情是一种突然爆发的、强烈的、短暂的情绪状态。激情爆发时常伴有剧烈的表情、动作、生理变化，心理上也会受到很大的震动，会消耗大量身体与心理的能量，因此，过多的激情对人的身心无益。有些激情在特定的情境下可以激发人的斗志，但是大部分激情带有明显的消极作用。例如：突然降临的恐惧，容易使人产生异常紧张的情绪；强烈爆发的愤怒，不仅会对他人造成威胁，对自己的身心也会造成损害。消极的激情常常将事情弄得更糟。因此，对于有消极作用的激情，我们不应该放纵，而应该加以控制。这里所说的控制，并不是指阻止激情的发生与表现，而是对激情进行疏导，使其以安全的、适当的形式表达出来。激情是在人受到强烈刺激后迅速爆发的，伴随而来的生理变化、表情、动作与言语起着释放能量、缓解紧张情绪的作用，如果勉强压抑激情，不让它表达出来，能量与紧张的情绪就会在身体内部积累，从而影响人的身心健康。另外，压抑只是让激情暂时不表现出来，并不意味着它就此消失了，说不定在其他的时间与场合，它会以更可怕的力量爆发出来，那样危害将更大。因此，我们应当对激情进行疏导，让激情的一部分能量以不具有破坏性的方式释放出来，使剩余的能量保持在能够自我消解的限度以内。

虽然激情是在一瞬间爆发的，但是要具备疏导激情的能力却不是在短时间内可以实现的，必须有一个学习、训练的过程。只有平时积累了深厚的功力，才有可能在激情即将爆发的一瞬间，迅速、有效地疏导激情。

疏导激情自我训练的程序如下：①找出引发激情的事件；②思考激情产生的原因，区分其中哪些是合理的需求与信念，哪些是不合理的需求与信念；③找出激情爆发时自己的哪些情绪与行为是有害的、不适当的；④采用辩论等方法与不合理的信念对抗，转变思维方式；⑤为自己设计新的、适当的表情、动作、言语，学习在遇到诱发事件时用它们来表达自己的情感。实际上，这个程序主要包括了理性情绪训练和行为训练。对于理性情绪训练，前面已经介绍过了。对于行为训练，这里介绍以下三种方法。

1. 模仿法

我们在生活中,要注意观察那些在激情状态下言行得体、情绪表达既充分又适度的人,并向他们学习。这些人可以是日常生活中的人,也可以是新闻报道中的人,还可以是电影、戏剧、文学作品中刻画的人物。我们要学习他们在面对巨大的悲痛或令人极端愤怒的事件时,是如何表达情绪的。

2. 角色扮演法

角色扮演法是指先针对某种不良激情,设计出适当的言语、动作、表情,然后进行角色扮演。

角色扮演可以自己在家里进行:设想自己正在以新的行为方式处理诱发激情的事件,设计好言语、表情、手势等,找一面镜子,然后对着它表演。为了增强效果,可以先将以前不适当的行为方式表演一遍,再将新设计的行为方式表演一遍。

角色扮演还可以交互扮演的方式进行:寻找一位了解并愿意帮助自己的朋友,先让自己扮演主角(激情爆发者),让朋友扮演配角(激情指向的对象或旁观者),将以前不适当的行为方式与新设计的行为方式分别表演一遍,然后主角与配角互换,将两种行为方式再分别表演一遍,表演完后,自己体会两种行为方式有何不同,接下来,自己重新扮演主角,在配角的协助下反复练习,直至非常熟练为止。

3. 自我强化法

实行自我强化法主要是为了进行自我监督、自我激励,促使自己表现出新的行为方式,巩固行为训练的效果。我们可以精心选择一些自己喜欢做的事情、喜爱的东西,当自己成功地用新的行为方式处理了一次诱发激情的事件后,就给自己一次机会去做自己喜欢做的事情,或者允许自己添置一件自己喜爱的东西,如旅游、观看体育比赛、看电影、看电视、购买自己平时舍不得买的东西等。相反,如果不良的激情再一次爆发,就立即取消以上各种享受的机会。其实,实行自我强化法本身就起着考验人的决心、磨炼人的意志的作用,最终使得新的信念与新的行为方式成为发自内心的、稳定的、持久的个性倾向。

四、如何应对压力

1. 大学生的心理压力

在现实生活中,压力普遍存在,几乎无人可以避免。在各种压力事件的作用下,人们会在主观上产生压力感,它常常使人情绪低落、精神压抑、疲惫、厌倦。但是这并不意味着所有的心理压力都会对人的身心造成伤害。心理学研究表明,只有过度的心理压力才对人的身心有害,即在心理压力非常严重并且长期得不到解除的情况下,当事人的身心健康才会受到损害。适当的心理压力,不但对人无害,反而有利于提高人的活动效率。因此,正常的压力是行为动力的组成部分,是推动人成长的力量之一。

大学生面临的压力事件通常包括以下几个方面。

(1) 人际交往方面:孤独;人际冲突;被误解;受骗;好朋友处于困境中;对寝室氛围不满意。

(2) 自身方面:自卑;不能正确地认识自己;性的冲动与困扰;对自己的外貌不满意;生

病;失眠或睡眠不足。

(3) 家庭方面:家庭不和睦;亲人去世、生病或失业;家人对自己不关心;与父母有隔阂;家境贫寒。

(4) 学习方面:学习成绩不理想;学习任务繁重;学习方法不对;学习效率低;语言表达能力差;写作能力差;不会查资料;知识面窄;写字难看。

(5) 财物被盗。

(6) 在各种活动(如班集体活动、社团活动、竞赛活动等)中遇到挫折。

(7) 恋爱的烦恼:与男朋友或女朋友吵架;单恋;失恋;被不喜欢的人纠缠。

(8) 环境方面:对学校的物质条件、自然环境、课程内容与安排等感到不适应;对学校或专业感到不满意;校园暴力事件。

(9) 动机冲突:学习与学生工作、恋爱之间的冲突;课程选择的冲突;考研与就业的冲突;选择实习地点的冲突;假期安排的冲突。

(10) 担心自己的前途。

2. 影响心理压力感的因素

1) 认知评价

不同的人对同样的压力事件有不同的理解和评价,对自己的能力与个性、对环境、对他人也有不同的认识和看法,从而导致对同样的压力事件会产生不同程度的生理反应和心理反应。

2) 社会支持

拥有充分的社会支持资源,如家庭、朋友、同学等,可以使人在面对压力事件时获得情感的温暖、精神的鼓舞、有用的信息、合理的建议和具体的帮助,这样有利于缓解压力并尽快找到应对压力的办法。

3) 个性特点

个性健全的人,具有良好的自我概念、稳定的情绪、坚强的意志、融洽的人际关系、合理的行为方式和较强的情绪调控能力,因此能够较好地应对压力。个性不健全的人,应对压力的能力较差,面对压力事件时,身心更容易受到损害。

4) 身体素质

受遗传、营养、锻炼、生活习惯等的影响,不同的人在体力、速度、耐力、爆发力、对环境的适应能力、对疾病的抵抗力等方面有所不同。身体素质好的人,有更充沛的精力对抗压力;身体素质差的人,更容易体验到强烈的压力感,身心更容易受到损害。

5) 生活经验

如果一个人在日常生活中积累了许多解决具体问题的技能和策略,学会了一些应对压力的方法,将有助于尽快摆脱压力。

3. 应对压力的方法

1) 脱离压力情境

对于严重影响身心健康和正常学习、生活的压力,当事人必须尽快脱离造成压力的情境,哪怕需要暂时放弃一些目标,毕竟个人的身心健康在一切人生目标中应该是最重要的。

2）选择适合自己的目标

选择目标时，需要综合考虑以下因素：目标的价值、已经具备和尚未具备的条件、可能需要承担的风险、可能需要付出的代价、预期将来目标实现时自己的实际满足感的大小。另外，在面对多种选择时，要处理好动机冲突，在各种对立的动机中，仔细地权衡利弊，正确地进行取舍，并做好心理准备承担选择所带来的一切后果。

3）及时寻求帮助

当面临的困难靠个人无法解决时，必须及时向亲人、朋友、老师、同学、专业人士或专业机构寻求帮助，以便获得有助于自己克服困难的信息、方法、物质条件、心理支持等。

4）调整动机水平

研究证明，一般情况下，中等程度的动机水平最有利于发挥行为的效能；面对难度低的任务，动机水平偏高，行为效果较好；面对难度高的任务，动机水平偏低，行为效果较好。

5）转变思维方式

抛弃不合理的思维方式，对压力事件及自身的能力做出客观的、合理的解释与评价，有助于缓解压力。

6）学会调控情绪

一个人如果掌握了一些调节、控制情绪（如减轻焦虑、化解抑郁、疏导激情、保持愉快等）的方法，就可以更好地应对压力。

7）学习有效的行为方式

从他人身上、书本上和自己的实践中寻找有效解决问题的途径和方法，耐心地模仿、练习，逐渐改变自己原来无效的行为方式，树立有效的行为方式，可以帮助我们更好地应对压力。

8）坚定信念

一个人如果有明确的信念、理想，那么他的意志就比较坚定。下决心要做到的事，不论遇到什么困难，都不要轻言放弃，要想方设法找到解决问题的办法，不达目的不罢休。这时，压力已经不再是心理上的负担，它已经转化成克服困难的动力。

9）正确地认识自己，增强自信心

我们应当全面了解自己的身体、需要、态度、行为、情绪、情感、能力水平、能力倾向、价值观、信念等，全面接纳自己所有的长处与短处。一个人只有做真实的自己，才能够拥有安全感和自信心，才能更好地应对压力。

10）锻炼身体，增强体质

适当地进行体育锻炼，营养均衡，作息规律，有助于增强体质，从而提高对压力的承受能力。

五、如何承受挫折

人的一生不可能总是一帆风顺，大学生在积累知识、学习技能、适应社会的过程中，经常会遇到各种各样的困难和挫折，只有勇于和善于直面人生的挫折，才能逐步走向成熟。

1. 挫折承受力的含义

挫折承受力是指个体抵抗、应对、适应挫折的能力，是个体在遇到挫折情境时，经受打击和压力，摆脱困境而使自己避免心理与行为失常的一种能力。挫折承受力是维护个体心理健康的一道防线，是个体适应环境必不可少的能力之一。挫折承受力是经过学习而获得的，不同的人对同一挫折情境的承受力不同，同一个人对不同挫折情境的承受力也不同。

2. 影响挫折承受力的因素

一个人的挫折承受力和健康状况、生活经历、挫折频率、期望水平、对挫折的态度、性格特点、心理准备状态、社会支持等有密切的关系。

从个体自身来说，影响挫折承受力的因素主要包括以下几个方面。

1）生理因素

身体健康、发育正常的人比体弱多病、有生理缺陷的人更容易承受挫折。

2）心理因素

（1）性格特点。性格开朗、意志坚强、乐观向上的人比意志消沉、性格内向的人更能应对挫折。

（2）自我认知。拥有积极自我认知的人在面对挫折时，更容易客观、正确地看待挫折，合理地运用心理防御机制化解挫折，并将压力转化为动力，而自我认知不足的人在遭遇挫折时容易走极端，陷入管状思维。

（3）心理预期。个体对自我的心理预期过高，对学习、工作的期望过大，一旦失败，就很容易遭受挫折的打击。

（4）目标理解。行为所指向的目标对个体越重要，受到挫折后的反应越强烈。

（5）心理准备状态。如果事先预计到了可能出现的困难，心理上有所准备，挫折到来时就会有一定的承受力。

（6）生活经历。人生道路坎坷、有过挫折经历的人会在挫折中成长，他们承受挫折的能力比处境安逸、一帆风顺的人承受挫折的能力更强。

从社会来说，一个人拥有的社会资源越多，社会支持体系越完备，获得的心理援助就越多，就更容易走出困境。

3. 大学生挫折承受力的培养

大学生自我意识发展没有完全成熟，社会经验不够丰富，意志不够坚强，因此遭遇挫折后很容易走极端，出现异常行为，导致不良后果。能够承受挫折的打击，保持正常的心理活动，既是大学生社会适应能力良好和心理健康的标志，也是大学生成才的关键。无论是学校还是家庭，都应该加强对大学生挫折承受力的培养，通过提供适度的挫折情境，采取恰当的方法来提高大学生的挫折承受力。大学生自己也要学会承受日常生活中遇到的挫折，从失败中吸取经验教训，增强克服困难的信心，不断地走向成熟。

1）加强体育锻炼，增强体质

加强体育锻炼是提高挫折承受力的有效方法。实践证明，身体健康、意志坚强的人比体弱多病、意志薄弱的人更能抵抗挫折。各种体育活动不仅能发展运动机能，增强体质，还能磨炼意志。长跑、游泳、体操、投掷、球类运动等项目，对发展坚持性、自制性、独立性有重要的作用，而这些正是应对挫折时所需要的心理能力。

2）改变自我认知，确立合适的目标

大学生应该在正确认识自己的前提下，确立切实可行的行动目标，既不轻易地否定自己，也不过高地估计自己，保持适中的期望水平。

(1) 合理调节自我抱负水平。

自我抱负水平是指个人对未来可能达到的成功标准的心理需求,是指人们在从事某种实际活动之前,对自己所要达到的目标规定的标准。自我抱负水平会直接影响个人的学习和生活。自我抱负水平必须建立在正确认知自己的实际能力的基础上,如果一个人的自我抱负水平总是高于自己的实际能力,那就很难达到预期的目标,很容易遭受挫折。在现实生活中,不少大学生在学习等方面遭受的挫折都与自我抱负水平确立不当有关。① 因此,大学生必须学会根据自己的实际能力和所能达到的水平,结合客观条件,调整自我抱负水平,分层构建不同的学习、生活、就业目标层次,在实施过程中,一旦发现自己设定的目标不切实际,就要及时调整目标。对于那些远大的目标,要把它分解成中期目标、近期目标和当前目标,这样就可以在成功中体验到愉快和满足,逐步提高自信心,同时能在失败中总结经验教训,最终战胜困难,取得最后的成功。

(2) 学会正确地自我归因。

在生活中,人们对行为的成功与失败进行归因是一件很平常的事,在这一过程中形成的归因倾向对人的心理承受力有很大的影响。研究表明,有些人倾向于情境归因,即认为外部复杂且难以预料的力量是主宰行为的原因,例如,有些学生认为自己成绩不好主要是由于教师水平太差或试卷难度太大造成的,有些人倾向于本性归因,即认为自身的努力、能力是影响事情的发展与行为结果的主要原因,例如,有些学生认为自己成绩不好是由于自己不够努力造成的。一般来说,进行本性归因的学生对自己的行为有更多的自我责任定向,但是从对失败的归因方面来看,由于他们倾向于把失败的原因归于主观因素,所以容易自我埋怨、自我责备,如果这种自责过多,就会给他们带来挫折感和心理损伤。因此,大学生首先要学会多方面收集关于事件的信息,其次要学会合理地归因,避免归因的片面性,学会实事求是地承担责任,克服过分承担责任或完全推诿责任的倾向,避免过多自责带来的挫折感,再次要积极采取措施主动改变挫折情境因素,从而有效地应对挫折。例如,在学习过程中发现最近学习效率不高,在分析原因之后,可以在解决内在问题的同时,尝试改变学习地点、学习时间,从而避免学习效率不高给自己带来压力和困扰。

(3) 提高挫折认知水平。

研究表明,一个人越是能够获得与挫折事件相关的信息,就越能够有效地处理它,越是参与到他怕面对的挫折情境中去,就越能够有效地应对这种情境。个体对挫折的反应和承受能力不仅取决于挫折情境本身,也取决于其对挫折的认知。挫折是社会生活的组成部分,是不可避免的人生经历,大学生应该正确地认识挫折、战胜挫折,并把挫折作为成功的阶梯。

正确地认识挫折首先应该认识到挫折的两面性:一方面,挫折对人有消极的影响,例如,挫折会影响个体实现目标的积极性,降低个体的创造性思维水平,损害个体的身心健康;另一方面,挫折也有积极的作用,例如,挫折能增强个体情绪反应的力量,增强个体的挫折承受力,提高个体对挫折的认识水平。辩证地看待挫折的两面性,可以变不利因素为有利因素,变消极因素为积极因素,促使挫折向积极方面转化。其次,大学生应学会正确认识客观事物和挫折情境。有的学生因为一次考试不及格就悲观失望,甚至自暴自弃,这种表现是由于错误认知导致的。人生的道路总是崎岖不平的,一次失败并不能够代表全部,只要自己努力,

① 刘戌.大学生挫折承受力的心理社会因素研究.南京:南京医科大学,2007.

就会有一个崭新的未来。

3）设置挫折情境

动物实验表明，幼时经历过电击等挫折情境的白鼠长大后能很好地应对挫折引起的紧张情绪，而没有受过挫折刺激的白鼠长大后在遭受痛苦刺激时就显得非常怯懦。人生同样如此，对挫折情境的真实体验，有助于增强人的挫折承受力，使其更好地应对挫折，而那些极少遭遇挫折，总是一帆风顺的人，因为没有机会学习怎样面对挫折，所以对挫折的承受力很低，一旦受到挫折，便反应强烈，不知所措。大学生可以在学习或生活中设置一些自己经过努力可以克服的挫折情境，帮助自己形成从容面对挫折的良好心态，掌握克服困难的一般技能。设置挫折情境时要把握好度，如果挫折频率过高或者程度过重，不仅不能提高挫折承受力，反而容易形成自卑、消沉、怯懦等不良的情绪特征，影响人格的健康发展。

对于已经处于挫折情境中的大学生来说，采用下列方法能够有效降低挫折反应的强度，增强适应性。

（1）冷静、客观地分析当前的挫折情境。个体受挫时会有一些比较激烈的、消极的行为表现，所以受挫者应首先设法使自己冷静下来，然后对挫折情境进行全面、客观的分析，了解挫折可能造成的影响和损失。有些挫折看上去好像很严重，但是仔细分析后会发现事实并非如此，一旦发现挫折并不会造成自己想象中那么大的损失，心理负担就会大大减轻。

（2）提供合理释放情绪的机会。受挫者可以通过写日记、向心理咨询师倾诉、大声唱歌等合理的方式释放和宣泄心中的烦恼、郁闷、痛苦，从而尽快地恢复正常的情绪。

（3）适当地运用心理防御机制。心理防御机制是挫折发生后人在内部心理活动中所具备的有意或无意地摆脱挫折所造成的心理压力、减少精神痛苦、维护正常情绪、平衡心理的各种自我保护方式。适度的心理防御机制有助于抵御外来伤害，暂时减轻挫折所带来的心理压力和焦虑情绪。有意识地运用升华、补偿、幽默等积极的防御方式可以把挫折变为前进的动力，有时候，酸葡萄心理或甜柠檬心理，也可以帮助人们重新获得心理平衡，找回自尊与自信。

（4）改善周围的环境。挫折的发生离不开外部环境的影响，必要的时候，可以改善周围的环境，如换寝室、换专业、异地求职等。改善周围的环境不同于逃避，前者是积极主动地去寻求一个更有利于自己发展的环境，而后者是消极地避开挫折情境，不会主动去寻求更好的发展机会。此外，良好的人际关系有利于营造温暖、真诚、接纳、支持的心理氛围，有助于受挫者走出情绪低谷。因此，大学生还应学会与他人交往，提高自己应对挫折的能力。

（5）寻求心理援助。

第四节　积极情绪

一、认识积极情绪

1. 积极情绪的含义

积极情绪也称为正向情绪，英国著名的哲学家罗素曾将积极情绪定义为人在事情顺利发展的过程中想微笑时所产生的那种美好的感受。积极心理学家认为,积极情绪指的是当对个体有意义的事情发生时,个体所产生的一种美好、愉悦的体验。拥有更多积极情绪的人,通常会具有较高水平的积极性和活动能力。从分立情绪理论的观点来看,积极情绪通常包括快乐、满意、兴趣、自豪、感激和爱等。①

在积极心理学中,快乐指的是当个体所处的情境被看作具有安全性和熟悉感的时候或者当事件被理解成有助于实现其个人目标的时候个体所产生的情绪感受。满意是指个体通过努力完成某项任务或者被他人接纳、关爱时所产生的感受。兴趣是指当个体的技能与情境挑战匹配时个体所产生的愉悦感与趋近感。当个体认为情境具有安全性、新奇性和可改变性的时候,兴趣就会产生。自豪是指当目标成功实现的时候或者当个体受到外界肯定、赞扬的时候个体所产生的积极体验。

总之,积极情绪就是指个体在一定的情境中,在相应的内部和外部刺激的作用下所产生的愉悦感受,这种愉悦的感受可以促使个体趋向于某种行动。

2. 积极情绪的功能

积极情绪可以提高个体活动的连续性和效率。在积极的情绪状态下,个体会主动对环境和相关事物保持较为持久的兴趣,并主动根据自身的情况融入环境中。在积极的情绪体验中,个体通常会产生打破常规、创造新事物的愿望,在兴趣的指引下,不断产生探索的动机,并掌握新的信息和经验。在探索的过程中,自我发展的愿望和与他人分享的愿望会在积极的情绪体验中不断得到强化。拥有积极情绪的人,能够发现生活中更多的可能性,寻找更多适应环境的机会,与环境融为一体,不断扩大自己的注意和认知范围。拥有消极情绪的人则会因为沮丧、愤怒、失望等主观感受而降低自身应对挑战的能力和认知的灵活性,缩小自己的注意范围。因此,与消极情绪相比,在积极的情绪状态下,个体的思维更开放、更灵活,能够想出更多的解决问题的策略。

积极情绪可以帮助人们积极建设各项资源,其中包括身体资源(如身体技能、健康)、智力资源(如知识、心理理论)、人际资源(如友谊、社会支持网络)和心理资源(如心理恢复力、乐观、创造性)。这些资源既包括个体内的资源,如心理恢复力,也包括个体间的资源,如社会支持网络,有利于个体积极主动地参加各种社会活动。

积极情绪还能够促进人际交往。积极情绪能够为人际交往创造友好的氛围,同时,由于在积极的情绪状态下,认知的灵活性会提高,所以人们在交往过程中可以想出更多的解决问题的策略。

3. 积极情绪的形式

积极情绪有十种形式:喜悦、感激、宁静、兴趣、希望、自豪、逗趣、激励、敬佩和爱。

二、积极情绪与健康

1. 积极情绪与生理健康

积极情绪对于身体健康的重要意义受到了很多人的关注,在疾病的预防和治疗中,积极情绪起着重大的作用。

---

① 郭小艳,王振宏.积极情绪的概念、功能与意义.心理科学进展,2007(5).

研究表明，乐观对于身体健康非常重要，在遭遇重大疾病的时候，与悲观者相比，乐观者的身体恢复得更快。这是因为积极情绪是一种认知现象，在积极情绪的引导下，个体可以从改变认知的方向去提高自身的健康水平。

积极情绪促进生理健康，主要是因为积极情绪可以改善人的免疫系统的功能。这主要体现在对主观幸福感、笑和幽默的研究中。人的主观幸福感能够通过影响人的免疫系统来影响其身体健康，与那些缺乏主观幸福感的人相比，主观幸福感强的人，其免疫系统的工作更为有效，更能确保其身体健康。关于笑的研究表明，笑能增加人的积极情绪，改善免疫系统的功能，并且免疫系统功能的改善是通过积极情绪的主观体验来调节的，这表明通过笑这种行为产生的积极情绪能促进生理健康。① 人们常用幽默来应对生活中的压力，那些经常使用幽默来应对压力的人更容易拥有积极的心境。

2. 积极情绪与心理健康

积极情绪能够提高主观幸福感。积极情绪能够扩展个体的心理活动空间，促进其提高对生活中各种事件的接受性，进而增加体验积极情绪的机会和可能性。积极情绪不仅能促进个体应对生活、工作和学习中的各种挑战，还有助于个体缓解自身的压力和消极情绪。如果在日常生活中能够经常体验到积极情绪，个体的心理弹性会大大增加，社会关系会得到改善，主观幸福感也会得到提升。大量与压力有关的研究表明，积极情绪能够促进以问题为中心的应对策略的运用，促进压力的有效缓解，进而提高积极情绪的水平，提升主观幸福感。

积极心理学研究成果表明，所有积极情绪共享一种叫作杜兴微笑的表情符号，即嘴角上翘并伴有眼周肌肉的收缩。呈现杜兴微笑的人比呈现非杜兴微笑的人具有更少的消极情绪和压力，特别是更少的愤怒。杜兴微笑能够减少人的痛苦，并且能够帮助人们更好地调整自己的心理状态。

三、积极情绪的培养

对于大学生而言，培养积极情绪，提高情绪管理能力，是通向快乐之路的必要条件。积极情绪主要有喜悦、感激、自豪、宁静、兴趣、希望、敬佩、爱等多种形式。积极情绪并不是自然生成的，而是需要人们在日常生活中进行培养。下面几种方法可以帮助大学生理解自己的情绪，并提升积极情绪的水平。

1. 宽容自己和他人

每个人都有不完美的地方，都会有犯错和莽撞的时候，大学生要学会正确看待自己所犯的错误，理性分析利弊，吸取经验和教训。大学生要相信，犯错是成长的必经之路，不要过分苛责自己，让自己身处内疚的消极情绪中无法自拔。当别人不小心伤害了你，你也要提醒自己推己及人，以理解和宽容的态度来对待别人所犯的错误。宽容是体现大学生良好心理素质的一个方面。

2. 做一个面朝阳光的向日葵族

向日葵永远朝着太阳的方向微笑。生活里有一群视平淡生活中的小快乐为幸福源泉的

---

① 郭小艳，王振宏．积极情绪的概念、功能与意义．心理科学进展，2007(5)．

人,这样的人称为向日葵族。他们即使面对风吹雨打,也同样积极乐观,保持微笑。他们相信只要朝着太阳的方向,就能感受到幸福。在生活中,学会看到所有事物积极、阳光的一面,是一种重要的心理调适方法。另外,掌握一些幽默的技巧和方法,也能让自己成为快乐的向日葵族。幽默是一种处事智慧,生活中幽默的人更善于调节自己的心态,结交更多的朋友。因此,大学生可以有意识地学习一些幽默的方法,如平时多看一些笑话提高自己的幽默水平,并和同学分享。

3. 珍惜友谊

友情是大学期间所能收获到的珍贵的情谊之一,这种情谊往往会伴随人的一生,成为一个人一生中宝贵的财富。大学生活中朋友的理解和陪伴是大学生获得情感支持的重要源泉。大学生活的不同经历会带给我们各种不同的体验,与朋友分享自己的心情,不管是快乐还是悲伤,都会在一定程度上带给我们心灵上的慰藉和力量。与朋友建立稳固的情感联系,可以在很大程度上满足人的归属的需要,因此更容易使大学生感受到幸福。

4. 坚持锻炼身体

体育锻炼不仅可以锻炼身体,增强体质,还可以带来积极的情绪状态。定期进行体育锻炼,能够提高心血管的机能,提高人们的免疫力。有规律的体育锻炼可以降低心脏病和一些癌症的发病率,使人们长寿。大学生要面对学习、择业、社交等多方面的压力,适当地参加户外活动,有利于保持身心健康。大学生可以根据自己的兴趣,多参加远足、踏青、骑行等能够与大自然接触的户外活动,在大自然中放松自己的身心,培养和强化自己积极的情感体验。

5. 把握积极情绪与消极情绪的比率

我们需要积极情绪,并不意味着我们要驱赶所有的消极情绪。生活给了我们足够的理由去感到害怕、愤怒、悲哀。如果没有消极情绪,你就成了盲目乐观的人,你的脸上始终挂着小丑般的微笑,你与现实失去了联系,你不是真实的,总有一天,所有的人都会远离你。

我们可以把积极情绪与消极情绪的比率看作浮力与重力之间不可思议的平衡。浮力是一种把你举向天空的力量,而重力则是把你拉向地面的力量。不加抑制的浮力会让你轻狂、不踏实,而不加抑制的重力则会让你在巨大的痛苦中坍塌,如果将两者适当地结合起来,它们会让你振作、踏实,并为一切做好准备。

总之,培养积极情绪的方法有很多种,除了上面提到的以外,还可以通过做自己感兴趣的事情、听美妙的音乐、学会感恩等让自己体验到积极的情绪和幸福的感觉。

拓展专题

专题 3-1　　情绪 ABC 理论

情绪 ABC 理论,是情绪管理的诸多理论中最容易理解、最为大众所接受的经典理论。ABC 理论最主要的特点是什么? A、B、C 分别代表了什么呢? 让我们去了解一下吧。

专题 3-2　　学会放松

让我们跟随音乐,一起来一次放松旅行吧!

思考与讨论

1. 什么是情绪？情绪有哪些作用？
2. 如何理解自己的情绪？如何识别他人的情绪？
3. 引发情绪的原因是什么？
4. 调适情绪的策略有哪些？
5. 怎样合理地宣泄情绪？
6. 如何提升积极情绪的水平？

第四章　大学生人际交往

本章学习目标

- 了解大学生人际交往的特点和类型
- 了解影响大学生人际交往的因素
- 掌握大学生人际交往常见问题的表现及心理调适
- 学会培养健康的人际交往

人类的各种需要，无论是物质的还是精神的，都需要在人际交往中得到满足。与他人交往是我们高效获得知识、经验和提高能力、智慧的主要途径，良好的人际交往是心理健康的重要保证。人类心理的适应最主要的就是对人际交往的适应，人们的心理健康水平有赖于正常的人际交往和和谐的社会生活。在现实生活中，友爱、和谐的人际交往可以使人感到温暖、安全、愉快，从而激发人的积极性和创造性；相反，冷漠、充满敌意的人际交往则使人感到不快乐，甚至产生焦虑情绪，极大地影响了人的发展。对于成长中的大学生来说，培养良好的人际交往能力，建立良好的人际交往，不仅是大学生活的需要，而且是人生发展的重要课题。

第一节　大学生人际交往概述

一、人际交往的含义

人际交往主要是指人与人之间通过交往与相互作用而形成的直接的心理关系，实际上是人与人之间心理距离的远近。它表现为个体为了满足自己的社会性需要，对他人形成的某种心理倾向及相应的行为。人一出生就不可避免地生活在与他人交往的各种关系中，如果没有他人的关怀、照顾，人就无法生存，如果不和他人交往，人就无法成长，因此，交往是人赖以生存和发展的条件之一。交往是人的社会性需要，人的社会性需要的满足也是在与他人交往的过程中实现的，由于每个人的需要又不完全相同，所以与他人交往时，会产生各种各样的心理倾向与行为，心理距离有远有近，心理距离的远近反映了人与人心理关系亲密、融洽和协调的程度。

从心理联结的性质来看，两人（或多人）间的人际交往可以分为以下三类。

1. 以感情为基础的人际交往

这类人际交往的特征是存在于人与人之间的心理联结依靠感情来维持。根据感情性质的不同，这类人际交往又可以分为两种：一种是亲情交往，指亲人间的人际交往；另一种是友爱交往，指朋友间与爱人间的人际交往。

2. 以利害为基础的人际交往

这类人际交往的特征是存在于人与人之间的心理联结依靠认知来维持。当事人对利害的认知不仅包括经济方面，还包括社会、权力、政治等方面。社会上一切"交易"式的活动，都是以利害为基础的。

3. 缺乏任何基础的陌路交往

这种人际交往存在于路人之间，彼此间不存在心理联结。

人际交往是人的社会性需要是否得到满足的心理状态的反映，人际交往的疏密是以人的社会性需要是否能够得到满足为依据的，其发展变化也取决于交往双方社会性需要的满足程度。不同的人的社会性需要是不一样的，即使是相同的需要，也可能有程度上的差异，因此，人与人在交往过程中会相互选择。相互选择的结果是人际交往中既有友好、信赖、喜欢、亲近等积极关系，也有冷淡、疏远、反感、厌恶等消极关系，甚至是敌对关系。

二、人际交往的发展过程

相互交往是人际交往建立和发展的重要条件，没有人际交往，就不可能建立人与人之间的心理关系。人际交往建立之后，还需要通过不断交往加以巩固和发展。交往范围的大小，决定了人际交往的广度和宽度。因此，建立、巩固和发展良好的人际交往需要人们积极地进行交往。人际交往的外延很广，包括朋友关系、夫妻关系、亲子关系、同伴关系、师生关系、同事关系等。社会心理学家认为，任何人际交往都离不开认知、情感和行为因素。其中，认知成分是人际知觉的结果，反映个体对人际交往状况的认知和理解，是人际交往形成的前提条件；情感成分是交往双方在情感上的态度体验，反映了交往双方对交往过程中亲疏关系和满意程度的评价，是人际交往的调节因素；行为成分是双方实际交往的一切行为，是人际交往的外在结果和具体表现。人际交往的发生、发展和变化，都是这三种因素相互作用的结果。

人际交往的发展过程大致可以分为五个阶段，如图 4-1 所示。

在第一个阶段，双方互不相识，甚至未注意到对方的存在。[见图 4-1(a)]

在第二个阶段，单方（或双方）注意到对方的存在，也可能知道对方是谁，但从未有过接触。[见图 4-1(b)]

在第三个阶段，单方（或双方）受对方的吸引，与之（或彼此）接近，构成表面接触。在表面接触时，作为他们之间的媒介的往往是学业或工作上的往来。在这一阶段所获得的第一印象对于人际交往的发展很重要，如果单方（或双方）对对方的第一印象不深，可能他们之间的人际交往就会到此为止。每个人在日常生活中，都与很多人维持着这种关系。[见图 4-1(c)]

在第四个阶段，双方在心理上有一个重要的改变，开始将对方视为知己，愿意与对方分享信息、意见和感情。这种对人开放自我的心理历程，称为自我表露。人际交往发展到彼此

都能自我表露的程度,那就到了建立友谊的阶段。个体在日常生活中,能使他自我表露的对象并不多。[见图 4-1(d)]

就朋友间自我表露的程度而言,有的朋友间重在信息与意见的交换,而在感情上则表露得较少,这种友谊关系一般是以事业为基础的友谊关系。有的朋友间除了交换信息与意见之外,更重视感情的表露,在感情上达到相互依赖的地步,特别是当自己处在痛苦、快乐等激动的情绪状态时,会特别渴望朋友在自己身边。人际交往发展到第五个阶段时,同性之间通常会成为莫逆之交,而异性之间,如果在感情上又添加了性的需求、奉献与满足的心理成分,就会成为爱人。[见图 4-1(e)]

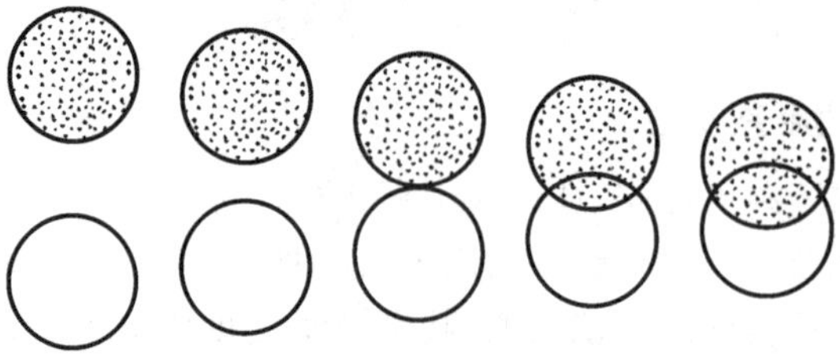

图 4-1 人际交往的发展过程

三、大学生的交际圈

在今天的大学校园里,大学生根据自己的兴趣、爱好、性格等,形成了一个个或松散或紧密的交际圈。在一个个或明或暗的交际圈中,同学之间有亲疏之分,有好朋友与一般朋友之分。大学生的交际圈大致可以分为学习圈、娱乐圈、社团圈、生活圈和网络社交圈。

1. 学习圈

这个圈子里的同学有一个共同的理想,那就是学习。但真正为了学习学校开设的课程而形成的学习圈并不多,大部分学习圈都是为了通过某种公共考试(如考研、考托福等)而形成的。

2. 娱乐圈

这个圈子里的学生,都爱好某种娱乐活动,如体育运动、文艺活动、休闲活动等。喜欢体育运动的学生,课余时间经常在一起活动,不仅内部"操练",还经常主动"出击",找别人比赛,力求把圈子的活动举办得丰富多彩。喜欢打牌、下棋等休闲活动的学生,总要抽空玩几把,甚至不到深夜不罢休。

3. 社团圈

学生社团是大学校园里一道亮丽的风景线,是校园文化的重要组成部分。社团可以分为理论类社团、实践类社团、文艺类社团、体育类社团等,涉及文、史、哲、音、体、美等各个方面。许多大学生通过社团走出校园,将自己和社会、自然融为一体,培养能力,增长才干。有的同学说:"通过社团活动,我的人际交往能力、公关能力、合作能力、表达能力等都有了很大的提高。"

4. 生活圈

近年来，很多大学生都在校外租房子住，形成了一个个生活圈。其中，有的学生是网迷，因为学校的供电时间有限制，不能想上网就上网，所以到学校外面租房子住；有的学生是为了打工方便；还有的学生是因为与寝室的同学关系紧张，所以一走了之，与关系好的同学形成新的生活圈。

5. 网络社交圈

网络社交圈是以采用数字技术建构的虚拟时空为基本的交往平台，使人们置身于网络空间，以计算机为中介、以互联网为基础、以数字化语言符号为载体的一种新型的人际互动方式。在网络上人们可以分享信息，交流情感，并形成独特的基于网络的人际关系。现在的大学生喜欢通过 QQ 空间、微信、微博等分享个人信息，他们往往会将自己的照片和各种身份信息载入网络空间，对个人网络形象进行塑造，并通过网络媒介发表自己的意见。同时，其他人也可以通过访问 QQ 空间等参与网络交流。因此，大学生可以在网络上形成一个特殊的社交圈。

四、大学生人际交往的特点和类型

大学生人际交往主要是指大学生通过与有关个体或群体相处及交往而形成的心理关系。这种心理关系的建立，对大学生的成长与发展具有很大的影响。大学生人际交往中，最主要的是同学关系和师生关系。

国内对大学生人际交往的心理学研究主要涉及两个方面。

(1) 对交往对象的要求。在选择朋友方面，一般要求志同道合、互相帮助、互相尊重、真诚相待、富有同情心。至于老师，大学生通常喜欢与负责任、有修养、亲切的老师交往。

(2) 对交往方式的选择。大学生的交往方式有主动和被动之分。

1. 大学生人际交往的特点

大学生的人际关系是大学生日常生活、学习的背景和条件，可以分为人际相处和人际交往两个方面。之所以将大学生的人际关系分为人际相处和人际交往，是因为大学生出现这两种人际关系障碍的原因、情形往往不同，矫正的方法也不同。人际相处是大学生在较长时间内和周围他人的共同生活，有相处融洽和相处紧张之分。人际交往是大学生在日常生活中和周围他人的相互交流和往来，有交往适应和交往障碍之分。当然，大学生的相处过程离不开交往，交往过程也无法避免相处，在相处与交往的交互中，形成了大学生的人际关系。大学生人际交往呈现出以下特点。

1) 交往意愿强烈，交往方式开放

中学阶段，高考带来的学习压力以及交往范围的限制，使很多学生没有时间和精力进行人际交往。进入大学后，学习压力突然得到释放，压抑的交往需求爆发出来，他们迫切需要在大学这个更为广阔的空间里结识更多的朋友，交流更多的信息，接受更多的新思想、新观念，交往意愿异常强烈，交往方式主动、开放，交往频率提高，交往手段多样。面对新鲜的大学生活，大学生积极、主动地进行人际交往，频繁地参加社团活动及娱乐活动，充分利用互联网和现代通信工具交流信息，倾诉情感。QQ、短信、微信、微博已经渗入到大学生的生活中，成为他们交流感受与体验的主要手段。

2）追求平等，交往范围扩大

大学生喜欢与同龄人交往，尤其喜欢与个人阅历、社会经验、认知能力、思想观念、行为方式等大致相似的同龄人交往，心理上追求平等和宽松。即使与老师等成年人交往，也要求人格平等、心理相容。交往范围已跨越专业和学校，扩大到所有可以认识的同学。当然这种交往更多的是只有广度而缺乏深度，人际交往呈现出“广泛交友，谨慎交心”的特点。许多大学生都有这种心理体验，同学交往正常，人际交往也不错，但是总感觉缺少能够互诉衷肠、同甘共苦的知心朋友，较深层次的交往需要得不到满足，内心有时感到孤独和无奈。

3）注重情感交流，情感与功利并存

大学校园文化是丰富多彩的，大学生活是浪漫而轻松的，大学生又处于情感丰富的年龄阶段，他们在交往时追求志同道合，男同学更强调兴趣的一致性，女同学则更注重性情的相合性。但是市场经济的发展也给大学生的交往动机注入了某种功利性色彩。大学生人际交往在注重情感交流的同时，也注重自身利益的实惠性，呈现出情感与功利并存的趋势。虽然大学生对一切从个人利益出发、过分强调实惠的庸俗化交往倾向持明显的批评态度，但学习上互助、生活中互惠等目的性交往具有一定的普遍性。

4）交往挫折难耐，交往自评不高

许多大学生对大学里的人际交往有着较高的期望，充满了理想主义色彩，希望找到志趣相投、思想一致、情意相通的朋友，希望朋友之间无话不谈，一旦在交往过程中遇到障碍，出现不协调，就会感到极度痛苦与失望。如果发现对方有什么事没有告诉自己，就会觉得对方不够朋友，甚至有被欺骗的感觉。不少大学生对自己的人际交往感到不满意，认为现实的人际交往与自己理想中的人际交往还有较大差距。

2. 大学生人际交往的类型

大学生人际交往类型的划分是为了充分描述和正确认识大学生的人际交往。根据不同的标准，大学生人际交往可以划分为不同的类型。

根据大学生人际交往的对象，大学生人际交往可分为同学关系和师生关系，这是大学生在大学生活中最为普遍的人际交往。在同学关系中，最容易出现障碍的是同室关系，住在一个寝室里的几个同学，成长背景不同，价值取向各异，生活习惯多样，个性特征鲜明，如何相处是同室关系的核心内容。师生关系主要是指大学生与任课教师、辅导员和班主任的关系。与任课教师的关系有可能直接影响大学生的学习情况，例如，有些学生会因为喜欢某个教师而喜欢某门课程，因为讨厌某个教师而不喜欢某门课程。与辅导员的关系可能会影响大学生的个性发展。

根据大学生人际交往的需求，大学生人际交往可分为情感性关系和工具性关系。情感性关系是大学生为了满足相互间情感交流的需要，形成良好的心理气氛而建立起来的一种融洽的关系。工具性关系是大学生为了达到某一种目的而建立起来的相互依托的关系。

根据大学生人际交往的类似性媒介，大学生人际交往可分为地缘关系和趣缘关系。地缘关系是大学生因为曾经在同一个地方居住、生活或学习而建立起来的一种人际交往，例如，老乡关系、校友关系等都属于地缘关系。相似的文化背景，使这种关系带有文化趋同和乡土色彩。趣缘关系是大学生因为兴趣爱好相同而建立起来的一种人际交往。共同的兴趣是维持这种关系的纽带。在大学生的课余生活中，因为趣缘关系而产生的人际交往最为普遍。

根据大学生人际交往的喜欢程度，大学生人际交往可分为吸引性关系和排斥性关系。大学生如果互相喜欢、亲近，就容易形成吸引性关系。几乎每个大学生都渴望和异性同学交往，但是如何正确地交往，特别是如何处理恋人关系，常常是大学生非常关心的问题。大学生如果互相厌恶、疏远，则容易形成排斥性关系。这种关系在大学生中虽然不一定以公开的形式表现出来，但交往的双方都心知肚明。这种关系一旦形成，就很难化解。恋人关系如果处理得不好，就很容易演变成这种关系。

当然，根据其他划分标准，还能将大学生人际交往分为其他类型。在大学生的各种人际交往中，有些是自然形成的，如同学关系和师生关系，有些是能够选择的，如朋友关系和恋人关系。在自然形成的人际交往中，大学生的主要任务是处理好相处，而在自由选择的人际交往中，大学生的主要任务是处理好交往。

3. 大学生网络人际交往的特征

网络人际交往是在网络空间里形成的一种新型的人际互动方式。大学生作为易感人群，网络人际交往给他们的生活方式、价值观念带来的挑战和改变是前所未有的。张锦涛等人的研究表明，大学新生每周上网时间为 13.58±8.94 小时，网络社交时间占全部上网时间的比重为 27.18%±18.15%。[①]

网络空间好比一个很大的城市，里面有图书馆、大学、博物馆、娱乐场所等，还有各种各样的人，无论什么人，都可以到这个“城市”去逛逛。在网络空间里，不仅可以获取和发布信息，还可以通过 E-mail、QQ、微信、微博等聊天、交友、娱乐。大学生网络人际交往具有以下特征。

1）交往角色的虚拟性

大学生只需要在 QQ、微信、微博上注册，就可以获得一个相应的身份，并以这个身份在网络上进行人际交往。这种虚拟的角色，使交往双方都没有任何心理负担。

2）交往主体的平等性

网络是一个自由、平等的世界。无论你在现实生活中的地位多么显赫，在网络空间中，你只不过是一个网民而已，同其他人一样，没有任何特权，所有人都是平等的。

3）交往心理的隐秘性

网络人际交往虽然可以通过文字来传达情意，但是这种文字大多是经过刻意加工的，交往心理也是经过包装的，这种交往无论持续多长时间，交往双方都很难明白对方的真实想法。

4）交往过程的弱社会性和弱规范性

在现实生活中，人们在进行人际交往时，十分看重对方的身份、职业、金钱、容貌等社会特征和社会地位，但是在网络人际交往中，人们不太注重对方的社会特征和社会地位。在现实生活中，人们在进行人际交往时需要遵守一些社会规范，在网络人际交往中却不必遵守，只要按照网络技术要求去操作，就可以顺利地实现网络人际交往。这种弱社会性、弱规范性的网络人际交往，容易使一些大学生暂时摆脱社会规范的束缚，甚至放纵自己的行为，从而

---

① 张锦涛，陈超，王玲娇，等. 大学新生网络使用时间与网络成瘾的关系：有中介的调节模型. 心理学报，2014(10)：1521-1533.

造成非人性化的倾向。

5）交往动机的多样性

异性间的情感交往是大学生网络人际交往的“主旋律”。异性效应在网络人际交往中不仅存在，而且表现得很明显。不少大学生上网聊天的潜在动机就是寻找异性。很多大学生在追求休闲娱乐和心理享受的同时，带有调情的目的。

6）交往需要的复杂性

大学生通过网络社交与朋友进行互动，在一定程度上能够满足自己交往的需要。网络社交在一定程度上是面对面交往方式的有效补充，但是网络人际交往中交往需要的满足，还与个体在网络中的互动方式和个体的人际交往能力息息相关。① 周静认为，并不是所有的大学生都可以通过网络社交获得关联感，只有那些人际交往能力良好的大学生才能更好地通过网络社交来满足自己的人际关联需要。②

网络是一把双刃剑，网络人际交往对大学生的健康成长既有正面效应，也有负面效应。

第二节　影响大学生人际交往的因素

人际交往是具有选择性的，在生活中我们总是愿意与自己喜欢的人交往。在大学生人际交往中，决定他们相互选择和相互吸引的因素很多，人际吸引受多种因素的影响。这些因素涉及信念、价值观、心理特征、能力、才干、时空距离、交往频率等，这些因素会影响大学生人际交往的形成与发展。下面我们从情境因素，个人特质因素，以及相似性、互补性与对等性因素三个方面进行介绍。

一、大学生人际交往中的情境因素

人际交往都是在一定的情境下展开的，情境因素主要包括时空距离、交往频率、交往体验等。

1. 时空接近性

大学生人际交往形成和发展的根本条件是大学生在学习、生活上的时空接近性。时空接近是大学生彼此认识和了解的前提，也是相互吸引的基础。如果其他条件不变，个体与个体之间距离越近，接触和交往的机会就越多，交往的频率就会越高，就越容易产生好感和建立友谊。接触和交往增强了学生之间感情上的交流，也为相互了解提供了机会，交往频率提高，也容易形成共同的经验，有共同的话题和共同的兴趣，容易形成良好的人际交往。天各一方的好友也有，但是他们之间的友谊大多是在距离很近的时候建立起来的，之后一直保持着友谊。因为接触机会多而相识，因为相识而相互吸引，最终建立友谊，甚至彼此相爱，是非

---

① Wilson, R E, Gosling, S D, Graham, L T. A review of facebook research in the social sciences. Perspectives on psychological science, 2012(3): 203-220.

② 周静. 人类基本心理需要的现代心理学研究. 武汉：武汉大学，2014.

常寻常的事。这种因为空间上的接近而影响人际吸引的现象称为接近性吸引。在大学里有一种情况非常常见:很多学生因为同住一个寝室,或同在一个学习小组,或同属于某个社团,或是老乡等,经常接触,交往频繁,容易具有共同的经验、共同的话题,从而建立起较为密切的人际交往。

当然,人与人在空间上接近,不一定相互吸引,也有可能日久生厌。就大学生而言,时空接近主要是在大学新生中起作用。进入大学后,很多同学最初的好友大多是同寝室的,这一现象说明时空接近导致相互吸引。对于原本素不相识的刚入校的大学生来说,时空接近和交往频率在他们人际交往形成的初期起着重要的作用。当然,时空接近可能成为形成良好人际交往的必要条件,也可能成为产生人际交往障碍的客观原因。有时候空间距离小,接触频繁,也容易发生摩擦和冲突。有时候接触次数过多,也可能产生腻烦现象,使好感逐渐消失。相关研究表明,相似性吸引和补偿性吸引在年级上没有太大差别,而接近性吸引则与年级有着密切的关系,低年级的小团体的形成以接近性吸引为主,随着年级的升高,接近性吸引的小团体明显减少。在接近的条件下要想进一步与他人建立良好的人际交往,彼此能否相互接纳,是一个重要因素。所谓接纳,是指接纳对方的态度与意见,接纳对方的观念与思想,对对方的为人处世不但感兴趣,而且表示适度的赞许。只有在接近的条件上相互接纳,才会继续交往、沟通;有沟通,才会彼此相知;彼此相知,才会成为莫逆之交。

在利用时空接近因素增加人际吸引力时也是需要技巧的。当你希望被一个人喜欢时,应想方设法接近他(她),尽可能多出现在他(她) 能够看到你的地方。当你与对方的关系不和谐时,最好暂时拉开距离。此时,距离越近,越容易让对方讨厌你。另外,对于那些距离本来就特别近的人来说,适当地拉开距离也是有好处的。

2. 交往体验性

在人际交往中,交往体验是影响人际吸引的重要因素。人们一般喜欢那些喜欢自己的人,以及能给自己带来愉快、惬意体验的人。良好的情绪感受有助于形成相互喜欢的关系,不良的情绪感受则会造成相互厌恶的关系。日常生活中,如果一个人的存在能使别人感到快乐、舒适,大家就会喜欢这个人,如果让别人感到生气、焦虑和厌恶,大家就会不喜欢他。

大学生人际交往的体验性影响着他们对交往对象的评价,这种评价受知识、经验和个性等因素的影响,带有浓厚的主观色彩,这种因体验而进行的评价,影响着大学生对交往对象的选择,并决定交往效果。大学生要想不断增加自己的人际吸引力,就需要在交往中以乐观的情绪去感染交往对象,引起交往对象的情感共鸣,让他们感到轻松、愉快,强化积极的交往体验。一个整天垂头丧气、无精打采的人,是无法产生人际吸引力的。

3. 交往跨时空性

社交网络的出现将现实生活中的人际交往搬移至虚拟网络中,跨越了空间距离等障碍,因此,人们在社交网络中的人际沟通范围可以远远大于其在现实生活中的社交圈。社交网络不仅具有信息共享的特点,更重要的是具有信息共建的特征,在社交网站上,个体不仅是信息的受众和传播者,也是信息的提供者与创造者。

大学生喜欢在许多大型社交网站上注册,除了结识更多的人以外,他们使用社交网站非常重要的一个目的是与远方的朋友和同学保持联系,这样他们的社交范围就不会受到时空的限制,并且可以在一定程度上扩大他们的社交圈。

二、大学生人际交往中的个人特质因素

个人特质也是影响人际交往的重要因素。一个人的外貌、才华、能力及个性等因素，都会影响人际交往。

1. 外貌相悦性

人际吸引最初的动力就是外貌相悦性，外表美总是给人以心理上的愉悦感。在生活中，那些外貌英俊、漂亮的人，比较容易引起别人的注意，在素昧平生的情况下尤其如此。英俊、漂亮的外貌构成了人际交往的第一印象，并在很大程度上影响着人们对交往的兴趣。外貌对初次交往的人来说，是一个重要的吸引因素，在与异性交往时表现得尤为显著。人们在交往之前，往往会根据外貌特征来评价交往对象，形成肯定或否定的印象，这种肯定或否定的印象会影响以后相互之间关系的发展。

在一次实验中，首先让大学生们看了3个人的照片，分别是外貌有吸引力、外貌一般和外貌无吸引力，然后让大学生们在27种个性特征上做出评价，并要求他们预测这3个人未来是否幸福。结果表明，最合人心意的评价、最幸福的预言都安在外貌有吸引力的人身上。无论是男性评价男性、男性评价女性、女性评价男性，还是女性评价女性，结果都是如此。这说明，人们喜欢漂亮、英俊的人胜过外貌不好看的人，并且倾向于把一切好的特性都安在外貌有吸引力的人身上。

心理学研究表明，人们会不由自主地以貌取人，在其他条件相同的情况下，外表美的人更容易获得正面评价。但是，心理学实验也证明，人们在选择朋友时，常觉得外貌与自己相差不太大的人对自己有较大的吸引力，另外，与选择朋友相比，人们在选择终身伴侣时，对外貌的要求明显降低。这说明外表美虽然对人会有一种天然的吸引力，但交往过程中吸引力的维持与加强，取决于交往双方的人品和能力。

2. 才华互赏性

在其他条件相同的情况下，聪明的人容易受到人们的欣赏与喜欢，人们通常喜欢与聪明、能干的人交往。尽管外貌产生的吸引力在最初的交往中作用明显，但才华和能力最终很可能更能影响双方的交往。日常生活经验告诉我们，大学生在交际活动中才华和能力展露得越多，就越能产生吸引力。每一位大学生都应该在学习和活动中，努力使自己的潜力得到最大限度的发挥，表现出最佳的精神状态，以增加人际吸引力。

心理学研究表明，能力非凡可以使一个人富有吸引力，犯错误使他同普通人更接近，吸引力又增加了一层，所以人们最喜欢的是能力强但偶尔会出点小错的人，最不喜欢的是能力差又出错的人。能力强固然让人喜欢，但是太完美就会让人觉得高不可攀，出点小错则显出他也有平凡的一面，让人感觉容易接近。

3. 个性吸引性

性格是一个人对现实的比较稳定的态度和习惯化了的行为方式。一般来说，在人际交往中，一个人如果具有诚恳、坦率、幽默等性格，是比较能够吸引别人的注意、获得别人的赞赏的。比起外貌和能力来，个性品质产生的吸引力更强，而且这种吸引力持久而稳定。有些大学生相貌不一定出众，但善良、坦率，给人的感觉很好，人们很愿意与其交往，这就是因为他们的个性非常具有吸引力。心理学家总结了一系列增加人际吸引力的个性品质，男生吸

引人的个性品质是勇敢、冒险、创造、坚韧、宽宏大量、襟怀坦白、不拘小节、理智、正直、忠诚、聪明、可信、有思想、思维灵活、事业心强、期望水平高等，而女生吸引人的个性品质是温柔、体贴、善解人意、富有同情心、为人随和、情操高尚、有正义感、待人真诚、善良、开朗、活泼、可靠等。在诸多个性品质中，最有吸引力的是真诚，最有排斥力的是虚伪。也有心理学实验表明，待人热情也很容易增加人际吸引力。

一般来说，大学生个性中具有吸引力的特质越多，其人际关系就越好。有这样的说法，外表美是一时的，而心灵美是经久不衰的，实际上心灵美的一部分内容就是指人们的个性品质，因此，良好的个性品质具有无穷的魅力。

三、大学生人际交往中的相似性、互补性与对等性因素

1. 相似性吸引

对某种事物或某件事情持相同或相似的态度，具有共同的理想、信念和价值观，感情上就容易产生共鸣，形成密切的人际交往。纽科姆曾用实验法研究过这个问题。他向自愿参与实验的大学新生免费提供住宿 16 周。在住进宿舍前，他先对这些彼此不认识的大学新生实施态度、价值观和个性特征三个方面的测验，将态度、价值观和个性特征相似或不相似的大学生安排在一间宿舍，然后定期测验他们对一些事情的态度、看法，以及他们对室友的喜欢程度。住宿初期，空间距离是影响人际交往的重要因素，但是到了后期，彼此间态度、价值观和个性特征的相似性，超过空间距离，成为密切的人际交往的基础。在研究的最后阶段，在让这些大学生自由选择宿舍时，态度相似的大学生倾向于选择同一间宿舍。态度相似性之所以能使人际交往更加密切，可能是由于彼此观点一致，争辩机会较少，从而使友谊得到发展。正如有些大学生在评价自己的这种友谊时所说的那样：“我们有共同语言，在情感和信仰上没有隔阂和矛盾。”

相似性可以影响人际吸引的深度和强度。人们大多喜欢与那些跟自己兴趣和爱好相似、地位和经历相似、态度和观点相似的人交往。相似点多的人在一起，心理上会比较容易接近，共同话题相对较多，容易产生亲近感，彼此交往的愿望也容易被激发。相似性吸引包括许多方面，有态度、信念、兴趣、爱好、价值观的相似，也有年龄、性别、学历和经历的相似，还有行为动机、处事态度的相似，尤其是态度、价值观的相似性，会成为影响人际交往的重要因素。研究表明，相似的价值体系和社会背景是决定喜爱或选择他人的重要因素。无论是在友谊关系中还是在爱情关系中，相似性吸引都扮演着重要的角色。在上述因素中，态度的相似性最受关注。伯恩曾对此做过详尽的研究。实验者先对大学生进行态度调查，然后让他们阅读别人回答的有关问卷，要求他们表明自己对此人的感觉如何。实际上，他们看到的问卷是经过实验者处理的，这样实验者就可以控制态度的相似性。实验结果如图 4-2 所示，态度越相似，就越容易产生吸引力。

还有一些研究表明，在其他条件不太相似的情况下，态度的相似性也会产生强烈的吸引力。人们喜欢与自己的态度相似的人，因为这意味着对自己态度的肯定，可以增加安全感和自信心。

2. 互补性吸引

除两性之间男刚女柔的自然互补之外，在个人兴趣、专业、特殊技能等方面，大多数人都

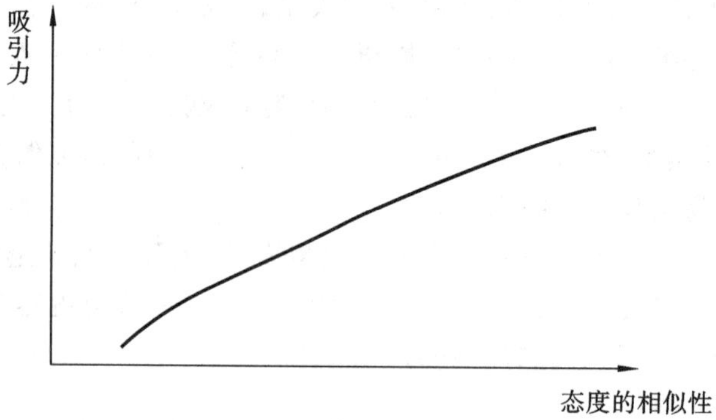

图 4-2　态度的相似性与吸引力的关系

会有期望他人弥补自身缺陷的心理倾向。因为人在成长的过程中,不可能发展得非常全面,难免会有顾此失彼的遗憾,所以在遇到具备自己所不具备的某种技能的人时,就会自然而然地对其产生好感。

制约人际交往的基本因素是彼此间需求的满足状况,需求和个性互补,有利于双方在交往过程中形成需求互相得到满足的心理状态,往往会产生强烈的吸引力。需求互补往往是大学生交往的动机,也为他们友好相处提供了保障。有人认为,两个人相处,对双方都有裨益,或者在某些方面互补时,两个人之间的人际交往才得以维持。一般而言,人际吸引中的互补性因素,其作用多发生在交情较深的朋友、恋人或夫妻之间。

由于相似性因素与互补性因素而产生的人际吸引是在不同的情况下发挥作用的。在人际交往中,相似性因素是基础,而互补性因素起补充的作用。相似性侧重于价值观和态度两个方面,互补性则会在某些性格特点不同时起作用。对于大学生来说,需求相同,可以形成协同活动的人际交往,当然也可能存在竞争的成分;需求互补,则可以形成合作的人际交往。

相关研究表明,在人们交往的初期,距离因素、外貌因素及社会因素(如经济地位、文化背景等)是影响人际吸引的重要因素。在初步交往后,交往双方的态度、信仰、价值观、人生观等方面的相似性显得更为重要。

3. 对等性吸引

对等性吸引是指人们都喜欢那些同样喜欢自己的人,而且更喜欢那些对自己的好感不断增加的人,不喜欢那些对自己的好感不断减少的人。在人际交往中,如果有一个人逐渐表现出对你的好感不断增加,对你的正面评价不断增多,或许你喜欢他的程度可能会超过一直对你有正面评价的人。

一般来说,大学生都喜欢那些同样喜欢自己的人。但是对于自尊和自信水平不同的大学生,他人的喜恶态度所引起的反应是不同的。自尊心和自信心强的大学生,他人的喜恶态度一般不会影响他们的自我评价,而自信心低和挫折感强的大学生对他人喜恶态度的反应则敏感而强烈。自信心低和挫折感强的大学生非常想得到他人的尊重,时常会因为这种需求是否得到满足而十分强烈地喜欢或厌恶对方。这告诉我们在人际交往中,如果以热情、信任、尊重的态度对待那些受过挫折或犯过错误的人,会引起他们比常人更为强烈的感情共鸣。

第三节　大学生人际交往常见问题的表现及心理调适

一、大学生人际交往适应不良的表现

1. 人际认知方面

人际认知反映的是个体对自己及自己的人际交往状况的了解程度，它是人际知觉的结果，是人际交往得以形成的理性条件。个体通过知觉了解他人与他人的关系、他人与自己的关系，以及他人对自己的态度。个体只有客观、正确地了解自己的人际交往状况，才能更好地调节自己与他人的人际交往。在人际认知方面，大学生常见的适应不良主要有以下几个方面的表现。

1）理想化

大学生在进入大学之前，心里充满了对大学生活的憧憬，其中包括对大学里和谐的人际关系的憧憬，赋予大学人际交往以理想、完美的色彩。这使得大学生对校园里人际交往的复杂性和多样性缺乏足够的心理准备。许多大学生认为朋友之间应该无话不谈，一旦发现对方有什么事没有告诉自己，就会觉得对方不够朋友，甚至有被欺骗的感觉。大学生人际交往中确实存在着某些不足，因此，与同龄人相比，大学生对人际交往的满意度更低。相关资料表明，有大约70％的大学生不同程度地对自己的人际交往感到不满意，这主要是因为理想与现实不吻合而使他们感到失望。

2）归因偏差

大学生在认识自己的人际交往，处理人际交往中的一些事情时，容易出现一定的偏差。调查表明，有一些女生将自己不敢与异性同学打招呼归因于自己来自农村、长得不漂亮等，还有一些学生将自己的交往范围小归因于对方考虑地位、家庭背景、利益等因素过多，而不是归因于自己没有主动与他人交流、自己的兴趣爱好不够广泛等。正是由于对自己的认知偏差和对他人的消极认识、评价，许多大学生在人际交往中产生嫉妒、自卑、猜疑、报复等不良心理，阻碍了人际交往的发展，也严重影响了大学生的心理健康。

3）以自我为中心

很多大学生都是独生子女，在中小学时期是表现出色的好学生，已习惯接受别人的表扬和肯定，进入大学后，想问题、处理事情时往往以自我为中心，过分关注自我，过分注重自身需要的满足，而忽略或否认他人的需要。有些人不太注意了解他人的性格、爱好、生活习惯、思维方式等的差异，缺乏宽容精神，有些人认为好朋友就是和自己观点一致、处处维护自己利益的人，只要别人的思想和自己的思想产生了分歧，就把这些人视为“异己”，排斥在交际圈之外。调查结果显示，有26.21％的大学生要求自己的朋友要全心全意地对自己好，如果朋友达不到这个要求，往往会由最初的亲密走向后来的各奔东西。

4）过分苛求

由于大学生的生理、心理还不够成熟，生活经验也不丰富，所以他们在认知方面往往存在着绝对化、概括化的误区，即过分苛求自己和他人，追求完美，缺乏辩证的弹性思维。在人际交往过程中，这种不全面的认知能力首先表现为从自己的心理出发认识和理解问题，缺乏对对方性格和心理的客观了解，从而很容易产生误会和矛盾。

2. 人际情感方面

人际情感反映的是交往双方在情感上的满足程度，人际交往的发展取决于交往双方在情感等需要上从对方获得满足的程度。情感往往被当作判断人际交往状态的主要指标。情感也是人际交往的基础，没有情感的人际交往是无法维持的。大学生在人际情感方面的适应不良主要有以下几个方面的表现。

1）期望值过高

大学生缺乏生活经验，缺乏对事物本质的把握能力，对人际交往的期望值较高，常用理想化的尺度来衡量现实。不少调查都表明，大学生对自己的人际交往的满意度偏低，主要原因是在情感上对人际交往的期望值过高，而现实情况又常常让他们感到不如意。

2）缺乏交流技巧

处于青春期的大学生都渴望友谊，都想建立和谐、融洽的人际关系，但是一部分大学生因为缺乏人际交往的相关知识及交流技巧，在人际交往中常常会产生挫折感。

3）缺乏人际信任

中国正处于社会转型期，由于社会、经济、政治、文化等格局不断变化，人与人之间普遍缺乏人际信任，“邻居形同陌路”“杀熟”等现象和社会事件频发。大学生作为社会的一个群体，也同样受到影响。辛自强与周正对1998—2009年发表的有关中国大学生人际信任水平的53篇研究报告进行了元分析，研究结果表明，我国大学生的人际信任水平在这11年间显著降低，而且人际信任水平下降不存在性别差异，也不存在农村生源与城市生源的生源地差异。①

4）交友的动机和目的

与其他人一样，大学生交友的动机主要有三种：寻求帮助，主要是精神上的；寻求社会支持；寻求有共同兴趣爱好的人。大学生交友的动机一般比较单纯，但是有些大学生为了自己的某种欲望或某种目的，运用一些手段去结交朋友，这样就不能形成真正意义上的朋友关系。还有一些大学生见到对自己有用、能给自己带来好处的人才与其交往，而且常常是“过河拆桥”，这种沾别人的光的不良心理，会使他们交不到真正的朋友，长此以往，肯定会影响心理健康。还有一些大学生在与人交往时爱吹牛，爱说漂亮话，与某人见过一面，就会说与某人的交情有多深，这种人与人交往只是做表面文章，因此没有感情深厚的朋友，很容易产生孤独感。

3. 人际交往方面

人际交往可以说是人际关系最明显的外在表现。一般情况下，人际关系好，行为上则多有亲近表示；人际关系不佳，则多表现为视而不见。人际交往是建立良好人际关系的基础，

---

① 辛自强，周正.大学生人际信任变迁的横断历史研究.心理科学进展，2012(3)：344-353.

通过交往，我们可以得到更多的社会支持，建立充分的安全感和信任感。大量事实表明，大学生人际交往的时间越多、空间越大，精神生活往往越丰富，而人际交往不良的大学生常常有更多的烦恼和难以排除的苦闷。丁敏娜研究发现，59%的大学生在人际交往方面存在不同程度的交往心理障碍。① 人际交往不良已成为最让大学生苦恼、困惑的问题之一。

大学生在人际交往方面的适应不良主要有以下几个方面的表现。

1）认知自我导致不懂交往

部分大学生以自我为中心，不懂得怎样尊重别人，总是希望别人主动关心自己，被动地等待他人与自己交往，一旦对方感到物质和精神上都无法使自己受益而终止交往时，便怨天尤人。

2）表达不清导致不善交往

部分大学生在交往过程中表现木讷，心存感激却不知道如何表达，或者词不达意让同学误会，或者过于耿直使同学难以接受，有时还会因为言行不当使交往陷入尴尬的局面。这些大学生的苦恼来自不知道该如何让人接纳、信任、喜欢自己。

3）人格缺陷导致不敢交往

部分大学生非常胆怯、害羞、自卑，害怕被人看不起，对交往有恐惧心理，害怕交往失败，行为往往与内心的愿望不符。有些大学生渴望得到别人的肯定，渴望友谊，但是在行为上却极力回避与他人接触，不得不与他人交往时，则表现得相当紧张。这些大学生常常陷入焦虑、痛苦、自卑、自责之中，身心健康和日常生活都受到了严重影响。

4）行为不妥导致不当交往

部分大学生在刚开始与别人交往时主动、积极，给别人的印象不错，但交往时间长了之后，会出现一些不妥当的行为方式，如固执己见、把自己的意见强加给别人、不尊重别人、伤害别人的自尊心、说话不注意场合、不懂装懂等，这些都是不利于交往的行为方式。

5）缺乏技巧导致不会交往

部分大学生人际交往能力有限，交往方法欠妥，缺乏人际交往的基本技能，不会与别人交往。他们在与别人交往时，往往以失败告终。失败几次之后，他们便把人际交往看成一种负担，不愿意与别人交往。

6）个性怪异导致不愿交往

有些大学生性格内向，行为怪异，防御心重，戒备心强，长期封闭自己，不愿意与他人交往，也害怕交往会打破心理平衡。还有一些大学生清高自傲，对周围的人大多看不起，因此不屑于与别人交往，一般情况下，他们既不会主动接近别人，关心别人，也不会侵犯别人。

7）动机不纯导致不良交往

部分大学生的交往动机不纯，交往的目的是利用别人或者是满足自己某种不健康的心理。在交往过程中，有些大学生不懂得尊重对方，一切从自己的利益出发，以自我为中心，总是苛求别人，还有些大学生嫉妒心和报复心极强，这样的人很难得到别人的信任，最终会被所有人排斥。

---

① 丁敏娜.思想政治教育视域下大学生人际交往障碍对策研究.成都：电子科技大学，2012.

4. 人际相处方面

人际相处是指双方在一起的时间较长,空间较近且固定,交往互动频繁,交往活动的种类繁多,其侧重于人际心理过程。提到大学生的人际交往,人们更倾向于强调人际交往,而忽略人际相处,其实,人际相处方面出现的心理问题比人际交往方面出现的心理问题更复杂、更微妙,对大学生的不良影响也更严重、更持久。就大学生而言,最重要的人际相处是寝室人际相处。寝室作为大学生生活,以及学习、思想、情感等方面相互交流的重要场所,一方面创造了彼此相处的条件,是大学生信息交流的重要场所,是各种价值观形成的重要条件;另一方面,寝室成员来自四面八方,个性、脾气、习惯、爱好可能千差万别,难免会发生矛盾和冲突,对新生而言更是如此。

在人际相处方面,大学生一般存在以下问题。

1) 缺乏公德意识,室友相处困难

与室友相处困难常有两种情况:一是在寝室里没有归属感,寝室成了不敢回、不愿回、不想回的令人痛苦的地方;二是与寝室中的某个人合不来,看到他的每个动作、听到他的每句话,心里都会觉得不舒服。其实,同学之间没有什么根本的利益冲突,矛盾大多源于一些鸡毛蒜皮的小事或不一样的生活习惯。例如:有的同学喜欢早起,可能在别人睡意正浓的时候他就起床了,洗漱的声音吵醒别人,让别人心烦;有的同学比较懒,臭鞋、臭袜随处乱扔,让大家很不舒服,自己却悠然自得;有的人不爱整洁,自己的东西乱扔乱放,不仅让自己的空间非常凌乱,也严重影响"室容"。长期住在一间寝室,彼此发现对方的缺点会愈来愈多,从而会发生一些不愉快的事情。如果与室友相处不好,会影响心情,进而影响学习。

2) 缺少尊重,引发室友冲突

人际冲突,是指以认知失调、情感冲突和行为对抗为特征的人际障碍。大学生在学校里一起生活、学习和工作,相互之间难免会发生矛盾。当矛盾激化到一定程度时,便有可能互相排斥,以冲突的形式出现。大学生的人际冲突是多种多样的,冲突的内容也各不相同,造成冲突的原因也是多种多样的。例如,某高校王同学,性格外向、直率,但是讲话不注意场合,在寝室里经常为一些小事与同学争执。他还将自己的女朋友带到寝室里过夜,弄得其他同学十分尴尬。一天早晨,他以命令的口气要求在其桌子上洗脸的同学离开,最后两人扭打起来。

3) 自我呈现不当,导致室友误会

恰当地呈现自我是让其他同学了解自己和消除误会的有效举措。不少心理学家研究发现,人际交往是随着自我呈现的深入而不断向前推进的。列文格研究发现,人际交往有单向注意、表面接触和共同关系三种状态。单向注意只是一方注意另一方,没有自我呈现和人际互动。在表面接触状态下,双方有了初步的自我呈现,只有很少的人际互动。在共同关系状态下,双方的自我呈现越来越深入,人际互动越来越频繁,甚至一方会对另一方产生强烈的依赖感。大学生寝室是同学之间近距离接触最多的场所,也是相互之间自我呈现最频繁的场所。一间小小的寝室,汇集了来自四面八方的同学。其中,有的同学来自大城市,有的同学来自农村;有的同学家庭经济条件优越,有的同学家庭经济条件困难。极少数来自大城市的家庭经济条件比较优越的同学丝毫不顾及贫困同学的情绪,穿名牌衣服,吃饭讲排场,结果,导致室友误会,伤害了同学之间的感情。

4）沉溺于网络社交，忽视现实同学关系

在网络人际交往中，大学生找到了自我认同，在某种程度上实现了自己的价值。这容易使大学生沉溺于网络社交，而忽视现实同学关系。网络社交毕竟是虚拟交往，而我们是活在现实世界中的人，一切都要回归现实。无论大学生在网络人际交往中得到了什么，最终都要以现实为最终目的地。大学生要意识到，网络人际交往只是现实人际交往的补充和延伸，它并不等同于现实人际交往，更不能取代现实人际交往，只有现实人际交往才是交往主体适应环境，适应社会，形成健康、积极的个性的基本途径。面对面的人际交往是大学生踏入社会的必修课，也是人们正常生活的需要。

二、大学生常见的人际交往心理缺陷及其调适

大学生迫切需要友谊，有强烈的交往需要。但是，大学生自尊心强，社会经验不足，人际交往能力欠缺，一些大学生还存在人际交往心理缺陷，这使得不少大学生不能处理好人际关系。调查显示，大学生人际冲突的发生率高达44.8%，人际冲突的对象主要是同学(44.8%)，其次是朋友(23.9%)和家人(22.7%)，人际冲突的后果是95.1%的同学感到不愉快。戴健林和王乐伟研究发现，青春期是人际关系问题的高发阶段。① 因此，进行大学生人际交往心理健康教育是很有必要的。

1. 自卑

自卑，是指个体由于一些条件上的限制和认识上的偏差，认为自己在某个方面或某些方面不如别人，从而产生的轻视自己，失去自信的一种情绪体验。无论这种自卑感是否客观存在，一个人只要有这种思维方式，就会认为自己不行。产生自卑感的原因有很多，如认为自己不够漂亮、学习成绩差等。自卑感强的学生的共同点是对自己不满意，不相信自己，即使目前很顺利、很成功，还是处在担心、忧虑的状态中。这样的学生在人际交往中，常常处于被动的地位，即使别人主动与其交往，他们也会表现出对交往的焦虑。

阿德勒认为人人都有自卑感，自卑感是每个人在追求更加优越的地位和完美的人生的过程中必然会出现的心理反应，并不是坏的情感。每一个人只有看到自己的不足，才会产生赶超的力量，达到新的目标后又会发现新的不足，于是再向新的更高的目标前进，在自卑与优越的距离不断缩小而又拉开的过程中，人们不断地完善了自己。

据调查，有52.43%的大学生认为自己曾经因为自卑而不愿与别人交往。自卑有多种表现方式，退缩或过分地争强好胜是其中最明显的两种，都会妨碍一个人正常地与他人交往。大量调查表明，自卑心理一般多见于新入学的大学生的寝室人际交往中。由于学习、生活环境的变化，在学习上，中学时期名列前茅的同学在进入大学后可能排在了后面；在生活上，也由中学时期的父母包办变成了自理。家庭经济状况、社会地位及自身的某些生理缺陷等主观和客观原因，都会使大学生感到自卑。自卑感一旦形成，就具有很强的感染性，会给大学生的人际交往带来不良的影响。在大学生中还存在另一种自卑心理，即掩盖于“自傲”“清高”等表面现象之下的自卑心理。有这种自卑心理的大学生十分渴望与别人交往，渴望得到别人的关心和帮助，但是由于其在某一方面具有优势，所以他们不肯放下所谓的架子主

① 戴健林，王乐伟．人际冲突来源的理论与实证研究．心理科学，2009(5)．

动与别人交往,最后给别人造成一种拒人于千里之外的错觉。

一般来说,自卑的人容易消极地、过低地评价自己,总觉得自己在容貌、身材、知识、能力、口才,甚至衣着等方面不如别人,低人一等,害怕与别人交往。克服自卑心理应从认识、情绪、行为三个方面同时入手。

(1) 从思想上树立"天生我材必有用"的信念。心理学研究表明,成功者与失意者在智力上并没有显著差别,并不是智商高的人就一定能成功,他们之间最主要的差别在于自我评价。

(2) 采用心理暗示、自我激励等方法调节自己的情绪,可以在心里对自己说"我能行""我对未来充满信心""再试试"。

(3) 树立自信心,马上行动。正确认识自己,善于根据自己各方面的条件、特长,发挥自己的优势,增强自己的自信心;积极参加集体活动,在活动中发现、发展自己的能力,树立自信心,在积极的心理状态下不断克服自己的自卑心理。

2. 嫉妒

嫉妒是指憎恨他人,仇视他人的成就,并带有自怨自艾的情绪体验。嫉妒心强的人一般都以自我为中心,占有欲强烈,且自我感觉良好。这类人自私、虚荣、爱面子、敏感,而且心胸狭隘。嫉妒导致了人际交往中的互不信任,交往对象也会因为厌恶这种行为而使两人的关系渐渐疏远。

嫉妒的产生常常与可比性有关。当身边的同学在学习成绩、活动能力、生活条件、外貌等方面优于自己时,就可能使个体产生嫉妒心理。调查表明,大约有58.25%的大学生承认自己在与别人交往的过程中产生过嫉妒心理。

从心理学角度来看,嫉妒是对超过自己的人感到恐惧和愤怒的混合心理,是自私自利、唯我独尊的一种异常心理表现。嫉妒者其实比其他人更痛苦,别人的幸福和自己的不幸都会使他们痛苦万分。他们因为某种缺陷而不敢与强者竞争,或者因为怕吃苦而不想与别人竞争,但是又容不下别人的优点与长处,害怕别人超过自己,心理上失去平衡,于是自觉或不自觉地贬损别人以求得心理上的平衡。嫉妒者时时刻刻都在寻找对他人实施"报复"行为的机会,经常处于精神紧张的状态。嫉妒心理同自卑心理一样,是建立良好人际关系的大敌。

培根说:"每一个埋头沉入自己事业的人是没有工夫去嫉妒别人的,能拥有它的只能是闲人。"大学生可以采用以下几种方法调适自己的嫉妒心理。

(1) 加强思想意识修养,树立正确的人生观。嫉妒心理受人的理想、信念等个性倾向性的制约,只有逐步树立起高尚的道德情操和献身于社会的崇高理想,才能克服自私自利、唯我独尊的个性缺陷。

(2) 解放狭隘的"自我"。嫉妒的根源在于自私,如果我们克服私心杂念,严以律己,宽以待人,把别人的进步看作是自己的一样高兴,那么嫉妒心理就无法滋生。

(3) 积极克服自己性格上的弱点。一般而言,虚荣心强、心胸狭窄、敏感多疑的人容易产生嫉妒心理。加强自己的性格塑造,逐渐形成心胸开阔、坚强、自信的性格特征,对消除嫉妒心理至关重要。

(4) 正确评价自己,增强竞争意识。我们要勇于承认自己在某些方面与别人的差距,积极参与竞争,努力实现自己的潜在价值。

3. 害羞

害羞是指面对新环境中的交往活动，羞于同别人交往的一种心理反应，主要表现为腼腆、胆怯、拘谨、动作不自然、说话的声音小。害羞是造成大学生人际交往出现障碍的主要原因之一。有些大学生在许多交往活动中会习惯性地出现紧张反应，如脸红、结巴、心慌、心跳加快，甚至颤抖、出汗，特别是在面对权威人士、老师、暗恋的人等重要人物时更是如此。这类大学生总觉得自己做错了什么，给人缺乏自信的感觉。

害羞束缚了一个人的言行，使大学生无法充分表达自己的愿望和情感，在人际交往中失去主动性，也使得他们不能充分利用交往机会发展自己和满足自己的需要。害羞具有情境性，脱离了交往情境，害羞反应会自动消失。

害羞是人际交往中普遍存在的心理现象，尤其发生在与异性的交往中，害羞心理的产生主要是由于个体对安全感的过分追求。相关调查显示，承认自己因为害羞而不敢与别人交往的大学生占 49.7%。而另一项调查显示，在大学生的人际交往中，首要的阻碍因素就是害羞心理，且在大多数情况下，男女害羞心理差异不显著。根据害羞心理产生的原因，可将害羞分为以下三类。

一是气质性害羞。有些人性格内向，遇到人或事时思前想后，举棋不定。

二是认知性害羞。有些人非常注重自己的表现，患得患失，所以易受他人支配，羞于与他人交往，缺乏交往的主动性。

三是创伤性害羞。有些人由于在生活上、学习上、工作上遭受过挫折而变得小心谨慎，消极被动地接受周围的一切。

大学生的害羞心理往往是在家庭、学校等环境下，在接触朋友、同学等人时逐步形成的。他们真正缺少的是自信，他们不相信自己能给别人留下好印象，担心自己说错话，索性不说话。大学生可以采用以下几种方法调适自己的害羞心理。

(1) 树立自信心。大学生要相信自己有能力以恰当的方式处理任何事，并能给别人留下良好的印象，相信自己能在交友方面比现在做得更好。

(2) 多参加交往活动。害羞的人如果从事教育、行政等需要经常与别人打交道的职业，其害羞心理会逐步消失。有害羞心理的大学生可以多与他人交谈，多参加自己感兴趣的集体活动，让自己的害羞心理在不知不觉中消失。

(3) 加强自律性训练。积极的自我暗示，如在心里对自己说“没什么可怕的”“勇敢一点，没什么大不了的”，可以使自己沉住气，大大方方、不卑不亢地走向交往场合。大学生在平时的生活与学习中可以加强这一方面的训练。

(4) 注意观察与模仿。大学生要注意观察与模仿一些善于交际、活泼、开朗的人的言行举止，从而掌握更多的人际交往的技巧，帮助自己克服害羞心理。

4. 猜疑

猜疑是指没有事实依据，仅凭主观想象进行判断推测，只相信自己，总是怀疑他人的一种不良心理。疑心过重的人，常常会无端地怀疑别人在威胁自己的名誉、声望、形象，把别人的一举一动都与自己联系起来。当他们遇到不顺心的事时，首先不是从自身找原因，而是怀疑别人在背后做了手脚。猜疑心理产生的主要原因是受到不恰当的他人暗示或自我暗示。猜疑者给人的感觉是心胸狭窄，过分注意自己的得失，希望别人相信自己，又怀疑别人看不起自己、不相信自己。猜疑者自身也常常体验到巨大的心理压力，在这种心理状态下，他们很难与别人进行正常的人际交往,既影响个人潜能的发挥,又影响人际关系的建立和发展。

当一个人疑心重,并形成稳定的心理状态时,就会令人厌恶,导致人际关系紧张,甚至会使同学间亲密的关系产生裂痕。大学生要想消除猜疑心理,就要努力做到以下几点。

(1) 培养良好的性格。猜疑者的一般表现是与别人相处时不坦率,唯恐真实动机被别人察觉。这种人要想消除猜疑心理,就要培养良好的性格,养成根据客观事实来进行推理、判断的思维习惯,克服武断地下结论、轻易怀疑别人的习惯。

(2) 提高抱负水平。猜疑往往和一个人抱负水平低、过分拘泥于琐事有关。提高自己的抱负水平,在追求远大目标的过程中开阔自己的胸襟,就不会拘泥于人际交往中的琐事了。

5. 孤独

孤独是因为缺乏人际交往而产生的寂寞感与失落感,是宁可独处也不与别人交往所产生的一种心理。孤独是一种主观上的心理感受,不一定与外在的行为表现相一致。相关调查表明,由于在学习、生活中遇到的困难以及所关心的问题没有及时得到解决,65.85%的大学生有某种程度的孤独感,4.19%的大学生有较深的孤独感。孤独是大学新生中普遍存在的心理问题。满怀愁绪,无处倾诉时,会感到寂寞;生活困难,求助无门时,会感到寂寞;失业、失恋后缺少关怀时,也会感到寂寞。在这些情况下,出现寂寞心态是难免的,也可以说是正常的。若在多人参与的生活环境中,或在非常热闹的场合里,仍然感到寂寞,那就是孤独了。孤独与独处不同,孤独是一种心理上的寂寞感与失落感,孤独的人是不快乐的;独处只是在身体上离开别人,而在心理上却未必不快乐,甚至有人甘愿独处,享受宁静中的快乐。高傲、孤僻的大学生容易产生孤独感,他们看不上别人,感觉别人很庸俗,所以不愿与别人交往,不想依靠别人,也不想别人求助于他们。孤独会使他们丧失活力,丧失健全的人格。孤独过甚者,有的试图到神那里去寻求精神寄托,有的酗酒,甚至轻生。

孤独产生的原因大致包括以下几种:缺乏社交技巧,不能在与别人接触时适当地表现自己;以自我为中心,忽略别人的需求;缺乏同情心与同理心,无法获得别人的感情回应;与别人交往时过分患得患失,因害怕失败而逃避社交活动;与别人交往时不能坦诚相见,因此无法获得别人的欣赏与尊重。孤独的人一般缺乏人际交往,大学生要战胜人际交往中的孤独心理,可以从以下几个方面努力。

(1) 融入集体中。心中包容整个世界,把个人永远融入集体中,这样才能正确处理好个人与社会的关系,发挥个人的聪明才智,这也是战胜孤独心理的根本。

(2) 多参与社交活动。多掌握社交技巧,并借这个机会让别人认识、了解自己。

(3) 矫正不良性格。高傲、孤僻等性格往往会使别人与你疏远,应该加以矫正。

(4) 培养慎独的功夫。失意与独处是不可避免的,大学生应注意培养慎独的功夫,使自己在独处时不会感到孤独、寂寞。

6. 社交焦虑

社会焦虑是指在与他人交往的过程中表现出不自然、非常害羞的心理,主要的行为表现是脸红、动作不自然、出汗等。大学生可以采用以下几种方法克服社交焦虑心理。

(1) 学会放松,缓解焦虑。参加体育活动、洗热水澡等方法有助于放松身心,缓解焦虑。

(2) 提高自我意象。大学生要积极地看待自己,想一想自己有哪些长处可以发挥,再制定一些能反映这些长处的目标。另外,进行自我评价时,停止对自己的消极评价,强调积极的一面。这样，良好的自我意象就会逐渐建立起来。

(3) 增加社交吸引力。首先，要注意自己的外在形象，如留一个好看的发型、穿合适的衣服。其次，要勇于参加各种社交活动。开始的时候可以去自己比较熟悉的地方，然后试着去其他的自己比较感兴趣的地方，逐步扩大活动范围。再次，要敢于和不同类型的人交往，扩大自己的社交接触面。最后，必须要有耐心，还要付出努力。没有人天生就具有社交吸引力，只要你努力，持之以恒，就一定会取得成功。

7. 社交恐惧

社交恐惧是指个体在交往活动中经常出现惊慌失措、局促不安、无所适从等现象。这是比害羞更严重的一种交往障碍。这类人害怕与别人交往，总觉得别人不会喜欢自己，讨厌自己，但交往的愿望强烈。

社交恐惧使大学生对交往极其敏感，总是担心会在别人面前出丑。在参加任何活动之前，都会感到极度焦虑，甚至会想象自己如何在别人面前出丑。参加活动时，会感到更加不自然，甚至说不出一句话。活动结束以后，会一遍一遍地回忆自己是如何处理每一个细节的，并思考自己应该怎么做才正确。

缺乏自信心或过于自卑是导致社交恐惧的主要因素。与别人交往时会产生恐惧心理的大学生表现出强烈的自我贬低倾向，即使行为上没有什么差错，也会觉得自己表现得不好，害怕给别人留下不好的印象，从而加重了交往过程中的恐惧情绪。这类大学生具有完美主义倾向，一旦有表现得不好的地方，就会寝食难安，觉得没脸见人。同时，这类大学生大多性格内向，缺乏社交训练，对不熟悉的事物自然会产生恐惧心理。

第四节　大学生健康人际交往的培养

一、注重人际沟通

人际沟通是指人与人相互交流思想、感情、意见等信息的过程。人们通过沟通来表达感情，获得对方的理解。人际沟通不仅是维护和发展人与人之间的关系的纽带，而且是个体心理正常发展的基础和必要条件。大学生人际交往中的许多问题都是因为缺乏充分、有效的沟通而引起的。生活中的很多矛盾刚出现时其实是很轻微的，但双方却因为要面子而在彼此间展开“冷战”，不必要的误会导致了矛盾的升级，甚至是关系的破裂。大学生在遇到矛盾时，一定要利用各种条件促进相互间的意见、情感沟通。只有将误会消除，才能使人际交往向着健康、和谐的方向发展。

二、把握交往尺度

大学生在人际交往中还要注意把握交往的尺度，包括交往的广度、深度、频率等。交往的广度要适当，既不能太广，也不能太窄。交往太广，既影响交往质量，又会浪费太多精力，影响学习；交往太窄，则可能错过许多可交的朋友，使自己陷于狭小的人际圈子不能自拔。

交往的深度也要适当。有的人可以深交,有的人则不需要深交,决定交往深度时,主要是看交往双方是否有共同的理想、追求、兴趣等。交往的频率也要适当。即使是好朋友,也不能天天在一起,这样既影响彼此的正常生活,也会减弱彼此的新鲜感,这样容易发生矛盾,从而妨碍友谊的进一步发展。当然也不能长时间不来往,这样会使原本亲密的关系慢慢变淡。

三、学会解决冲突

尽管每个人都期望朋友之间能够和睦相处,但是往往事与愿违,朋友之间会发生一些冲突。学会解决冲突是大学生成长的必要环节。然而,马加爵事件、复旦投毒案等恶性事件一次又一次向我们敲响警钟。这些恶性事件表明,很多大学生并没有学会如何妥善地解决冲突。对于冲突的解决,一定要意识到,冲突是不能通过暴力解决的。在文明社会,解决冲突的最好办法是协商。通过协商的办法解决冲突,首先双方要保持冷静,并对冲突进行全面、客观的分析,找出发生冲突的原因,然后共同讨论解决问题的办法有哪些,并选出对双方都有利的办法。在寻求解决办法的过程中,互惠是有效解决冲突的首要原则,即找到能将对双方的伤害降到最低,对双方的利益有最大保障的方法。除此之外,还要顾及双方的主观感受。尊重、宽容、理解是有效解决冲突的重要原则,幽默可能也是化干戈为玉帛的捷径。特别是在暂时无法找到双赢的解决方法时,一笑却能泯恩仇。另外,研究也表明,要避免让沟通者过分关注沟通的结果,否则,沟通过程中的喜怒哀乐就很难对最终的沟通结果产生作用。总之,协商是解决冲突的一个好方法,在协商的过程中,不仅要冷静地沟通,还要顾及双方的感受,从而将问题解决。

四、培养良好的品质

在人际交往中,良好的品质包括真诚、互助、热情、自信、谦虚、谨慎、不卑不亢、理解、宽容等。从大学生的实际情况来看,做到以下几点特别重要。

1. 学会宽容

宽容是不计较而不是软弱,是理解而不是迁就。宽容体现的是情操、修养,学会宽容,可以赢得好心情、好人缘,以及健康的身心与生活。学会宽容应从身边的小事做起。朋友相处难免会发生矛盾,再要好的朋友也不可能在各个方面完全一致。如果我们不能以宽容的心去对待矛盾和性格差异,就会阻碍朋友关系的发展。倾听别人的解释是宽容的开始,心理换位是宽容的根本,理解是宽容的核心。

2. 诚信对人

朋友之间相处要诚实、坦率、守信,只有这样,朋友之间才能顺利地进行心灵上的沟通,才能分享彼此的真实感情,友谊也只有在这种气氛中才能健康发展。否则,朋友关系只能在短期内维持,不可能发展。因此,诚信对人的交友态度,在巩固和发展朋友关系的过程中起着非常重要的作用。

3. 学会幽默

幽默使世界充满微笑,是男人的风度、女人的魅力,是知识和能力的展现。幽默风趣的话常使人感到喜悦、满足，令人难忘。大学生要想学会幽默，需要注意培养自己敏锐的观察力、丰富的想象力、灵活的应变能力和获得广博知识的能力。在与人交谈时，若对方保持沉默，巧用幽默可以打破僵局，缓和交谈气氛；在出现矛盾时，幽默能起到润滑剂的作用，使人们的相处变得更顺利、更自然。

4. 心理换位

心理换位是指在与人交往的过程中，把自己置于对方的位置上去思考问题，设身处地为对方着想。在人际交往中，心理换位不仅是一种思考方式，也是一种心理品质。大学生之间的矛盾，往往是由于彼此没有注意到对方对自己行为的感受和反应而引起的。虽然这种现象的发生一般都是无意的，但对朋友关系有较大影响，应该引起注意。

人际交往关系到我们一生的成败、甘苦，我们不能不重视。处理人与人之间的关系是一门学问，是一种艺术，有许多具体的原则、警言可供我们参考、借鉴。但是，掌握这种艺术的关键是我们对人性的了解和掌握，是我们对自身的了解和把握。了解他人需要什么，并满足这些需要，就能赢得他人的尊重。了解自己的长处和不足，并不断地完善自己，我们就能减少防卫，更坦然地走向他人，更自信地与他人交往。

拓展专题

专题 4-1　　他/她说

与室友的交往。睡在我上铺的姐妹、分给我烟抽的兄弟，大家来自天南地北、五湖四海，相聚在同一屋檐下实在是难得的缘分，四年的朝夕相处，肯定会有发生小摩擦和小分歧的时候，这来之不易的缘分该如何维系？

专题 4-2　　话你知

与父母的交往。我们对外人往往会努力地克制自己的情绪，越陌生越客气、礼貌。当面对家人时，我们反而会毫不遮拦地表达自己的情绪，越亲密越无所顾忌、肆无忌惮，以至于在不经意间伤害了最亲近的人。我们应该如何避免这种情况？

专题 4-3　　我们

与恋人的交往。美好的大学生活，最令人难忘的或许是青涩的爱情。在大学阶段，懵懵懂懂的我们遇见了相互欣赏的人，于是相识、相知、相恋。但整个过程并不都是甜蜜、美好的，正所谓“相爱容易相处难”，歌中也唱“为什么明明相爱，到最后还是要分开？”年轻的我们应该怎样面对？

思考与讨论

1. 影响大学生人际交往的因素有哪些？
2. 大学生人际交往中常见的问题有哪些？如何进行心理调适？
3. 如何有效地化解人际冲突？
4. 在人际交往中，如何做到我好你也好？

第五章　大学生爱情与性心理

本章学习目标

- 了解爱情的本质、结构与发展阶段
- 树立正确的恋爱观
- 发展健康的恋爱行为
- 掌握处理失恋等大学生常见恋爱问题的策略
- 了解大学生常见性心理障碍的表现、起因与解决策略

随着青春期性机能的成熟与性意识的形成，大学生的心理也产生了微妙的变化，他们开始关注两性之间的关系，恋爱已成为他们“永恒的话题”，恋爱与性所带来的各种问题也影响到大学生的学习、生活、价值观等各个方面。爱情究竟是什么？大学生该如何面对和处理爱情带来的困扰呢？

第一节　大学生爱情概述

一、爱情的含义与本质

人们对复杂多样的事物喜欢用隐喻或象征意义来表达，而爱情可能是隐喻最多的事物之一。不同的人对爱情有着不同的看法，自古以来对爱情的看法存在两种对立的观点，一种是唯精神论，另一种是唯性欲论。

唯精神论认为，爱情是男女双方在精神上的相互依恋，将情感完全融入对所爱的人的关怀中，爱情与性欲毫不相干。持这种观点的代表人物是柏拉图，他认为爱情分为低级的肉体之爱和高级的精神之爱，肉体之爱是低俗的，精神之爱是高尚的，是真正的爱情。

唯性欲论认为，性欲是爱情产生的根源，爱情的目的是满足性欲。哲学家罗素提出，人类的性欲就好像饮食，是本能的需要，对性欲的满足就是对人的尊重。

马克思主义爱情观认为，爱情是人的自然属性和社会属性的统一。

可见，爱情本身并没有一个标准的定义。从以上论述可看出恋爱具有以下几个特征。

第一,恋爱的基本动力来源于人的性欲因素,但并不能完全归结为性欲。爱情是经过社会文明净化的美好情感。

第二,恋爱的本质是满足男女双方的心理需要。男女双方恋爱并不是因为某种不可捉摸的神秘力量让他们相互吸引,而是因为对对方的优美体貌、高雅气质、出众智慧、健全体格、良好情趣、高尚品格等优势特征的心理需要,能通过双方恋爱并最终结婚而得到满足。[①]

第三,客观环境是恋爱的外部条件。恋爱的目的是获取一位能满足自己的生理和心理需要的对象,所以客观环境能否提供一个合适的恋爱对象,是一个不可或缺的因素。

据此,我们可以将恋爱定义为:一对男女在生理因素、心理因素和客观环境因素的交织作用下,相互倾慕和培养爱情的过程。(见图 5-1)

图 5-1　爱情

二、爱情的结构

爱情是一个具有复杂心理结构的统一体,是由相互联系的各种要素组成的特殊感情系统。其最基本的结构可分为性爱和情爱两部分。

性爱是爱情的自然属性,即自然性,是男女之间的自然吸引。性爱是爱情的自然前提和生物学基础。情爱则是爱情的社会属性,即社会性,体现了爱情的本质特征。爱情的社会性越突出,爱情关系就越稳固。

性爱是爱情的天然基础。人一旦进入青春期,随着生理上的逐步成熟,自然就会产生一种对异性的渴望,无视爱情的这一生理因素就是无视自然规律。性爱是每一个健康的人的自然本能,人类正是依靠这种自然本能繁衍后代的。

爱情以性爱为前提,但它不仅仅是性欲的表现和满足。人类的爱情与动物的本能有着本质的不同,人类的爱情不仅源于两性之间的自然吸引,它还是一种社会性情感活动的要求,而这种社会性情感活动就是情爱。人类的爱情包括两个方面的要求:一是自然本能的欲望满足;二是社会属性的情感满足。(见图 5-2)

爱情的具体表现是多方面的,人们从不同的角度对爱情的内容进行了阐述。

心理学家科恩认为,爱情是男女之间的全面接近、心理上的亲密、精神上的融合。

保加利亚伦理学家瓦西列夫在《情爱论》一书中将爱情概括为八个方面:①爱情是同一定社会结构中人的善恶观、道德观联系在一起的;②爱情是对男女关系的一种审美;③爱情是一种社会现象,因为它归根结底是会产生社会结果的;④爱情的思想内容和社会-心理内容取决于社会发展的水平;⑤爱情的社会成分也体现在择偶标准中;⑥爱情的社会方面是利用性欲的一种特殊形式;⑦人类社会对两性关系进行社会调节的重要形式是禁止同某些人发生关系;⑧调节两性关系的手段是动物所不具备的羞耻感。

① 余逸群.大学生恋爱心理与恋爱道德要求.北京青年政治学院学报,2003(2).

图 5-2 LOVE

斯腾伯格提出了爱情三角理论,勾勒出了爱情的心理结构。该理论认为爱情包括三个因素,它们属于不同的维度。

(1) 亲密。亲密是一种亲近的、心与心交流的感情经验,属于情感维度。该维度除了爱与欲之外,可能还夹杂着酸甜苦辣的爱情滋味。

(2) 激情。激情是一种混合了浪漫、外表吸引力和性驱力的动力,属于动机维度。该维度是爱情行为背后的动机,对人类而言虽然不一定全是由于生理上的需求,但绝不能否认性驱力及相应的诱因。

(3) 承诺。承诺包括短期和长期两个部分,短期的部分是指个体决定去爱一个人,长期的部分是指个体承诺维系两人之间的亲密关系。承诺属于认知维度。爱情中的认知维度对情感维度和动机维度而言,是一种控制因素。

这三个因素具有不同的特性:承诺的稳定性高,激情的稳定性低,但激情的短期效果较好,承诺和亲密则具有长期的效果。

斯腾伯格认为,爱情是由亲密、激情和承诺组成的三角形,如图 5-3 所示。

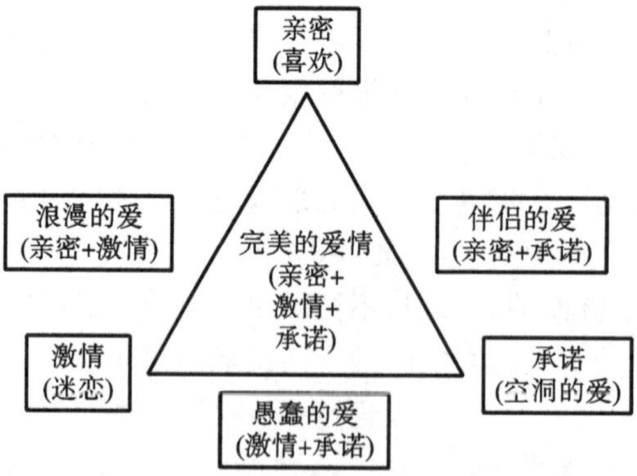

图 5-3 爱情三角形

从图 5-3 可以看出,三角形的三个顶点和三条边,以及三角形内共有七种爱情。根据三个因素的平衡程度,爱情三角形可以是正三角形(三个因素完全平衡),也可以是非正三角形(以某个因素为重点)。爱情三角形还可以按强度分为高强度爱情三角形和低强度爱情三角形。

第二节 大学生爱情心理

一、爱情的发展阶段

爱情的发展阶段可以从年龄、内容和形式三个维度进行分析。

1. 从幼年到成年

人在 3～4 岁的时候就已经有了性别意识，进入青春期以后，性心理迅速发展，爱情的发展一般要经历以下四个阶段。

(1) 异性疏远期(一般在 12～14 岁)。处于青春期初期的少男、少女对性别很敏感，性别角色越来越明显。在日常生活和学习中，男生和女生很少说话，如同路人。如果男生和女生在一起，其他人看到了就会起哄。

(2) 异性向往期(一般在 14～16 岁)。随着性生理的发育和性意识的发展，男生和女生开始注意异性对自己的态度，常以友好的态度对待异性，希望异性对自己有好感。在这个时期，男生和女生都愿意同异性接触，并且对异性的关注特别敏感。

(3) 异性接近期(一般在 16～18 岁)。随着性生理的进一步成熟，男生和女生开始采取各种方式接近异性，和异性相处时感到非常愉快。有些人在表现自己的同时，会以含蓄的方式表达自己的心意，还有些人会写情书求爱。

(4) 恋爱期或爱情产生期(18 岁以后)。男生和女生性生理发育已基本完成，心理成熟达到较高水平，性心理的发展也达到了高峰期，加上社会角色已获得认同，男生和女生交往的频率增加，很多人开始进入恋爱状态。

2. 从友谊到爱情

第四章介绍了人际交往发展的五个阶段，即互不相识、开始注意、表面接触、建立友谊、亲密关系。爱情是一种特殊的亲密关系。虽然爱情并不都是以友谊为基础发展起来的，但是从友谊发展到爱情，仍然是许多爱情发展的轨迹，因此，友谊是爱情发展的一个重要基础。

3. 从理想到现实

1) 理想对象的构建

当个体从对异性的反感和疏远阶段进入对异性的接近和爱慕阶段以后，爱慕的异性是一个没有分化的整体，没有明确的指向。这时个体理想的异性往往是从各种媒体获取到的信息、以往的生活经验、父母的形象等综合起来的一个异性，这样的异性往往带有完美和虚幻的色彩，在现实生活中大多是不存在的。

2) 现实对象的确定

在完成理想对象的构建以后，个体开始在现实生活中寻找他们的对象，这时他们所依据的标准就是在前个一阶段中所构建的理想对象。但这样的异性在现实生活中往往是不存在的，因此，这时个体不得不重新确定标准。如果之前他们制定的标准比较贴近实际，他们不用对标准进行修改，就可以在现实生活中找到自己理想的对象。如果之前他们制定的标准比较高,他们就需要降低标准,根据自己的实际情况去寻找合适的对象。

个体在与异性的交往中,一旦交往对象专一化,就标志着进入了一个新的阶段,这个阶段就是初恋阶段。初恋的情感表达一般都比较含蓄、委婉,个体大多通过中介性的活动,如跳舞、看电影、旅游、散步等,来表达自己的情感。初恋一般是秘密进行的,初恋者不愿在初恋阶段公开自己的恋情,因为他们怕别人说闲话。

3）热恋阶段

个体在确定恋爱对象以后,如果彼此满意,关系就会越来越亲密,双方就会产生一种难舍难分的眷恋之情,此时,恋爱便进入了一个全新的阶段——热恋阶段,热恋是恋爱的深入化和全面化。

在热恋阶段,双方的心思和情感毫无保留。此外,热恋往往还伴随着甜言蜜语和山盟海誓,双方进入无话不说的境界。

热恋者通常会美化对方,正所谓“情人眼里出西施”。与恋人在一起时,他们还会美化外部世界,认为周围的一切都是对自己的爱情的肯定和颂扬,都体现出爱的情意。

热恋者的时空观也会发生变化。从时间感来说,他们总觉得在一起的时间太短,而分离的时间太长,正所谓“一日不见,如隔三秋”。从空间感来说,他们总觉得双方的距离太远。

热恋者常常处于激动、兴奋的状态,受情感支配的程度比平时大得多,而理智处于比较脆弱的地位。有些人对于生活、学习和工作不像以前那样重视了,在恋人身上花的时间和精力很多,婚前性关系也容易出现。这些都是热恋中的情感失控现象。

4）心理调适阶段

恋爱双方在经历了一段时间的热恋以后开始进入心理调适阶段。随着时间的推移,恋爱双方开始用客观的眼光来看待对方。在热恋阶段,他们会极力表现自己的优点和长处,掩饰自己的缺点,到了这个阶段,他们的一些缺点开始慢慢地暴露出来。这时他们容易发生争论,甚至冲突,因此,他们不得不经历一个相互适应、彼此磨合的过程。

5）感情的平静阶段

经过心理调适以后,恋爱双方对对方有了比较完整、深入的了解,既欣赏对方的优点和长处,又能包容对方的缺点和不足,在心灵上达到了融为一体的境界,这时就进入了感情的平静阶段。

二、大学生爱情的特点

1. 注重恋爱过程,轻视恋爱结果

大学生谈恋爱一般只谈爱慕之情,交流对学习、对他人的看法,很少或根本不讨论结婚、生儿育女等指向未来的具体问题,这是由大学生的经济地位决定的。大学生的工作岗位尚未确定,经济上还没有独立,要依靠父母的资助才能维持学业和生计。恋爱是选择配偶的过程,恋爱、婚姻、家庭是一个整体。已经走上工作岗位的人在谈恋爱时,可能会讨论结婚日期、婚礼的筹办等具体事项,双方的矛盾往往是在这些实质性的问题上暴露出来的。而大学生谈恋爱一般不会接触这些实质性的问题,带有浪漫色彩。因此,他们的恋爱基础不够坚实,一旦遇到问题,就很容易产生分手的念头。当然,还有一些大学生把恋爱当作一种感情体验,借此寻求刺激,满足精神享受。这种行为只强调爱的权利,而否认爱的责任。

2. 主观上学业第一,客观上爱情至上

对于学业与爱情的关系,大多数大学生认为学业高于爱情,只有少数大学生认为爱情高于学业,这说明大多数大学生能够正确地看待学业与爱情的关系,总想把学业放在首要位置。但是这只是大学生在主观上的愿望。事实上,真正在客观上正确处理学业与爱情的关系的大学生很少,绝大多数大学生一旦坠入情网就不能自拔,学业受到了严重影响。

3. 恋爱观念开放,道德观念弱化

随着时代的发展,很多大学生的恋爱观念日益开放,道德观念逐渐弱化。对于婚前性行为,有不少大学生表示不反对,甚至有些大学生表示赞成。

虽然我国的传统文化及伦理道德对大学生的影响较深,但随着对外开放的广度和深度不断增加,大学生的恋爱观念出现了多元化的趋向,部分大学生价值观念中的消极因素影响了他们对人生的态度。有些大学生会产生“生活枯燥、单调、乏味”的感觉,在这种压抑的精神状态下,很容易产生寻找异性朋友来弥补精神空虚的想法。

4. 恋爱盲目从众,自我意识淡薄

大学校园里生活着一个特殊的群体,其主体是年龄、经历等大致相似的大学生。社会心理学研究表明,人在群体中生活容易出现从众心理。从众是指个体的认知和行为在不知不觉中迫于所处群体的无形压力,与多数人的认知和行为保持一致。同一个宿舍中的几位同学,一旦有人谈恋爱了,其他人就会陆续谈恋爱。有的同学本来没有谈恋爱的想法,但是看到周围的同学在谈恋爱,就会产生谈恋爱的想法。[①]

三、大学生爱情的类型

根据在选择恋人时所考虑的因素的不同,大学生的爱情可以分为以下四种类型。

(1) 外貌型爱情。这种类型的爱情,个体看中的往往是对方的外貌。他们希望和自己的恋人出现在众人面前时,能赢得别人的赞美。这样的爱情往往没有好的结局。

(2) 物质型爱情。这种类型的爱情,个体看中的往往是对方的物质条件。他们希望通过爱情来让自己有好的物质基础。这样的爱情,由于缺乏心理上的相互支持,时间一长,难免会发生变化。

(3) 精神型爱情。这种类型的爱情,个体看中的是对方的人品、性格与事业心,他们不会考虑对方的地域情况、经济条件等实际情况。这样的爱情,如果单纯从爱情的角度来看是很不错的,可是爱情与婚姻不可能脱离现实而独立存在,所以这样的爱情有时候可能会起“副作用”,延误青年的美好时光。

(4) 综合型爱情。这种类型的爱情,个体不仅会考虑精神方面的问题,也会考虑经济条件、地域情况、外貌等因素,他们在选择恋人的时候会进行综合性的评估。这样的爱情既可以避免过于理想化而找不到恋人,也可以避免过于现实而使恋情没有好的结局。

根据社交范围的不同,大学生的爱情可以分为以下三种类型。

---

① 余逸群.大学生恋爱心理与恋爱道德要求.北京青年政治学院学报,2003(2).

(1) 同乡爱情。老乡见老乡,两眼泪汪汪。一些远离家乡、远离亲人的大学生难免会有寂寞、孤独的感觉。当他们感到无助的时候,老乡向他们伸出了温暖的手,同乡会、校友会给同乡学生提供了更多的表现自己、了解别人的机会,亲切的关怀、熟悉的乡音、关心的话语、相同的习俗,容易引起他们感情上的共鸣,进而发展为爱情。

(2) 社团爱情。大学生活比高中生活丰富得多。大学里有各种各样的社团,大家都积极、热情地投入到各项社团活动中去。各种各样的社团活动,一方面为大学生的交往提供了条件,另一方面使他们的个性、才华得到了淋漓尽致的体现。物以类聚,人以群分,兴趣相投的男生和女生在逐步深入的交往中很可能会产生感情,成为恋人。

(3) 学生干部爱情。担任学校、学院、系、班级学生干部的大学生,往往见识较广,兴趣较广泛,性格活泼、开朗,容易引起异性学生的关注,成为异性学生追求的目标。学生干部爱情,一种是在学生干部与学生干部之间,一种是在学生干部与普通同学之间,因为有工作关系这层面纱的维护,所以学生干部爱情显得比较隐蔽和含蓄。

四、大学生健康爱情心理的培养

1. 树立正确的恋爱观

现在大学生谈恋爱已经是很普遍的现象。虽然爱情可以让人陶醉,让人更好地学习、生活,但是不成熟的爱情也会给恋爱双方带来一些负面影响,因此,树立正确的恋爱观已成为刻不容缓的事情。

1) 提倡志同道合的爱情

在恋人的选择上,最重要的条件应该是志同道合,思想品德、事业理想和生活情趣等大体上一致。爱情应该是理想、道德、义务、事业和性爱的有机结合。①

2) 正确看待爱情与学业的关系

大学生应该把学业放在首位,正确看待爱情与学业的关系,不能把宝贵的时间都用于谈情说爱而放松学习。当把爱情视为生命的唯一时,爱情就像温室里的花朵,美丽却经不起任何打击。当爱情成为唯一的存在价值时,个体就会失去人格魅力,也很容易失去被爱的理由。②

3) 懂得爱情是责任和奉献

理解对方可以为自己和对方营造一种轻松、快乐的氛围,没有人追逐爱情只是为了被约束。相互信任是自信的表现,我们要相信自己是值得别人去爱的人。责任和奉献意味着个人道德的修养,它是获得崇高的爱情的基础。③

4) 要真诚、坦白、互相尊重

大学生谈恋爱时要诚实、礼貌、谨慎,要坦白地向对方说明自己各方面的情况,使对方全面地了解与认识自己,用隐瞒和欺骗的手段去博取对方的感情是不道德的。一旦建立恋爱关系,就要尊重对方的人格和感情。

---

① 马元兴.对大学生非婚交往的思考.辽宁师专学报(社会科学版),2005(4).

② 马元兴.对大学生非婚交往的思考.辽宁师专学报(社会科学版),2005(4).

③ 周六春.青年学生健康恋爱心理的培养与引导.中国青年研究,2008(4).

2. 发展健康的恋爱行为

1）谈吐文雅，相互理解

男女双方在交谈时要诚恳、直率、自然，不要为了显示自己而装腔作势，不能出言不逊、举止粗鲁，要相互理解，不要无休止地盘问对方，否则只会使对方厌恶自己。[①]

2）举止大方，切忌冲动

一般来说，男女双方在刚开始谈恋爱时常感到羞涩与紧张，随着交往的深入，会逐渐变得自然，这时要注意自己的行为举止，有的人比较冲动，过早地做出亲昵动作，这样会使对方反感，影响感情的正常发展。[②]

3）理智恋爱，自重自爱

在恋爱过程中，女生应该自重自爱，不可以轻易以身相许，否则，可能会给家庭、个人带来不幸，使自己的身心遭受巨大的损害。

成长案例

冲动的后果

一名高职二年级女生A与本班一男生建立了恋爱关系，交往几个月后，在一个周末的晚上，两人未能加以控制而发生了性关系。过后，A并没有在意，在学校组织全体学生体检时被查出怀孕。这时的她内心十分恐慌，面对事实不知所措，既怨恨自己又埋怨男友，整日神情恍惚，总觉得同学都在盯着她，感觉没有脸面见人。最后，过分忧虑导致她头痛、严重失眠，无法学习，情绪低落，焦躁不安，有种精神濒临崩溃和要发疯的感觉，内心极度痛苦。

【分析】大学校园里，婚前性行为时有发生。从青年身心健康方面来考虑，婚前性行为是不提倡的，双方应该严肃对待这个问题，但是这种事情一旦发生，就要正确对待。像A这样一味地埋怨自己和对方是不可取的，应该先和男友一起调整心态，解决问题，共同努力，面向未来，使爱情更加牢固。如果因此而产生的负面情绪已经影响到了学习和生活，且自身无法进行有效的调节，就应该勇敢地走进心理咨询室，在心理咨询师的帮助下，调节自己的情绪，把精力放到正常的学习和生活中。

4）平等相待，规范行为

在恋爱过程中，不要拿自己的优点与对方的不足进行比较，以此炫耀、抬高自己，戏弄、贬低对方，也不能想方设法考验对方，这样可能会挫伤对方的自尊心，影响感情。对于恋爱引起的性冲动，一方面要注意克制和调整，另一方面要注意转移和升华，可以多参加文娱活动，与恋人多谈谈学习和工作，把恋爱行为限制在社会规范之内，使爱情沿着健康的道路发展。[③]

---

① 周六春. 青年学生健康恋爱心理的培养与引导. 中国青年研究，2008(4).

② 周六春. 青年学生健康恋爱心理的培养与引导. 中国青年研究，2008(4).

③ 周六春. 青年学生健康恋爱心理的培养与引导. 中国青年研究，2008(4).

3. 培养爱的能力和责任

1）迎接爱的能力

迎接爱的能力包括施爱的能力和接受爱的能力。一个人心中有爱，在理智地分析之后，敢于表达，善于表达，这是一种迎接爱的能力。一个人面对别人的施爱，能及时、准确地做出判断并决定是接受还是拒绝，这也是一种迎接爱的能力。大学生要想具有迎接爱的能力，就应该懂得爱是什么，知道自己喜欢什么，需要什么，适合什么，还应该对自己、对他人保持敏感和热情，主动关心别人。① 当别人向你表达爱时，你要能及时、准确地对爱的信息做出判断，坦然地做出选择，并能承受拒绝求爱所引起的心理扰乱。

2）拒绝爱的能力

对于自己不愿意接受的爱，要有勇气拒绝。拒绝爱要注意两个方面：一是在并不希望得到的爱情到来时，要果断、勇敢地说“不”，因为爱情来不得半点勉强和将就；二是拒绝的方式要恰当，虽然每个人都有拒绝爱的权利，但是珍惜每一份真挚的感情既是对他人的尊重，也是一种自尊，同时是对一个人道德情操的检验。②

3）发展爱的能力

发展爱的能力，就是要培养无私的人格和奉献精神，培养处理矛盾的能力，只有这样，才能有效地化解恋爱中的各种矛盾，对恋人负责，对社会负责，创造出幸福、美满的爱情。爱情是一个人的精神生活中十分重要的内容，甚至是恋人的精神支柱，因此，任何一方都要对对方负责，避免伤害对方的感情。

成长案例

“强吻门”

某高职院校一名男生在图书馆自习室当着众人的面强吻同班一名女生，该女生极力挣扎却没能挣脱。一些男生发现不对劲，便上前阻止，费了好大劲才将这名男生拉开，没想到该男生不依不饶，一边反抗一边不停地对拉扯他的同学说：“我爱她，你问她！”一旁的女生没有回应，只是低头流泪。周围的同学实在看不下去，就拨打校园 110 报警，最终学校保卫人员将该男生带走。

【分析】这名男生缺乏爱情的健康表达能力，在不合适的场合和时间，用了不适宜的方式表达自己的感情。现在高职高专学生中，不善于表达感情的人较多，在大庭广众之下不正当地示爱、做出亲密动作等疯狂行为是一种极端的表达方式，容易给对方造成极大心理压力、名誉伤害甚至心理创伤，最终发展成为性骚扰。

4. 用理智驾驭感情，提高恋爱挫折承受能力

大学生的爱情受多种因素的影响，因此，大学生在追求爱情的过程中会遇到各种挫折。单相思、失恋等恋爱挫折对大学生的心理承受能力是一种考验。如果心理承受能力较强，就能较好地应对挫折，否则就有可能造成不良后果。因此，提高恋爱挫折承受能力对大学生的

---

① 马元兴. 对大学生非婚交往的思考. 辽宁师专学报(社会科学版)，2005(4).

② 马元兴. 对大学生非婚交往的思考. 辽宁师专学报(社会科学版)，2005(4).

心理健康是非常重要的。

大学生在追求爱情的过程中遇到挫折后，应当用理智驾驭感情，认真分析原因，总结经验教训，寻找解决问题的方法和途径，在新的追求中实现自己的价值，从而提高自己的心理承受能力和认知水平。

大学生失恋后不能置学习、工作于不顾，要做到失恋不失志、不失德。那种不成情人便是仇人的心理，是导致错误行为的根源，一旦造成严重后果，既害人又害己。对失恋的应对方式反映了一个人的心理成熟水平和恋爱观。一个人如果能够理智地从失恋中解脱出来，往往会使自己变得更加成熟。

第三节　大学生常见恋爱问题及对策

一、单恋与爱情错觉

单恋是指一方对另一方的以一厢情愿的倾慕和喜爱为特点的畸形爱情。单恋多是一场情感误会，是青年爱情错觉的产物。爱情错觉是指因为受对方言谈举止的迷惑或自身的各种主观体验的影响而错误地主动陷入爱河，或因为自以为某个异性对自己有意而产生的爱意绵绵的主观感受。爱情错觉会导致一厢情愿式的单恋，单恋俗称单相思。单相思有两种情况：一种是毫无理由的单相思，对方没有任何表示，甚至对方都不认识自己，而自己却爱着对方，追求对方，这种恋爱是纯粹的“单向”；另一种是自认为有理由的单相思，错误地认为对方对自己有意，这种恋爱是假“双向”，真“单向”。

在大学生中，单恋现象比较常见，并且大部分出现在内向、敏感、自卑感强的人身上。很多单恋者首先是自己爱上了对方，于是也希望得到对方的爱，在这种具有弥散性的心理的支配下，他们会把对方的亲切、热情当作爱的表示，从而陷入单恋的深渊，不能自拔。单恋者固然可以体验到快乐，但更多的时候体验到的是痛苦，因为他们无法正常地向对方倾诉衷情，更不能感受到对方爱意的温馨。[①]

爱情错觉是单恋的主要原因，是大学生经常遇到的烦恼之一。因此，要想避免单恋的痛苦，就要积极预防和纠正爱情错觉。

1. 鼓足勇气探明真相

要想避免爱情错觉，就要学会准确地观察和分析对方的表情，学会用联系的观点去分析问题，把某种信息和其他因素结合起来考虑。一旦单恋已经发生，就要鼓起勇气，克服羞怯心理，勇敢地通过感情“撞击”直接了解对方的态度。如果对方有意，单恋就可以转化为双恋，爱的欢乐就可以取代爱的痛苦。如果是“落花有意，流水无情”，则应该勇敢地面对现实，用理智驾驭感情，通过感情的转化和升华来获取心理平衡。

---

① 朴敏. 有谁知道相思苦. 现代健康人，2004(9).

2. 借助他人纠正错觉

“不识庐山真面目,只缘身在此山中。”这句诗深刻地揭示了爱情错觉的心理机制。单恋者可以将自己的错觉“依据”告诉朋友或家人,听听他们对这个问题的看法,这样无疑比自己一个人“雾里看花”来得真切、客观。

二、失恋

心灵鸡汤

在失恋中我们成长

青春的爱,美丽如虹,
然而天空总难免有风雨袭来。
某一天,我突然失去了我的爱人,
是任由风雨凋零我的心绪,
任落寞冲刷我的热情,
还是在风雨中学会面对失去?
终有一天,
我又一次感觉到天高云淡。
在失去中我们成长,成长为更优雅的主角。

失恋是指恋爱的中断、爱的交往的停止和恋人的离散。最大的恋爱挫折莫过于失恋。失恋给人们带来的烦恼和痛苦,没有体验过的人是无法想象的。失恋引起的情绪反应主要是痛苦和烦恼。大多数失恋者能正确对待和处理这种恋爱挫折,愉快地开始新的生活。但是,也有一些失恋者不能及时排解这种强烈的情绪,导致心理失衡。失恋者通常会出现以下几种不良心态。

(1) 感到羞愧,陷入自卑和迷惘,心灰意冷,走向怯懦和封闭,甚至绝望、轻生。[1]

(2) 感到痛苦和烦恼。失恋者被推进了一个痛苦的境地,伴随着恋爱而生的一切美好的希望一下子都成为泡影,所以他们会感到痛苦和烦恼,甚至会产生孤独感和绝望感。如果不能及时排解这些负向情绪,可能会导致抑郁、自杀等严重后果。

(3) 对抛弃自己的人一往情深,自欺欺人,否认失恋的存在,从而陷入单相思的泥潭,也有人会出现一种特殊的感情矛盾——既爱又恨,不能自拔。

(4) 失去理智,产生报复心理,造成严重后果。

失恋所导致的各种不良心态会严重影响大学生的身心健康,甚至会导致一系列社会问题。[2] 因此,大学生失恋后应及时找朋友或亲人倾诉,也可以采用以下方法调整自己的心态。

---

① 范丽娟.高校大学生恋爱现象和恋爱观教育研究.厦门:厦门大学,2006.

② 范丽娟.高校大学生恋爱现象和恋爱观教育研究.厦门:厦门大学,2006.

1. 相信时间可以疗伤

一般来说,人们在失恋后都要经过一个危险期,危险期有长有短,因人而异。在危险期内,有的人把失恋归因于自己的无能,把痛苦发泄在自己身上,有的人因爱生恨,想方设法报复对方。因此,在危险期内,他们特别需要朋友、亲人的陪伴和安慰。随着时间的推移,他们会慢慢走出危险期,痛苦也会慢慢减轻。

2. 树立正确的生活观和爱情观

面对失恋,不同的人会有不同的反应。就像爱情,有的人坚信它是铁树开花,百年难遇,有的人则认为天涯何处无芳草。失恋后最重要的是要排除一些不合理的推论,如"世上没有真正的爱情"。因此,此刻要做的是换一个角度看问题,树立正确的生活观和爱情观,如"人间自有真情在""痛苦也是人生的一种经验"等,树立了这样的观念,人就会豁然开朗。

3. 用宽容的态度对待对方

许多失恋者会对伤害自己的人产生仇恨,这也是他们不能从痛苦中走出来的重要原因,但仇恨并不能挽回失去的爱情,只能使自己的心态更加消极,而宽容则能让人释怀。

4. 用行动转移注意力

泰戈尔曾说,生命因为有了爱才有意义,生命因为失去了爱才变得更为富有。在失恋的日子里,许多坚强的人将痛苦升华为力量,取得了很大的成就。大学生在失恋后可以专心于学业,这样既可以转移注意力,也可以让生活变得更加充实。

三、多角恋

发生多角恋的原因非常复杂。有些学生因为各种原因而有较强的自卑感,他们可能会以多角恋来证明自己的魅力。有一位学生来自农村,当他进入大学后,他感到非常自卑。为了让其他同学看得起自己,他同时与四位女生谈恋爱。

有些学生的恋爱观是只追求过程,不追求结果。这样的学生很容易发生多角恋。

多角恋的发生还与个体的报复心理有关。有一个男生,长得很帅。上大一的时候,他与一个女生相爱了。后来,他患了肝炎,女朋友离他而去,严重挫伤了他的自尊心。病好了以后,为了报复前女友,他开始疯狂地同时与多个女生谈恋爱。约会时,他会表现得特别高兴,约完会后又会陷入痛苦之中。

爱情是神圣的。大学生应该慎重选择恋爱对象,杜绝"恋爱游戏"。如果自己已经有了明确的恋爱对象,就不要再与其他异性发展恋情。如果发现你喜欢的人已经有了明确的恋爱对象,也不要插足。

另外,在多角恋中与他人保持多重恋爱关系的核心人物,必须认识到恋爱是需要承担责任的。

四、网恋

随着网络技术和计算机技术的飞速发展,上网的人数逐渐增加,网络上的交往日益频繁,于是产生了一种特殊的情感形式——网恋。网恋是指恋爱双方通过网络相识、相知,进而产生的美妙的但是不一定有结果的恋情。

网恋的主要特点是以网络为主要的沟通工具,充分利用 E-mail、QQ、BBS 等表达感情,发展恋情。

成长案例

悲情"网恋"

小丽,女,20 岁,是某高职院校二年级学生。几个月前,她在网上认识了一个"情投意合"的网友,便情不自禁地陷入了"网恋"之中。从此,她经常在网上沉迷到深更半夜,与对方"情话绵绵",很快学习成绩直线下降。不久,"网上情人"约她见面,在对方的盛情招待后在酒店发生了性关系。之后,"网上情人"神秘失踪,杳无音信,小丽陷入绝望,以致出现精神问题。

【分析】小丽陷入"网恋",将自己的全部情感都寄托在网络虚幻的爱情里,当她遭遇爱情陷阱后心理打击是非常大的。近年来,随着网络的发展,大学生的"网恋"现象越来越多。同学们应该充分认识到网络交往与现实交往的区别,认识到网络的虚幻性可能带来的相应后果。

网恋通常有两种形式:一种是在网上认识,在网上恋爱,但是在现实生活中完全不接触;另一种是在网上认识后,双方都对对方有意,于是在现实生活中接触并发展恋情。

网恋作为近年来出现的一种新的恋爱方式,受到了许多大学生的欢迎。大学生网恋的共同特点是抛弃"恋爱是为了结婚"的观点,把网恋当作一种网络游戏。他们认为网恋不仅可以把现实社会中的各种规则完全抛开,而且可以模糊性别和身份,把所有的事情都当作游戏。[1] 调查表明,在大学生中确实有一些是通过交流学习心得逐渐情投意合而网恋的,但是大多数大学生是因为看见寝室的同学都在网上谈情说爱,才加入网恋队伍的。[2] 大学生网恋一般很容易上瘾,一旦上瘾,就会沉迷于网恋不能自拔。调查表明,有些大学生中午、晚上不休息,在网上谈恋爱,上课时却无精打采,有些大学生甚至会为了上网谈恋爱而逃课。网恋不仅严重影响学习,而且容易使他们减少与老师、同学的交流,不愿意参加集体活动,甚至造成人格分裂。[3]

恋爱是人生旅程中的一段必经之路,对于大学生来说,与其把希望寄托在虚拟的网络上,不如把注意力集中到现实生活中。网络最多只能作为引发爱情火花的打火机,真正的爱情火焰只能在现实生活中燃烧。从这个意义上来说,网恋只是传统爱情的一种补充和外延。相爱的最终结果是相守,精神恋爱不过是时机未到时的一块冠冕堂皇的招牌,因为人不能总是活在虚拟世界里,人是有血有肉的高级动物,最终还是要回到现实生活中工作、劳动、休闲、娱乐、交流感情,现实生活中的爱情才是最牢固的。

尽管我们不反对网恋,但是我们还是要对沉迷于网恋的大学生说:"尽快从虚拟世界回到现实生活中吧,美好、温馨的爱情是属于你们的。"

---

① 陈相光.网络文化对广州大学生心理影响的研究——关于网络成瘾症的心理分析.广州:华南师范大学,2003.

② 郑宏智.大学生利用网络信息的调查研究.卫生职业教育,2005(13).

③ 郑宏智.大学生利用网络信息的调查研究.卫生职业教育,2005(13).

五、未婚同居

未婚同居是指男女双方以非夫妻名义公开或秘密地共同生活。未婚同居有时候带有一定的试验性质，也被称为试婚。未婚同居关系在我国不受法律保护，对于同居双方都没有配偶的同居行为，现行法律不干涉，一方或双方有配偶的同居行为属于违法行为。

时代在变，许多观念也在变。这些变化的观念，有它进步的一面，也有它落后的一面。性解放运动以来，人们对性的看法发生了很大的变化，它曾推动了社会文明的发展，但也带来了许多社会问题。据统计，美国每年大约有 100 万少女未婚先孕，瑞典有 57％的男中学生和 46％的女中学生有性行为经验。

目前，试婚这种现象在我国已悄然流行，并成为一种时尚。据调查，上海市 5 个区中 20～35 岁的青年中，未领结婚证的同居者占 8％，在上海 100 对文化程度为大专的新婚夫妇中，有 30％曾有过婚前同居行为，某地 3 034 名婚检青年中，46％的男青年和 45％的女青年承认有过婚前性行为。当前，我国大学生婚前性行为发生率呈上升趋势，一些大学生租房同居已成为公开的秘密。

大多数试婚者都希望自己日后的婚姻幸福、美满，但是由于各种原因，他们对婚姻暂时还缺乏信心，所以决定在正式登记结婚前与对方同居生活一段时期，彼此熟悉，彼此磨合，彼此适应，以确定婚姻对自己和对方是否合适。

试婚者走上试婚之路，大致有以下几种原因。

(1) 有些试婚者信奉“婚姻是爱情的坟墓”，他们强调独立，注重爱情，他们既希望拥有家庭，又不想让婚姻成为套在脖子上的枷锁，于是选择试婚。

(2) 有些试婚者从小生活在缺乏爱的家庭，目睹了父母的不幸婚姻，所以对婚姻有一种莫名的恐惧感，但是他们也渴望拥有温馨、幸福的家庭。他们选择试婚是为了看彼此是否合适，是否能长久相处，如果合适，会立即结婚。

(3) 有些试婚者在经历过不幸的婚姻后，对第二段婚姻会更加谨慎，甚至根本就不想再次进入婚姻，因此加入了试婚的行列。

(4) 有些试婚者是打着试婚的幌子玩弄女性的骗子。有这种动机的试婚者多为男性，在他们看来，试婚是一个与女性保持性接触的好借口，既可以满足自己的欲望，又不需要付出任何经济上或心理上的代价。①

试婚有两种结局：要么成功，走向幸福的婚姻；要么失败，很可能会给未来埋下一枚定时炸弹。

试婚对于男性也许无所谓，但是对于女性就截然不同了。首先，试婚会给女性带来很大的心理压力。调查发现，有 27.3％的女性在性交后怕怀孕，有 21.3％的女性在性交后很后悔。在接受人流手术时，不敢告诉家长的女性占 17.3％，害怕手术后会留下后遗症的女性占 62.3％，害怕失恋后找不到对象的女性占 20.7％。其次，试婚期间，不慎怀孕后人工流产，会对女性的身体健康造成严重影响。有些女生为了不让别人知道，做完人流手术后不休息，立刻去上课，严重影响了身体健康，甚至会出现意外事故。医学研究表明，人流有可能会

① 许传新，王平. 试论“试婚”产生的社会机制. 青年研究，2002(3).

对女性造成以下影响：月经量减少、闭经、性冷淡、不孕、再次怀孕时易流产、生殖器官炎症、子宫穿孔、产后大出血、宫颈癌等。

男女双方在感情上的交流通常是渐进的，由最初的互相欣赏发展到牵手、拥抱、亲吻、爱抚乃至最后同居，这通常是有一定的规律的。在恋爱的过程中，大部分女性可以在亲吻、抚摸等两性亲密关系中得到快乐与满足。男性对性的要求却不同。他们虽然也喜欢各种程度的亲密关系，但是随着感情的进一步发展，他们的性冲动会强烈得难以控制。男性只有在完成射精以后才能达到完全的性满足。当他们的性兴奋达到顶点时，要使他们冷静下来是不容易的，即使他们勉强克制住，往往也会闹得很不愉快。因此，女性应该懂得不要给男性太强的性刺激。大学生可以采取以下几种措施来帮助自己或对方克服性冲动。

第一，约会的时间最好不要选择在晚上。

第二，约会时衣着不要过于透明、暴露。

第三，约会的地点最好选择在人较多、较热闹的地方。

第四，当女方发现男方产生了性冲动而自己特别不愿意接受时，可以找借口把他带到人多的地方，或者谈一些别的话题，以转移其注意力，最好不要采取简单、粗暴的方式拒绝对方，以免伤害对方的自尊。

总之，试婚会给日后的婚姻生活带来一些消极影响。因此，对于每一位青年男女来说，为了避免为之付出不能承受的代价，走上试婚之路之前，不妨多一些理智，少一些冲动，多一份责任感，少一份游戏态度。

心灵鸡汤

爱情与婚姻

有一天，柏拉图问老师苏格拉底什么是爱情，苏格拉底就让他先到麦田里，摘一穗全麦田里最大、最金黄的麦穗来，其间只能摘一次，并且只可向前走，不能回头。

柏拉图于是按照老师说的去做了。结果他两手空空地走出了田地。苏格拉底问他为什么摘不到。

他说：因为只能摘一次，又不能走回头路，其间即使见到最大、最金黄的，因为不知前面是否有更好的，所以没有摘；走到最后时，又发觉总不及之前见到的好，原来最大、最金黄的麦穗早已错过了，于是我什么也没摘。

苏格拉底说：这就是“爱情”。

之后又有一天，柏拉图问他的老师苏格拉底什么是婚姻，苏格拉底就叫他先到树林里砍下一棵全树林最大、最茂盛、最适合放在家做圣诞树的树。同样只能砍一次，同样只能向前走，不能回头。

柏拉图于是照着苏格拉底说的话去做。这次，他带了一棵普普通通、不是很茂盛亦不算太差的树回来。苏格拉底问他，怎么带这棵普普通通的树回来，他说，有了上一次经验，当我走到大半路程还两手空空时，看到这棵树也不太差，便砍下来，免得错过了而后悔，最后又什么也带不回来。

苏格拉底说：这就是“婚姻”。

【启示】人生正如穿越麦田和树林，只走一次，不能回头。要找到属于自己最好的麦穗和大树，你必须学会选择和放弃。

第四节　大学生常见性心理障碍与治疗

性心理障碍是以异常行为作为性满足的主要方式的一组心理障碍的总称。大学生性心理障碍主要表现在以下几个方面。

一、恋物癖

恋物癖的产生机制可用操作条件反射加以说明。如果最初的性兴奋出现与某种异性物品发生不适当的联结，并且后来多次强化，就容易形成从直接与异性身体接触的物品中获得性兴奋的习惯。

也有人认为，恋物癖与社会文化环境有关。比如，有的大学生在高中阶段与女生接触得很少，这样就很有可能用异性物品发泄自己的性欲。起初是偶然得到异性物品，性兴奋也是偶然引起的，但是重复几次之后，便成了一种习惯。他们在得手前，往往感到焦虑不安，在得手后，虽然性欲得到满足，但是会非常憎恨自己的行为。

此外，性知识的缺乏和性好奇心也是恋物癖产生的重要原因。在有些学生的潜意识中存在着性器官忧虑，他们害怕自己的性器官被阉割，所以他们会去寻求比较安全、比较容易获得的性行为对象，以缓解内心的不安。

对恋物癖的处理，首先要提高对恋物癖危害的认识。用女性用品来发泄自己的性欲，是成人心理倒退到儿童期的幼稚行为。偷拿女性用品，侵犯了女性的利益，会引起她们的怀疑与猜测。偷拿的女性用品，一般都是女性用过的物品，很有可能带有病菌，会影响身体健康。如果被人发现，还有可能受到严惩。

恋物癖是一种比较顽固的心理障碍。不少有恋物癖的同学都曾暗下决心纠正恋物癖，却没有成功。因此，除了提高认识之外，还必须接受心理治疗。

二、窥阴癖

窥阴癖是一种较常见的性心理障碍，指通过窥视异性裸体、阴部或别人的性交场面来获得性快感。窥阴癖几乎仅限于男性，通常是心胸狭隘、性格孤僻的男性躲在不显眼处或自认为安全的地方偷看异性洗澡、换衣服、上厕所等，从而获得性快感。他们的动机是追求冒险和刺激。95％的窥阴癖患者都是针对陌生女性，他们一般对游泳池、文艺表演中的裸露不感兴趣。窥阴癖患者大多内向腼腆，缺乏与女性交往的能力，经常独处，或为恋爱中的失败者。一般的窥阴癖患者没有性暴力，但长期发展下去，往往会用暴力手段来满足性要求。

窥阴癖产生的原因有以下几种。

(1) 少年时代的不良影响。研究发现，大多数窥阴癖患者在少年时期都受到过不良视觉性诱惑的影响或者有不良的性经历，是性心理发展受阻的结果。典型的情况是十来岁时还与父母同床睡觉，看到母亲的裸体或父母的性交行为，产生了某种身心方面的不良反应。

(2) 偶然的窥视行为与手淫结合的不良影响。窥视行为与性唤起之间形成条件反射最初大多是偶然的，如果事后不用手淫去加强，并且不把那次偶然事件当作手淫时性幻想的内容，这种癖好可能不会最终形成。

(3) 色情文化的影响。看过黄色书籍或淫秽录像后，由于性冲动，会对异性器官产生强烈的兴趣，并在窥视后得到性满足。性成熟之后，会通过窥视异性裸体或他人的性行为体验性快感，这种联系一旦形成，就会产生窥阴癖。

(4) 性知识缺乏、性自信心低下、对性行为感到恐惧等，都容易促发窥视异性裸体或他人的性行为的动机，并在窥视行为中得到不同程度的性满足，从而形成窥阴癖。

当出现窥阴的欲望时，可以运用惩罚性、厌恶性刺激来减少或消除窥阴行为。

三、易性癖

易性癖是指个体从心理上否定自己的生理性别，认为自己的性别与外生殖器所表示的性别相反而要求改变自己的生理性别，属于性别认同障碍。易性癖虽然男女都可见，但以男性居多。易性癖患者虽然有明确的生理性别，但是他们在心理上不承认自己的生理性别，男的会认为“我应当是女的”，女的则认为“我应当是男的”。

易性癖患者一般从懂事起就有性别认同障碍。易性癖患者具有同性恋倾向，但又不同于同性恋者。男性易性癖患者，虽然有与男性的性爱抚和对男性的好感，但是这一切是因为他们认为自己是女的。此外，他们会非常厌恶同性恋。易性癖患者虽然与异装癖患者一样，有穿异性的服装的偏好，但是他们之所以这样是因为他们觉得自己就是与异性的服装相适应的性别，穿上异性的服装后并不会引起性兴奋，而异装癖患者穿上异性的服装后会有强烈的性兴奋，会得到性满足。

所有的易性癖患者都讨厌自己的生理性别，喜欢异性的行为举止，还以异性自居。男性易性癖患者从小就表现出对传统上属于女性的活动方式的兴趣，如涂口红、描眉、穿女装、玩女孩的玩具、在游戏中扮演母亲的角色等，厌恶并试图去除自己的生殖器。女性易性癖患者则表现出对女性装扮的反感，喜欢男装，喜欢留短发，喜欢与男孩玩耍，并幻想自己长出阴茎。所有成年的易性癖患者都有异性的行为举止和语言腔调，不愿同性别伙伴看见自己的生殖器，希望改变自己的生理性别。总之，所有的易性癖患者都认为自己的外生殖器所表示的性别是错误的，强烈要求改变生理性别，时时处处以异性自居，并公开以异性的模式生活和处世。

易性癖产生的原因，目前还不是十分清楚，一般认为其与幼年时期的生活经历紧密相关。有的父母希望生个男孩，结果生下来的却是女孩。于是他们便按照自己的意愿去打扮和教育女儿，经常让她与男孩一起玩，模仿男孩的行为，她就有可能形成性别角色错位，对自己的生理性别不满，产生改变自己的生理性别的愿望。如果她在青春期认定自己是男性，就有可能采取男性的行为反应，参与男性的社会活动，穿男性的服装，严重时会强烈要求通过外科手术来改变生理性别。

人的生理性别是自然形成的。世界上不能没有男性，也不能没有女性，而且男女的比例基本上是平衡的。我们要承认自己与生俱来的生理性别，并产生相应的性别心理和行为举止，成功地扮演性别角色。

性别角色的扮演是学习的结果。既然易性癖是儿时长期学习的结果，就有可能通过学习来消除易性的欲望。在对自己的生理性别不自卑、不厌恶之后，认真观察周围同性别同学的角色行为，从举止、穿着、言谈等方面入手进行模仿，只要坚持不懈地努力，一定可以成功。

四、露阴癖

露阴癖是一种比较常见的性变态行为，以男性居多。有学者认为，露阴行为的根源是幼年时期留下的阉割焦虑。有些男性患者小时候发现女孩的阴部与自己的不同，以为被阉割了，怕自己的也被阉割，这种恐惧留在潜意识中，在成年后便以露阴行为来向女性证明自己的阴茎没有被阉割。但是这种想法仅存在于潜意识中，他们自己意识不到。有些患者性功能很正常，但是他们从正常的性生活中得不到满足，于是选择露阴，他们认为从露阴行为中获得的愉快感受远比从性生活中获得的愉快感受强烈。其实这是心理退化或性心理不成熟的表现。他们的身体和智力虽然发育成熟了，但支配露阴行为的仍然是幼年时期的心理。他们认为女性都愿意欣赏自己的性器官，虽然受到指责，但是他们认为女性是表面上拒绝，心里同意。这些幼稚的想法和判断可能和他们幼年时期的性经验有关。

露阴癖的易发年龄为 25～35 岁。一般来说，露阴癖的治疗效果与发作次数和病史有关。第一次发作就被发现并接受治疗，治疗效果非常明显；发作次数越多，越难治疗。

性知识的缺乏和性格缺陷是露阴癖产生的重要原因。自觉接受科学的性教育，努力培养健全的性格，是预防和治疗露阴癖的有效方法之一。

厌恶疗法对于治疗露阴癖也十分有效，即在诱使患者想象露阴行为的同时，给以厌恶性刺激，如用电流刺激患者的手腕、生殖器或肌肉注射催吐药物使患者呕吐，以强化抑制直到消退已建立的条件反射。

五、过度手淫

从狭义上来说，手淫是指个体用手来刺激自己的性器官的行为。从广义上来说，凡是对身体性敏感区的自我刺激行为都是手淫，如通过夹紧双腿挤压、摩擦生殖器。

大学生手淫有以下几个方面的原因：①用手淫替代与性伴侣发生的性行为；②将手淫看作认识和体验性欲的一条重要途径；③将手淫看作性行为的另一种形式。正因为如此，大学生中手淫的比例是相当高的。研究表明，58％的女大学生和 92％的男大学生都有手淫行为，但手淫过度的比例是不高的。衡量是否手淫过度，不能仅局限于手淫的次数，还应该用身心承受能力来衡量。

虽然手淫可以成为大学生宣泄消极情绪的手段，但是手淫并不能消除消极情绪的根源，它只是使大学生暂时逃避引起消极情绪的刺激源，这样容易使大学生不敢正视现实。如果大学生过度手淫，将手淫作为发泄性欲的主要手段，就有可能减弱追求异性的冲动。过度手淫还有可能导致精神不振，影响学习和工作。

手淫无罪、无害，但是不可以过度。为了防止过度手淫，大学生要正确认识性器官的功能，既不能神秘化，也不能过分关注自己的性器官。除此之外，平时可以多参加自己感兴趣的文娱体育活动，转移自己的注意力，不穿紧身内裤，保持外生殖器清洁，睡觉时最好将手放在被子外面，睡觉的姿势要舒适，盖的被子不要过重。

当感觉到自己有手淫的欲望时，可以将中指、食指伸到喉咙里面，使手淫与呕吐形成条件反射，久而久之，对手淫行为就不感兴趣了。此外，还可以联想某种厌恶性情境，以形成厌恶性条件反射。

六、摩擦癖

摩擦癖是指习惯性和癖好性地通过触摸或摩擦异性的身体获得性快感的一种性变态行为。摩擦癖患者主要为男性。摩擦癖的易发年龄为15～25岁。

摩擦癖患者的行为表现一般具有计划性和目标选择性。他们在实施摩擦行为前会对自己的衣着和面部进行修饰,选择的对象多为不认识的年轻的异性,选择的地点多为拥挤的公共场所,如商场、电影院等。当被摩擦的异性有明显的反应时,患者通常会中止有关行为,并且装出一副若无其事的样子。他们通常以自己的外生殖器摩擦异性的大腿、臀部,或者以手、肘摩擦异性的外生殖器、乳房,同时幻想与对方有亲密的关系,以获得性快感。大多数情况下是隔着衣服进行摩擦。不少患者在实施摩擦行为的过程中会出现性高潮,即射精,大部分患者会将精液射在自己的裤子内,也有个别患者将精液射在对方的衣服上。大多数患者有反复发作的倾向,但是难以从中吸取教训,往往是冲动战胜理智,因此有屡教不改的倾向。

摩擦癖患者与流氓是有区别的。首先,摩擦癖患者在工作、学习等方面通常表现良好,无任何劣迹,而流氓往往劣迹斑斑;其次,摩擦癖患者选择的地点通常是拥挤的公共场所,选择的对象多为不认识的异性,并且尽量避免让对方知道,而流氓选择的地点多为隐蔽的场所,选择的对象多为认识的异性,很少选择陌生人,也不怕对方知道;再次,摩擦癖患者在实施摩擦行为的过程中可以获得性快感并出现性高潮,而流氓在这个过程中一般不可能出现性高潮,往往会有进一步的性攻击行为。[①] 因此,在抓流氓时要好好把握这些特征与区别。

摩擦癖产生的原因,目前还不是很清楚。一般认为,导致摩擦癖的原因首先是家庭因素。例如,有一名男性患者,从小生活在性封闭的家庭环境中,有过性压抑的经历,成年后在一般情况下行为反应良好,但回避与相识的异性接触,有明显的害羞反应,对性生活反感。有一次在公共汽车上,他的性器官无意中被异性碰到,从而产生了性快感,之后他便主动地与异性碰撞,力图使自己的性器官与异性的身体发生摩擦。其次是偶然因素。大多数患者的这种癖好是在儿童或青少年时期性心理发育受阻的基础上,性快感体验与异性身体接触偶然结合,并以条件反射机制固定下来而形成的。成年后他们仍用这种不成熟的性行为来获得性快感,最终变成摩擦癖患者。

摩擦癖患者应该认识到,以自己的性器官摩擦异性的身体是不道德的。摩擦癖患者要注意加强自己的道德修养,提高克制摩擦欲望的能力。

由于长期形成的条件反射已经相当顽固,所以摩擦癖患者仅靠自己的努力很难控制摩擦的欲望。此时,他们可以向心理咨询师寻求帮助。一方面,心理咨询师可以为他们保密,另一方面,他们可以得到心理咨询师的关心和支持。这样可以使他们树立治愈摩擦癖的信心,以积极、主动的态度面对现实,配合治疗。

---

① 华安.挤恋:公共场合的尴尬.大众健康,2003(12).

七、性梦

性梦是指在梦中与异性亲热。有的人在梦中仅与异性拥抱、亲吻，有的人在梦中与异性发生性关系。性梦的发生与体内的性激素水平、性心理有密切关系。对于女性来说，性梦发生的活跃期一般为20～40岁。随着性生理与性心理的逐渐成熟，女性也会出现性冲动。这种性冲动在个体处于清醒状态时会被理智压制，在个体进入梦乡后，性冲动就不会受到任何束缚，于是出现了各种各样的性梦。

从生理学的角度来看，性梦是一种正常的生理现象。女性在排卵期，性欲比较强，偶尔与“梦中情人”温存一番是非常正常的。如果某一段时间没有与配偶在一起生活，女性的这种性梦应该是一种正常的宣泄，并不是病态的。

大多数情况下，性梦的对象是不可选择的。据统计，性梦的对象，不相识的异性占23%，仅有一面之交的异性占56%。有些人希望与自己的心上人在梦中相会，但是往往难以如愿。

性梦不是一种邪恶的现象，不必为此焦急、忧虑。假如性梦过于频繁，则要找一找原因。过度劳累、内裤过紧、泌尿系统炎症等都有可能导致性梦频繁。如果是心理压力太大，则可以向心理医生寻求帮助，也可以服用药物，改善睡眠。

拓展专题

爱情测试题

你对于性爱的看法是怎样的？

1.我为自己出现性冲动感到紧张与羞耻。	符合	不符合
2.我认为自慰是标准的性行为的一种，而过度的自慰是有害的。	符合	不符合
3.我觉得自己的生殖器太小，发育状况不理想。	符合	不符合
4.性远远不是使我们最快乐的事情。	符合	不符合
5.如果我爱一个人，我和他干什么都行。	符合	不符合
6.真正的爱情不是单恋。	符合	不符合
7.我与对方发生性关系，并不需要尊重或者爱对方。	符合	不符合
8.我认为心心相印是通向幸福的桥梁。	符合	不符合
9.没有爱情的性行为很难令人真正感到快乐。	符合	不符合
10.对有些人来说，同性恋是正常的。	符合	不符合
11.爱一个人主要是给予和付出。	符合	不符合
12.恋爱当中，拒绝与争吵都是正常的事情。	符合	不符合
13.不论做什么，只要不怀孕就行了。	符合	不符合
14.对于性，不愿意的时候就应该坚定地说“NO”。	符合	不符合

续表

15. 爱是包容对方,使她(或他)更自信。	符合	不符合
16. 只在乎曾经拥有,不在乎天长地久。	符合	不符合
17. 一旦喜欢上她(或他),就非她不娶(或非他不嫁)。	符合	不符合
18. 没有爱情的性行为根本不能填补人与人之间的鸿沟。	符合	不符合
19. 爱是很简单的事,困难的倒是如何找到爱的对象或者被爱。	符合	不符合

请根据你的真实想法或看法,在以上每个项目后面的选项中圈出你的答案。

【评分与评价】

对于1、3、5、7、13、16、17、19题,选“符合”得“0”分,选“不符合”得“1”分,其余的选“符合”得“1”分,选“不符合”得“0”分,将1、2、3、4、10题的得分相加,就得到你有关性生理的观念分X,如果你的X分在3分以下,则表明你对性生理的看法有失偏颇,容易产生精神压力和情绪问题。

将6、8、11、12、15、16、17、19题的得分相加,即得到你对爱的看法的得分Y,如果你的Y分在6分以上,表明你对什么是爱有比较正确的看法;如果在4分以下,那么你需要再深入地思考一下,究竟什么是“爱”。

将5、7、9、13、14、18题的得分相加,即得到你有关爱与性之间关系的看法的得分Z,如果你的Z分在3分以下,也许你对爱与性关系的看法容易导致使身心受伤的性行为,以致心理失衡。

思考与讨论

1. 什么是爱情?
2. 观察一下你身边的大学生,有哪些不恰当的恋爱行为?健康的恋爱行为应该是什么样的?
3. 如何摆脱失恋的痛苦?
4. 怎样正确对待手淫行为?

第六章　大学生职业生涯规划

本章学习目标

- 了解职业生涯规划的含义和意义
- 掌握职业生涯规划的主要内容
- 了解制定职业生涯规划的步骤

目前我国每年毕业的大学生大约有700万人。就业问题已经成为引发大学生心理困扰的重要因素。要改变这种状况，需要各方面的关注和努力。就大学生而言，尽早制定合理的职业生涯规划，并以此为依据积极地塑造自己和提升自己，是减少就业苦恼和提高求职成功率的重要途径，可以为自己的职业生涯发展奠定良好的基础。

第一节　职业生涯规划概述

> **心灵引导**
>
> 不要只因一次失败，就放弃你原来决心想达到的目的。
>
> ——莎士比亚

一、职业生涯规划的含义

职业生涯规划是指个体根据对自身的主观因素和客观环境的分析，确立自己的职业生涯目标，选择实现这一目标的职业，制订相应的工作、培训和学习计划，并按照一定的时间安排，对将来的行动做出安排。

职业生涯包括一个人从职业学习开始到职业劳动，最后结束这一生的职业工作所经历的过程。人的一生主要是在职业生活中度过的，职业生涯的成败对人的一生有着重要的影响。现代人不仅把职业作为谋生的手段，而且试图依托一定的职业来实现自己美好的人生理想。职业生涯规划是个人职业生涯成功的战略指南。

二、职业生涯规划的意义

职业生涯规划为个人事业的成功提供了基本的操作方法,因此对个人的职业生涯发展具有重要的意义和作用。

1. 找到适合自己的职业

人与人是有差异的,这种差异会极大地影响职业生涯。例如马克·吐温,他虽然是一位出色的作家,但绝对不是一名成功的商人,因为他不具备经商的能力。著名作家钱钟书的文学造诣是非常高的,但是他不擅长教课。

能力、兴趣、爱好、价值观、社会资源等因素的不同,会直接影响一个人的职业生涯状况,关键在于个体与职业之间存在着是否匹配以及匹配程度如何的问题。职业生涯规划试图通过一系列科学的方法帮助大家认识自己与外部环境,引导大家找到适合自己的职业,以实现自身的价值。

2. 遵循职业生涯的发展规律

职业生涯发展的过程具有规律性。研究发现,几乎每个人在其职业生涯中都会经历几个相同的发展时期,如探索期、适应期、发展期、转型期、突破期、反思期、重振期、倒退期、退出期等。了解职业生涯的发展规律,合理地进行职业生涯规划,就能在探索期踏踏实实,在适应期从容不迫,在发展期不骄傲自大,在反思期、倒退期不消极沉沦,在退出期坦然面对一切。

3. 抵御职业生涯风险

职业生涯之旅并不是一帆风顺的,可能会碰到许多的困难和挫折。例如,以下种种原因都可能使我们陷入危机:重大经营管理决策失误;与上级、下级关系紧张;上级不公正的待遇;自己的身体状况不好;亲人重病或突然去世带来重大的精神打击;家里发生重大事件影响工作。俗话说,凡事预则立,不预则废。良好的职业生涯规划,有助于人们更好地应付职业生涯发展过程中出现的各种情况。

三、职业生涯规划的分类

职业生涯规划按照时间的长短来分类,可分为人生规划、长期规划、中期规划与短期规划四种类型。

1. 人生规划

人生规划是指对整个职业生涯的规划,时间长达 40 年左右,主要是确定整个人生的发展目标,如规划成为一个有数亿资产的公司的董事。

2. 长期规划

长期规划是指 5～10 年的规划,主要是确定较长远的目标,如规划 30 岁时成为一家大型公司的部门经理。

3. 中期规划

中期规划是指 2～5 年的规划,如规划到不同的业务部门当经理。

4. 短期规划

短期规划是指 2 年以内的规划，主要是确定近期目标，如规划 2 年内需要掌握哪些业务知识。

四、制定职业生涯规划的原则

合理的职业生涯规划能使一个人走上成功之路，不合理的职业生涯规划则可能使一个人误入歧途。为了正确制定职业生涯规划，必须遵循一些原则。具体来说，制定职业生涯规划时应遵循下列原则。

1. 长期性原则

制定职业生涯规划时一定要从长远来考虑，只有这样才能给人生设定一个大的方向，从而使你集中力量朝着这个方向努力，最终取得成功。

2. 清晰性原则

规划一定要清晰、明确，能够转化为具体的行动，人生各阶段的线路划分与安排一定要具体可行。

3. 可行性原则

规划要有事实依据，要根据个人特点、组织发展的需要和社会发展的需要来制定。

4. 挑战性原则

规划要在具有可行性的基础上具有一定的挑战性，完成规划要付出一定的努力，成功之后能有较大的成就感。

5. 适时性原则

规划是预测未来的行动，确定将来的目标，因此，各项主要活动何时实施、何时完成，都应有时间上的妥善安排。

6. 适应性原则

规划未来的职业生涯目标，牵涉到多种可变因素，因此，规划应有弹性，以增加其适应性。

7. 持续性原则

人生的每个发展阶段应能持续、连贯、衔接，各个发展阶段的具体规划应与人生总体规划保持一致。

五、制定职业生涯规划的步骤

制定职业生涯规划时首先要充分考虑个人的特性和组织发展的需要，对影响职业生涯的各种主、客观因素进行分析和评估，然后确定职业生涯发展目标，选择实现这一目标的职业，并制订相应的工作、学习和培训计划。制定职业生涯规划的步骤如图 6-1 所示。

六、职业生涯规划的内容

在职业生涯规划中，要明确职业方向、组织及社会环境、发展目标、成功的标准、自身条件及潜力、缩小差距的具体方法等问题。较完整的职业生涯规划一般包括以下10个方面的内容。

1. 题目

题目要反映职业生涯个人化的特征和时间坐标原则。主要项目包括规划者姓名、规划年限、起止日期等。从题目可以看出是谁的职业生涯规划,是阶段性的还是终生的。

2. 职业方向

职业方向是对职业的选择,比如律师、教师、医生、音乐家、军人、企业管理人员等。职业方向的选择反映职业生涯动机或主观愿望。

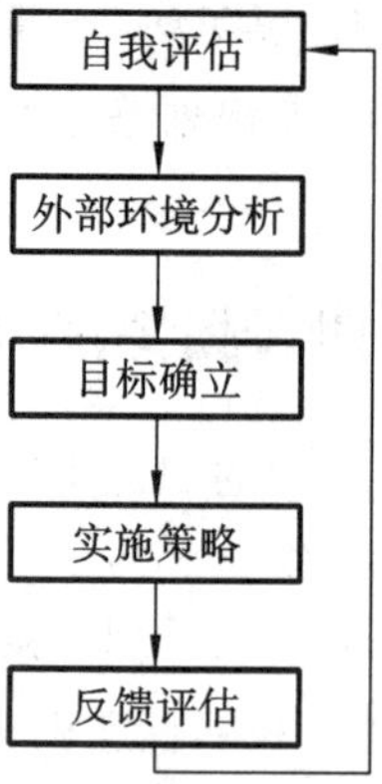

图 6-1　制定职业生涯规划的步骤

成长案例

一个大学生的求职之路

【描述】刘某是某职业院校计算机专业学生,毕业在即,但工作的事情一筹莫展。开始他想做一名软件工程师,因为这和他的专业很贴近。但是他从报纸上了解到,软件工程师是一个青春职业,和年龄有很大关系,35岁以后软件工程师就面临着被淘汰的可能性,工作会不太稳定。于是他想去卖包子,因为他认为他家楼下卖包子的生意很稳定。后来因为家人的反对,他放弃了这个想法,决定去公司应聘。他首先想到的是去做销售,因为他看到很多公司高层领导都是从做销售开始的。但是求职销售没有成功,他又回到IT行业,想做IT培训老师,但是也没有成功。整个过程下来,他找了很多工作,做了很多选择,但都没有成功,他变得非常失望、焦虑,觉得自己的能力不被社会接受,于是他去上网、玩游戏,以暂时缓解焦虑的情绪。

【分析】高职高专学生求职成功的影响因素有哪些呢?简而言之,首先要选择正确的方向,选择了适合自己的方向,求职的成功率就会极大提高;其次,行动要积极,能力再强的人,如果行动不积极,那也不会顺利找到工作。在案例中我们看到,一方面,刘某的求职方向变动很大,不太清楚自己适合哪种类型的工作;另一方面,他的行动最后变得很消极。那么,怎样才能做一个正确的决策,找到适合自己的工作呢?这就需要进行职业测评和职业生涯规划。

3. 社会环境分析结果

通过对社会环境进行分析,可以了解所在国家或地区的政治、经济发展趋势,所选定的职业在社会环境中的地位,以及社会发展趋势对该职业的影响。

4. 组织分析结果

以企业为例,企业分析结果包括以下内容:企业的发展领域;企业在本行业中的地位和发展前景;企业产品在市场上的发展前景;企业主要领导人的抱负及能力;企业文化;企业制度;自己对企业发展战略、企业文化、管理制度的认同程度;企业组织结构发展的变化趋势;企业能提供的各种教育培训机会;担任更高职务或职务内涵变化的可能性;相关职务的待遇。如果打算在政府部门、事业单位或其他组织就业,也要进行类似的分析。

5. 重要角色及其建议

职业生涯规划中应记录家庭主要成员、直接上级、更高层次领导、职业生涯管理专家等重要角色的建议、要求、联系方式。你不一定赞同他们的建议，但应客观地记录。

6. 目标及实现时间

职业生涯目标可分为多项并不互相排斥的目标，如时间目标、职务目标、能力目标、成果目标、经济目标等。

7. 成功的标准

成功的标准主要回答与职业生涯相关的价值观念的问题。有的人对职业生涯成功的定义是事业成功，为了事业可以牺牲健康和家庭。有的人对职业生涯成功的定义是职业生涯成为个人事务和家庭生活保证的基础，即如果能起到基础的保证作用，就视为职业生涯成功。有的人认为个人事务、职业生涯、家庭生活协调发展，才是职业生涯真正成功。人的价值观念在不断地变化，对价值观念的描述贵在真实。

8. 自身条件及潜力测评结果

制定职业生涯规划时要对自己的体力、能力、人格进行评价，将自身条件、发展潜力、发展方向、环境给予的机遇和制约条件结合起来进行分析，最终达到“觉醒”，即知道自己已经做了什么，自己想要做什么，自己能做什么。在这个过程中，可以通过自我反思、心理测评、专家咨询等方法明确自己已经具备的条件，发现自身的潜力。

9. 差距

分析目前条件与实现目标所需知识、能力要求等方面的差距，如在思想观念、专业知识水平、具体操作能力、心理承受能力、讲演能力、身体适应能力等方面的具体差距，如缺乏全局观念和系统观念、英语口语水平欠佳、主动意识较差、人际交往能力较差、不知道如何倾听等。

10. 缩小差距的方法

根据差距内容，制订不同的解决方案，如教育培训，根据能力差距和目标分解确定教育培训的具体内容、日期、地点、方式等，也可采用讨论交流的方法，选定讨论交流的对象、主题、时间、方式等。

七、大学生职业生涯规划的特点

按照职业生涯发展理论的观点，从大学生所处的年龄段来看，大学生正处于职业生涯的萌芽期。在这一阶段，大学生的职业兴趣、职业能力、职业素养、价值观等都处在正在形成和培养的过程中，而他们对社会职业发展和变化的认识也比较肤浅，因此，大学生的职业生涯规划有别于已经入职的人的职业生涯规划，具有自己的特点。大学生只有把握这些特点，才能合理地规划自己的职业生涯。

1. 侧重于自我认知

一个人的职业适应范围(或者说他能够胜任哪些职业)，与这个人的身心特点、知识、能力、素质密切相关。大学生职业生涯规划需要建立在可靠的自我认知、自我分析的基础上。准确的自我评估可以使自己在大学阶段的职业目标更明确，也可以使自己的职业选择和职业生涯发展有赖以遵循的蓝图。因此,大学生在进行职业生涯规划时要通过多种途径全方位地认识自己。

2. 目标的不稳定性

大学生接受新鲜事物较快,容易受到环境条件变化的影响,而且大学生的人生观、价值观、个性、兴趣爱好等也都处在正在形成和培养的过程中,具有较大的不稳定性,可塑性较强,这些因素使得大学生在确立自己的职业发展目标和方向的时候,难免朝三暮四,摇摆不定。大学生在进行职业生涯规划时,要尽量克服其影响,可以对职业发展目标进行调整、评估和修正,但决不能朝秦暮楚。

3. 反馈评估的滞后性

目标的确立以及职业生涯策略的制定,要在不断的实践中评估和反馈,以及时调整目标方向和行动方案,但是由于大学生没有从事职业的经历,不能及时地从职业实践中获得反馈,所以评估带有明显的滞后性。大学生在校期间应尽量弥补这一不足,利用各种条件和机会,参加相关的职业实践,如社团活动、志愿者服务、假期社会实践、兼职等,使自己的职业发展目标和职业生涯策略在实践中得到检验和反馈评估。

生涯彩虹图如图 6-2 所示。

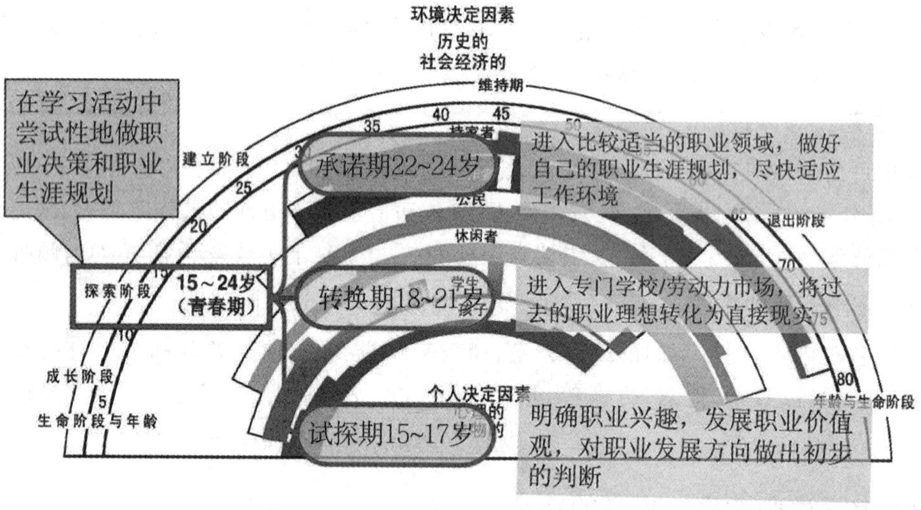

图 6-2　生涯彩虹图

根据舒伯的生涯彩虹理论,探索阶段是指 15～24 岁,大学生处于此阶段,这一阶段的主要任务是在学习、休闲和打工的经验中进行自我试探、角色探索与职业探索。具体而言,此阶段包括如下三个"小周期"。

(1)试探期(15～17 岁)。此期个体主要考虑需要、兴趣、能力与机会。有了暂时性的决定,个体会在幻想、讨论、课业和工作中加以考虑,考虑可能的职业领域和工作层次。此期的发展任务为:职业偏好逐渐具体化。

(2)转换期(18～21 岁)。此期个体进入就业市场或接受专门训练,更重视现实的考虑,企图实现自我概念。将一般性选择转化为特定的选择。此期的发展任务为:职业偏好的特定化。

(3)承诺期(也称为试验并初步承诺期,22～24 岁)。此期个体初步确定了职业选择,并试探了其成长为长期职业的可能性。必要时会再次重复探索的具体过程。此期的发展任务为:实现职业偏好、发展一个符合现实的自我概念和学习开创更多的机会。

舒伯生涯彩虹理论的核心是发展性的“自我概念”。他认为,所谓的职业发展,就是一个人自我意识发展和实践的过程。大学阶段是个体自我意识逐渐成熟和稳定的阶段。而职业偏好的特定化和试验是实践职业生涯发展的开端和起点,具有重要的意义和作用。所以,大学生在大学阶段积极探索自己的生涯发展具有重要意义,走好这一步非常关键。

第二节　自我评估

“人贵有自知之明。”自我评估的目的是认识自己、了解自己。只有认识了自己,才能对自己的职业做出正确的选择,才能选定适合自己的职业生涯发展路线,才能对自己的职业生涯目标做出最正确的选择。

一、自我评估的主要内容

自我评估的内容非常广泛,包括性格、兴趣、特长、学识、技能、思维能力、道德水准等。就大学生而言,自我评估主要是评价体力、能力和人格。

1. 体力

体力评价是指通过对自己的身体素质进行评价、分析,判断自己所适应的职业。体力评价一般包括以下六个方面的内容:力气;身体动作的敏捷性和平衡性;下肢或腰背的协调性;手臂的灵活性和协调性;语言器官及视听器官的结构与功能状况;整体的协调性。不同职业对从业者的体力要求不同,比如干体力活的人应该是身强力壮的,从事体育事业的人动作的敏捷性和协调性要好,从事艺术事业的人听觉器官要灵敏。有的职业对从业者的体力要求还具有特殊性。因此,大学生在确立职业目标时,要从体力上考虑自身的实际情况。

2. 能力

能力是直接影响人们顺利完成活动并直接影响活动效率的个性心理特征。能力分为一般能力与特殊能力。一般能力是指顺利完成各种活动所必备的基本能力,如注意力、观察力、记忆力、想象力等。这些在认识活动中表现出来的一般能力通常叫智力。特殊能力是指顺利完成某种特殊活动所必备的能力,它同职业活动紧密相关。职业能力既与一般能力有关,也与特殊能力有关。人们所从事的职业活动都是具体的,因此,职业能力主要是指特殊能力,即从业人员为了胜任这一职业必须具备的能力。

3. 人格

人格指个人的需要、动机、兴趣、态度、价值观、性格等。人格影响人的行为,当然也包括人的职业行为。我们要想在职业生活中获得尽可能大的满意度,在择业之前,就应该了解自己的人格及其职业适应性,以求实现人职匹配。

二、自我评估的方法

认识自我就是要客观地评价自己,既不高估自己,也不贬低自己;认识自我,就是要认识自己的优势、劣势和发展潜力。怎样才能客观地认识自我呢?一般可以通过如下方式进行。

1. 运用测评手段

心理测验是一种力求客观的测评手段,它的特点是能够在较短的时间里测出一个人在某个方面的特点,并且这一特点是在与群体的比较中测出的。通过心理测验,个人能够在较短的时间内获得对自己较为客观的描述和评价。通过评估,分析自身的特点,再结合职业要求,进行职业选择。要注意的是,通过心理测验所得出的结果,只是一种参照性的结果,并不是绝对的。

能力倾向测验主要用来预估未来工作表现成功的概率。一般能力倾向成套测验和区分能力倾向测验都是很有名的能力倾向测验。兴趣测验通常用来测验个人兴趣的类型,并将测验结果与各种职业从业人员的兴趣进行比较,指出一个人的兴趣与哪一种职业从业人员的兴趣最相近。斯特朗职业兴趣量表、库德职业兴趣量表和霍兰德自我探索量表是著名的职业兴趣量表。人格测验可以反映个人特质。卡特尔 16 种人格因素问卷和艾森克人格问卷是常用的人格测验量表。在这些量表中,有的量表已经被我国引进和修订,同时国内也编制了一些类似的量表,大家可以根据需要进行选择。

2. 总结过去的经验和教训

回顾过去的经历,对自己的想法、期望、品德、行为进行理性的思考,然后认真地描述和判断自己的特点。在这个过程中,需要收集个人信息,耐心地分析,比如问问自己过去做过什么自己确实喜欢的工作,喜欢这些工作的哪些方面,现在是不是仍然喜欢这些工作,也可以问问自己是喜欢处理人际关系还是喜欢处理具体问题,什么能激发自己的活力,什么让自己感到倦怠乏味。另外,要对过去成功的经验和失败的教训进行总结,分析自己成功或者失败的原因是什么。要注意的是,要尽量以客观评价为依据,避免因为个人认识或个人动机而出现较大的误差。

3. 他人的评价或与他人进行比较

首先,依据他人对自己的态度评价自己。个人对自己的评价往往是以他人的评价为参照,人们总是在交往过程中,不断深化对自己的认识。其次,通过与自己条件相似的人进行比较来评价自己。要注意的是,要能够准确理解和分析他人对自己的态度和评价。

4. 向专家咨询

到就业指导中心、专业咨询机构向专家咨询,是一种有效而快捷的方式。一般来说,专家会利用他们的学识、经验向咨询者提供帮助,在咨询过程中,咨询者可以获得大量的知识和信息资料,获得对问题的重新认识。更重要的是,向专家咨询,可以提高自己的决策能力。

三、人职匹配

职业生涯规划的基础性理念是人职和谐,主张人应该发现并从事自己喜欢、擅长的职业,使个人的生命能量的积聚和消耗最大限度地满足个人由低到高的各种需要,提高生活质量，为个人和社会的进步做出贡献。清晰地认识自己和了解职业，积极地进行人与职业匹配的探索，就可能实现人职和谐。

不同的人具有不同的体力、能力和人格，因此所适合的职业不同。不同的职业对体力、能力和人格的要求不同。人职匹配的研究很复杂，这里略举几例。

1. 兴趣与职业匹配

专家们对职业分类的意见并不一致，所使用的工具也较多，各种工具所适应的对象也有差别。人们一般把职业划分为十种类型，同时相应地把人的职业兴趣也划分为十种类型，两者之间是一种对应关系（见表 6-1）。要注意的是，职业兴趣并没有好坏之分，也是发展变化的。

表 6-1　职业兴趣与适应的职业

职业兴趣的类型	特　点	适应的职业
愿与具体事物打交道	喜欢与具体事物打交道，不愿与人打交道	制图、勘测、建筑、机械制造、出纳、会计等
愿与人接触	喜欢采访、传递消息、销售等	记者、推销员、服务员、教师、行政管理等
愿干有规律的工作	习惯于在预先安排好的程序下工作	图书管理、档案管理、打字、统计等
愿从事社会福利和助人工作	有爱心，乐于助人	律师、咨询、科技推广、医生、护士等
愿从事领导和组织工作	喜欢具体掌管一些事情，希望得到别人的尊重	行政人员、企业管理人员、学校辅导员等
愿从事研究人的工作	对人的行为举止、心理状态感兴趣	心理、政治、社会等方面的研究工作和教育工作
愿从事科技工作	喜欢理论分析和独立思考	生物、化学、物理、地质等方面的工作
愿从事抽象的创造工作	喜欢思考和探索周围的世界	社会调查、经济分析、新产品开发、科学研究等
愿从事操纵机器的技术工作	喜欢使用工具，喜欢产品制造	飞行员、驾驶员、机械制造、建筑、石油开采等
愿从事具体工作	希望经常看到劳动成果，喜欢看得见、摸得着的工作	装饰、园林、美容、手工制作、机械维修、厨师等

2. 霍兰德类型论

霍兰德把人格分为现实型人格、研究型人格、艺术型人格、社会型人格、企业型人格和传统型人格六种类型[①](见图 6-3)。

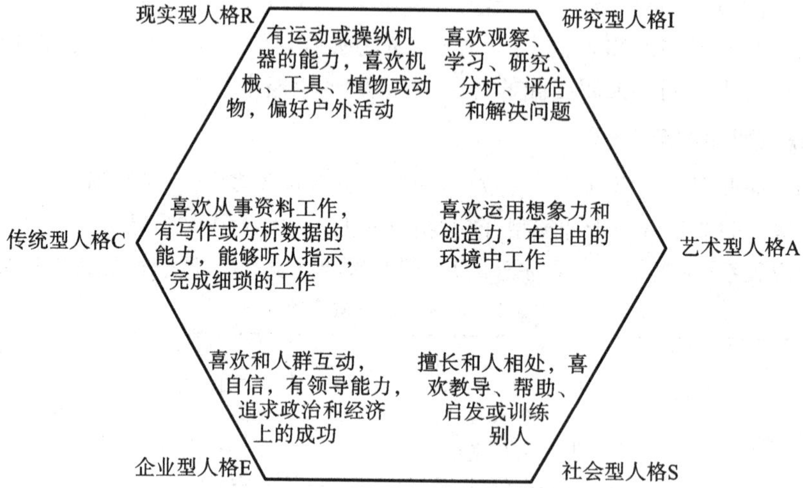

图 6-3　人格类型的六角形模型

霍兰德认为职业也可以分为现实型职业、研究型职业、艺术型职业、社会型职业、企业型职业和传统型职业六种类型(见图 6-4)。人格与职业之间的匹配和对应，是职业满意度、职业稳定性与职业成就的基础。

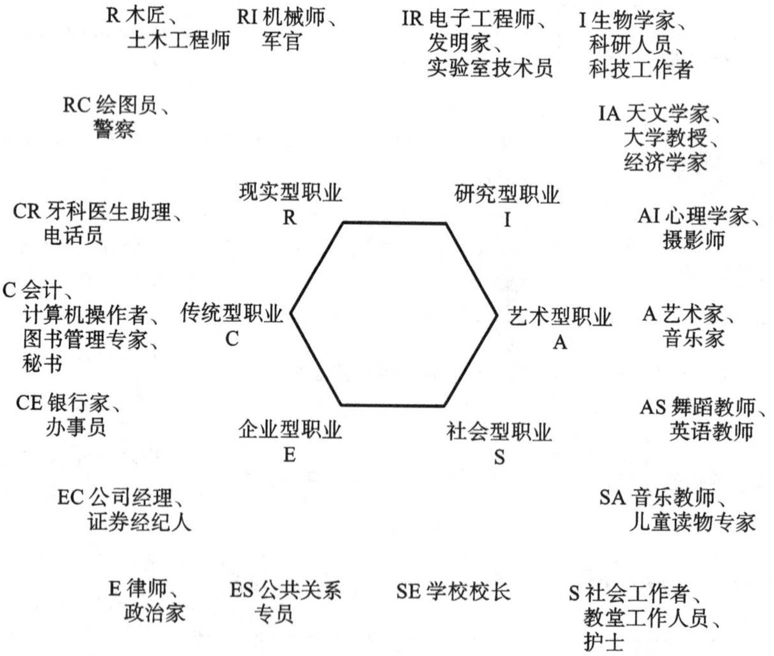

图 6-4　职业类型的六角形模型

① 金树人. 生涯咨询与辅导. 北京：高等教育出版社，2007.

第三节　外部环境分析

外部环境分析主要是评估各种环境因素对职业生涯发展的影响。每一个人都处在一定的环境中，离开这一环境便无法生存与成长。大学生在制定职业生涯规划时，要分析环境条件的特点、环境的发展变化情况、自己在这个环境中的地位、环境对自己提出的要求，以及环境对自己的有利条件和不利因素等。只有充分了解这些环境因素，才能做到在复杂的环境中趋利避害，使职业生涯规划具有实际意义。

一、社会环境分析

1. 影响职业生涯发展的社会因素

影响职业生涯发展的社会因素可以分为五大类，即经济环境、人口环境、科技环境、政治与法律环境、社会文化环境（见表 6-2）。

表 6-2　影响职业生涯发展的社会因素

类　型	具体内容
经济环境	（1）经济形势； （2）劳动力市场供求状况； （3）收入水平
政治与法律环境	（1）政治体制； （2）经济管理体制； （3）户籍制度、保障制度、人事制度等
社会文化环境	（1）基本信念； （2）价值观； （3）道德评判模式
人口环境	（1）人口规模； （2）年龄结构； （3）劳动力质量和专业结构
科技环境	（1）计算机及网络应用程度； （2）新机器使用情况及自动化程度等

2. 当今社会几种重要的变革因素

现代社会的发展不可避免地会影响我们的职业选择与职业发展。下面介绍几种重要的变革因素。

1）地球村

随着计算机技术和网络技术的飞速发展，地球上的时空距离缩小了，地球成了地球村。自从我国于 2001 年 12 月加入世界贸易组织以来，我国的经济与世界经济进一步接轨，自由贸易和投资活动在全球展开，各行业都面临着来自全球的竞争。同时由于与其他国家的交流增多，我国对外语人才的需求增加了，对外语水平的要求也提高了。

2）产业结构发生变化

人们通常把产业划分为三类：第一产业以农业为主，第二产业是制造业，第三产业为服务业。近年来，我国的产业结构发生了变化，第一产业的比重降低，第三产业的比重上升，同时，三大产业之间出现了融合的趋势。

此外，高新技术产业不断发展。我国的高新技术分为九类：电子与信息技术；生物、医药技术；新材料技术；光电一体化技术；新能源、高效节能技术；环境保护技术；航天航空技术；空间及海洋技术；核应用技术。

3）城市化进程加快

近年来，我国的城市化进程逐步加快，农业生产部门的劳动力逐渐向非农业生产部门流动。城市化进程加快也使得我国城市之间的差异变得更加明显了。一般来说，城市的级别越高，经济发展就越快，就业机会就越多，个人的上升空间就越大，同时也意味着房价越高，交通越拥堵，空气越脏，生活节奏越快，生活成本越高。

4）教育改革

一方面，高等教育的大众化，使更多的年轻人有接受高等教育的机会，使高学历人才迅速增多，高素质人才的竞争将更为激烈；另一方面，对职业技术教育的忽视，使得技术工人匮乏。

5）人口老龄化

人口统计数据表明，我国人口正在迈向老龄化阶段，老年人占总人口的比例不断上升，这种人口老龄化趋势将会使医疗保健行业和社会服务领域的就业机会增多。

二、行业环境分析

行业环境分析是对将来想从事的行业的环境分析。分析内容包括行业发展现状、国内外重大事件对该行业的影响、目前行业具有的优势与存在的问题、行业发展前景等。例如，该行业是一个逐渐萎缩的行业还是一个朝阳行业，政府根据国家宏观经济状况所发布的政策对本行业是鼓励、扶持还是限制、压缩，都是行业环境分析的内容。

三、组织环境分析

组织环境分析包括对组织在本行业和新的发展领域中的地位和发展前景的分析，以及对组织产品在市场上的发展前景的分析。

1. 组织实力

在激烈的市场竞争中，只有适应市场环境的组织才能生存下来。组织的实力，可以从组织产品在市场上的发展前景来进行分析，能够影响、改变人们的生活方式的产品才是最有生命力的。

2. 组织领导人

组织主要领导人的抱负及能力是组织发展的决定因素。我们可以考察组织主要领导人是想赚了钱就走人还是真的想干一番事业，他们的工作能力如何，他们有没有考虑员工的发展等。

3. 组织文化

组织文化是组织领导人所倡导的并身体力行的价值观和行为准则。优秀的组织文化是组织经营管理之魂，是组织的宝贵资产。我们可以了解组织最根本的价值观是什么，用人制度到底是用人唯贤还是用人唯亲。

4. 分析结果

对组织环境进行分析之后，要得出结论，如对组织发展战略、组织文化和管理制度的认同程度、组织结构的变化趋势等，在此基础上预测自己在本组织内实现职业生涯目标的可能性有多大。

四、学校和家庭环境分析

家庭背景、家庭结构、教养方式和家庭生活条件对大学生职业生涯的影响是不言而喻的，不同的学校、不同的老师会对大学生的职业目标及其心理、态度和行为方式产生不同的影响。对家庭、学校等微观环境的评估，实际上是一个反思、回顾的过程，也就是发现和认识在自己成长的过程中，家庭、学校对自己有什么影响，分析哪些是可以改变的，哪些是可以利用的优势条件，哪些是要克服的不利条件。

五、职业分析

对一种职业是否有深刻的认识将关系到能否长期坚持职业方向，能否确立明确的职业目标。职业分析需要认清所选定的职业所需要的知识、技能和人格特征，该职业的特点，该职业在社会环境中的发展过程和目前的社会地位，以及社会发展趋势对该职业的影响。你所选择的职业是不是社会越来越需要的职业，是不是最适合你的职业，都是职业分析的内容。

六、SWOT 分析

在充分认识宏观环境与微观环境之后，应评估各种环境因素对职业发展的影响，考虑自己的性格、能力等是否适合所选择的职业，并对职业发展中的各种机会进行评估。

在所有的机会评估工具中，SWOT 分析法是最著名也是最基本的一种。SWOT 是四个英语单词 strength、weakness、opportunity 和 threat 的首字母的组合，分别表示优势、劣势、机会和威胁。一般来说，优势和劣势从属于个人本身，而机会和威胁则来自外部环境。评估职业生涯机会时，SWOT 分析法可以派上用场。

(1) 优势：自己出色的方面，尤其是与竞争对手相比，具有优势的方面，如语言表达能力强、社会关系资源丰富、身体素质好等。

(2) 劣势：与竞争对手相比处于落后地位的方面，如不善于交际、活动能力较差等。

(3) 机会:有利于职业选择和职业发展的一些机会,如新的职位或岗位的设立。

(4) 威胁:存在潜在危险的方面,如企业走向衰落、不喜欢自己这种性格的人担任直接上司等。

运用 SWOT 分析法进行职业生涯机会评估时,要尽可能对面临的各种职业生涯机会进行评估,然后确定职业生涯目标,确定最佳的发展途径。

第四节 目标确立

一、确立职业生涯成功的衡量标准

职业生涯成功的含义因人而异,职业生涯成功对于同一个人在不同的人生阶段也有着不同的含义。成功的定义包括成功意味着什么,成功时发生的事和一定要拥有的东西,成功的时间,成功与健康、家庭的关系,被承认的社会地位,被承认的方式等。对有的人来讲,成功可能是一个抽象的、不能量化的概念,例如觉得愉快、在和谐的气氛中工作、有工作完成的成就感和满足感。对于成功,价值观念不同的人有不同的衡量标准,每个人要明确自己的衡量标准。

大学生在制定职业生涯规划的时候,要认真写好职业生涯成功的衡量标准这一项。从操作层面来说,确立职业生涯成功的衡量标准需要回答以下三个问题。

(1) 成功的外部标志是什么?是财富,是权力,还是社会地位?财富、权力和社会地位,哪个最重要,哪个次之,哪个最不重要?

(2) 成功的内在感受是什么?是快乐,是自由,还是丰富多样的体验?

(3) 事业、家庭、个人的关系是怎么样的?现代职业生涯规划比较强调事业发展、家庭幸福、个人兴趣满足的平衡和协调,反对为了一个而完全牺牲另一个。

二、目标分解与组合

目标分解是为了使实现目标具有可操作性,目标组合是为了处理好不同目标之间的关系。

1. 目标分解

要想实现一个远大、宏伟的目标,必须将其分解成若干个易于实现的阶段性目标。目标分解是将目标清晰化、具体化的过程,是将目标量化成可操作的实施方案的有效手段。

目标分解的方法主要是按性质分解和按时间分解,按性质分解是指把目标分解成外职业生涯目标和内职业生涯目标,按时间分解是指把目标分解成最终目标、长期目标、中期目标和短期目标,如图 6-5 所示。

1) 按性质分解

人的职业生涯可以分为外职业生涯和内职业生涯。外职业生涯是指从事一项职业的工

- 目标分解
  - 按时间分解
    - 最终目标
    - 长期目标
    - 中期目标
    - 短期目标
  - 按性质分解
    - 内职业生涯目标
      - 观念目标
      - 工作能力目标
      - 工作成果目标
      - 心理素质目标
      - 知识目标
    - 外职业生涯目标
      - 职务目标
      - 工作内容目标
      - 工作环境目标
      - 经济目标
      - 工作地点目标

图 6-5　目标分解

作内容、条件、待遇、职务、地点等因素的组合及变化过程。内职业生涯是指从事一项职业所需具备的知识、能力、经验、心理素质等因素的组合及变化过程。

外职业生涯的因素通常由别人决定、给予，也容易被别人剥夺，内职业生涯的因素主要靠自己探索、获得，并且不随外职业生涯因素的改变而改变，内职业生涯发展是外职业生涯发展的前提，内职业生涯的发展可以带动外职业生涯的发展。外职业生涯目标侧重于职业生涯的外在标记，内职业生涯目标侧重于职业生涯中知识、经验的积累和能力的提高。

外职业生涯目标都是可以具体描述的，如在哪个单位上班、每天的工作内容是什么、职务是什么、工资是多少、上班的地点在哪儿、工作环境如何、几点上班、几点下班等，其中最重要的有两个——职务目标和经济目标。

内职业生涯目标主要包括工作能力目标、工作成果目标、心理素质目标、观念目标等。

工作能力是对处理职业生涯中各种工作问题的能力的统称。工作能力目标的设定比职务目标的设定更能够让人们感觉到自己是职业生涯的主人。

工作成果目标包括发现新的管理方法、发表管理方面的文章、创造新的业绩等。工作成果目标既有外职业生涯的内容，又有内职业生涯的内容。工作成果目标本身属于外职业生涯目标，如每年创造 100 万元的销量，但是在实现工作成果目标的过程中所获得的知识、经验又属于内职业生涯目标的范畴。

最终能够实现职业生涯目标的人和最终没能实现职业生涯目标的人，区别不在于是否在实现目标的过程中遇到困难，而在于心理素质的不同。前者认真思考存在的问题，并努力学习、掌握解决这些问题的方法，而后者根本没有找到存在的问题，或者发现了一些问题，但是没有找到合适的解决方法。

观念是对人对事的态度、价值观。职业生涯的每一次飞跃都是以学习新知识、建立新观念为前提条件的。职业生涯发展是与明确的观念目标紧密联系在一起的。

2）按时间分解

按时间分解是给按性质分解的目标做出明确的时间规定，可分解为最终目标、长期目标、中期目标和短期目标。最终目标可以几十年为期限，长期目标可以十几年为期限，中期目标一般以几年为期限,短期目标一般以 1～2 年为期限。对于短期目标,应明确规定实现的时间和实现的方法。

短期目标具有以下特征:目标可能是自己选择的,也可能是组织或上级安排的;目标不一定符合自己的价值观,但是可以接受;目标切合实际,有明确、具体的实现时间,具备可操作性,对实现目标有把握;需要适应环境,接受已经发生的事实。

中期目标具有以下特征:目标是结合自己的意愿和组织的要求制定的;目标基本符合自己的价值观,对实现目标充满信心;目标能用明确的语言定量说明,有比较明确的实现时间,且可以进行适当的调整。

长期目标具有以下特征:目标是自己认真选择的,和职业生涯发展需求相结合,有实现的可能,并且具有挑战性;目标非常符合自己的价值观,为自己的选择感到骄傲;能用明确的语言定性说明,对实现目标充满渴望。

2. 目标组合

目标组合是处理不同目标之间的关系的有效措施,主要着眼于各目标之间的因果关系与互补关系。如果只看到目标之间的排斥性,就只能在不同目标之间做出排他性选择;如果能看到目标之间的因果关系或互补关系,就可以积极地进行不同目标的组合。目标组合包括时间上的组合、功能上的组合和全方位组合,如图 6-6 所示。

- 目标组合
  - 时间上的组合
    - 并进
    - 连续
  - 功能上的组合
    - 因果关系
    - 互补关系
  - 全方位组合
    - 职业生涯
    - 家庭事务
    - 个人事务

图 6-6　目标组合

1）时间上的组合

职业生涯目标在时间上的组合可分为并进和连续两种情况。

目标并进是指同时着手实现两个现行工作目标,如有的企业的行政总监实际上在完成人力资源经理的工作和行政经理的工作两项工作,也可以指确立和实现与目前的工作内容不相关的目标,如一个秘书为了今后的发展,在做好本职工作的同时,利用休息时间学习新闻专业的硕士课程。确立和实现本职工作以外的目标是居安思危、未雨绸缪的表现,是具有长远眼光的表现,需要具备较强的时间管理能力。

目标连续是指目标之间的前后连接,即实现一个目标后再着手实现下一个目标。一般而言,实现短期目标是实现长期目标的支持条件。目标的期限性是相对的,随着时间的推移,长期目标成为中期目标,中期目标成为短期目标,只有实现每一个短期目标,才能实现最终目标。

2）功能上的组合

职业生涯目标在功能上可以产生因果关系或互补关系。有些目标之间有非常明显的因果关系。例如：工作能力目标实现(原因)，将有利于职务目标的实现(结果)；职务目标实现(原因)，将有利于经济目标的实现(结果)。有些目标之间有明显的互补关系。例如，一个管理人员希望在成为一个优秀的部门经理的同时获得 MBA 证书，这两个目标之间存在着直接的互补关系，实际的管理工作为 MBA 课程的学习提供实践经验，MBA 课程的学习又为实际的管理工作提供理论指导。

3) 全方位组合

全方位组合是指个人、家庭和职业生涯均衡发展，相互促进。目标组合可以超出职业生涯的范围而和生活联系起来。在确立职业生涯目标时，应考虑自己在个人发展、家庭生活和职业生涯发展中的各种愿望。要想制定完美的职业生涯规划，就不应当把生活中的其他内容排斥在外，而应在生活中建立不同目标之间的协调关系。

三、确立目标的原则

确立职业生涯目标时要遵循以下六项原则。

1. 目标的明确性

在确立职业生涯目标时，要明确描述个人在实现目标时应当完成的任务。

2. 目标的可衡量性

目标应该是可以衡量的，要有明确的数据，如数量、时间等。

3. 目标的相关性

目标要与个人的职业发展观和职业发展需求相联系。

4. 目标的时限性

目标应当在特定的时间内完成。

5. 目标的集中性

目标不可以定得太多，太多了就意味着没有重点。

6. 目标的可实现性

它包括两个方面的含义。首先，目标必须是合理的，并且在个人可控制的范围之内；其次，目标必须是要经过一定的努力才可以实现的。

在确立目标的过程中要注意以下几个方面的问题。

第一，目标要符合社会与组织的需要。

第二，目标要符合自身的特点，并使其建立在自身的优势之上。

第三，目标要高，但是绝不能好高骛远，一个人追求的目标越高，其才能就发展得越快，对社会就越有益。

第四，目标幅度不宜过宽，最好选择面窄一点的领域，并把全部身心投入进去，这样更容易获得成功。

第五，要注意长期目标与短期目标的结合，长期目标指明了发展的方向，短期目标是实现长期目标的保证，长期目标与短期目标结合更有利于职业生涯目标的实现。

第六，目标要明确、具体，同一时期的目标不要太多，目标越明确、越具体，就越容易实现,越能促进个人的发展。

第七,要注意职业目标与家庭目标、个人生活目标、个人健康目标的协调与结合,家庭与健康是事业成功的基础和保障。

四、职业生涯目标规划的实施过程

职业生涯目标规划的实施通常包括以下几个步骤。

第一步,确定目标,然后将目标具体化,并设计可以采取的行动。

第二步,如果有多种供选择的方案,可通过比较选择一种最理想的实施方案,然后实施并检查实施结果。如果实施结果不理想,就要重新评价、调整实施方案。

第三步,如果还有问题,则需要从目标出发进行总结、更正。需要注意的是,在进入组织后,个人的职业生涯规划会受到组织的约束,许多组织虽然不反对员工的自我发展,但是也不会为他们的发展创造条件。

职业生涯目标规划的实施过程如图 6-7 所示。

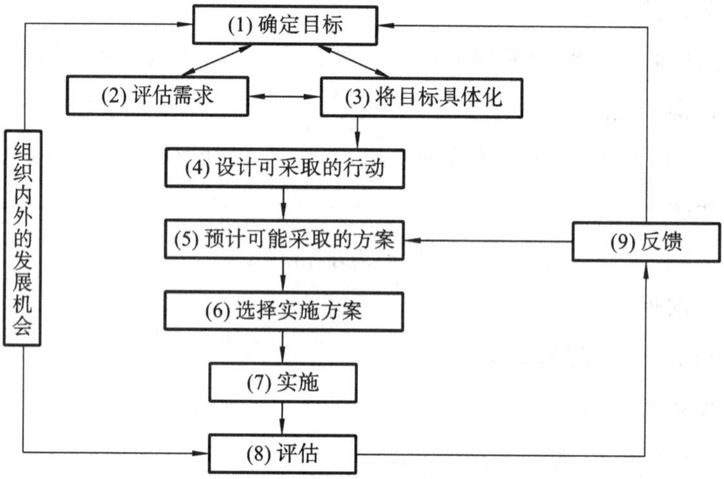

图 6-7　职业生涯目标规划的实施过程

五、职业生涯路线的选择

职业生涯路线的选择是指一个人选定职业后选择从什么方向去实现自己的职业目标,例如是向专业技术方向发展,还是向行政管理方向发展。发展方向不同,要求就不同。因此,大学生在制定职业生涯规划时必须对此做出选择,以便安排今后的学习和工作,使其沿着职业生涯路线发展。

职业生涯路线的选择是人生发展的重要环节之一,对人的一生有着重要的影响。许多人往往要经过一番努力才能找到适合自己的发展方向。以下三个问题能够帮助你找到发展方向。

问题 1:你有何才能? 把你所具有的才能全部列出来,选择三种最重要的才能。例如,“我最重要的三种才能是听力、创造力和表达能力”。

问题 2:你的追求是什么？例如,“我的追求是帮助人们发现他们的生活目标”。

问题 3:什么样的环境最适合你发挥自己的才能？例如,“我经常在与别人一起游览自然风景时发挥自己的才能”。

把上述问题的答案列出来后,将每个答案中你认为最重要的因素结合起来组成一个完整的句子。比如,“我可以利用我的听力、创造力和表达能力帮助人们在自然环境中发现他们的生活目标”。

也许你的职业生涯目标有多个,如果你不断地探寻,最终你会发现这些目标中贯串着一条内在的主线。在选择职业生涯路线时,可以从以下三个方面考虑。

(1) 自己希望向哪一个方向发展,主要考虑自己的价值观、理想、成就动机,确定自己的目标取向。

(2) 自己适合向哪一个方向发展,主要考虑自己的性格、特长、经历、学历等客观条件,确定自己的能力取向。

(3) 自己能够向哪一个方向发展,主要考虑自身所处的社会环境、政治环境、经济环境、组织环境等,确定自己的机会取向。

在对上述三方面的要素进行综合分析后,就可以确定自己的职业生涯路线。确定职业生涯路线后,还要画出职业生涯路线图。典型的职业生涯路线图是一个“V”形的图形。假定一个人 22 岁大学毕业以后参加工作,即“V”形图形的起点是 22 岁。从起点往上,左侧是行政管理路线,右侧是专业技术路线。按照年龄将路线划分为若干部分,并将专业技术等级和行政职务等级分别标在路线图上,作为自己的职业生涯目标(见图 6-8)。当然,职业生涯路线也可能出现交叉,这可以根据自身的情况与处境来决定。

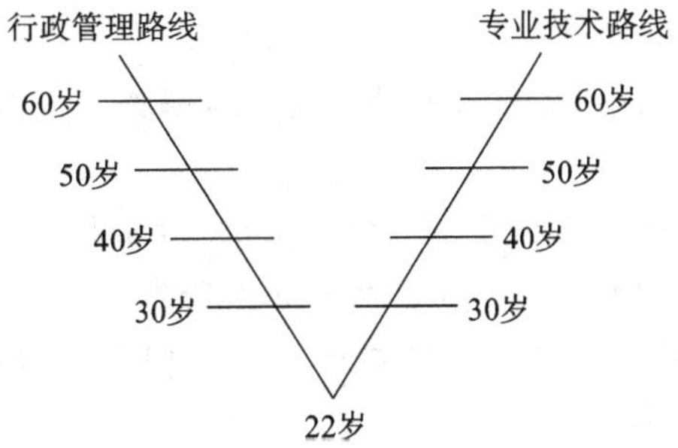

图 6-8　典型的职业生涯路线图

第五节　实施策略

一、编制具体的行动方案

职业生涯行动方案就是努力的方向。为了保证自己的行动能与目标保持一致,就需要最大限度地根据职业生涯规划,约束自己的行为。

二、采取积极的措施

有了行动方案,还要督促自己严格执行行动方案。由于种种原因,在许多情况下,可能会出现许多紧急工作,让人无法一一应对,这时就应该分清轻重缓急,但是不能埋头干活,而忘记了努力的方向。

下面几项措施可以帮助你更好地实施职业生涯规划。

(1) 经常回顾你的构想和行动方案,必要时做出调整。

(2) 如果你的理想蓝图发生了变化,你需要对你的构想和行动方案做出相应的调整。

(3) 把你的构想和行动方案贴在床头等可经常看见的地方。

(4) 与好朋友讨论你的构想和行动方案,并向好朋友询问实现构想的途径。

(5) 注意抓住机遇以实现自己的职业目标,特别要注意抓住组织所提供的机会,为实现自己的职业目标奠定基础。

(6) 每隔一段时间检查一次工作进度,实施过程监督。

(7) 学会拒绝应酬,增加在职业生涯目标上的精力投入。

拓展专题

职场无往不利的六大心理定律

你可以将以下定律应用在任何领域里,无论是销售沟通、设立目标、时间管理,还是领导组织。

(1) 坚信定律。当你对某件事情抱着百分之一百的信心时,它最后就会变成事实。

(2) 期望定律。当我们怀着对某件事情非常强烈的期望时,所期望的事情常会出现。

(3) 情绪定律。“理性地思考”本身也是一种情绪状态,因此人百分之百是情绪化的动物,而且任何时候的决定都是情绪化的决定。

(4) 吸引定律。当你的思想专注于某一领域的时候,跟这个领域相关的人、事、物就会被你吸引而来。

(5) 专精定律。只有专精于一个领域,你才会出类拔萃地成长。

(6) 惯性定律。任何事情只要你能够不断坚持,它终究会变成一种习惯。

思考与讨论

1. 什么是职业生涯规划?职业生涯规划有什么意义?
2. 一份较为完整的职业生涯规划包括哪些内容?
3. 制定职业生涯规划的一般步骤有哪些?
4. 怎样才能制定一份较为合理的职业生涯规划?

第七章　大学生心理危机应对

本章学习目标

- 掌握大学生心理危机应对的自我支持技术
- 了解大学生心理危机的种类及表现
- 理解大学生心理危机的特点及原因
- 了解自杀高危人群的特征和自杀干预策略
- 了解心理危机的定义和特征
- 了解心理危机理论

危机一词在希腊文中，意思为转折点，即事件发展过程中的曲折变化点。人的一生不可能不经历危机，危机是避免不了的。青年人会遇到学业、就业、恋爱、结婚等方面的危机，中年人会遇到家庭、事业和社会关系等方面的危机，而老年人则会遇到以身体疾病为主的危机。心理承受能力较差的人，在危机发生时，可能会发生认知、情感、意志和行为上的“错位”，甚至会产生具有内、外两种指向性的破坏性行为或破坏性行为倾向。对内指向是指个体对自身的破坏，如自杀、自残、自虐等；对外指向是指个体对他人的破坏，如马加爵事件。

第一节　心理危机及心理危机理论

一、心理危机的定义及特征

1. 心理危机的定义

被称为“现代危机干预之父”的凯普兰认为，当一个人面对困难的处境，而他先前的处理危机的方式和惯常的支持系统不足以应对眼前的处境，即他面对的困难处境超过了他的能力时，他就会产生暂时的心理困扰，这种暂时性的心理失衡状态就是心理危机。此后，心理危机理论迅速发展，出现了许多关于心理危机的定义。

心理失衡状态如图 7-1 所示。

美国加利福尼亚大学的心理学教授 Kristi Kanel 认为，不管哪种方式的定义，心理危机实质上都包括三个基本的部分：①危机事件的发生；②对危机事件的感知导致当事人的主观

图 7-1　心理失衡状态

痛苦；③惯常的应对方式失败，导致当事人的心理、情感和行为等方面的功能水平比危机事件发生之前降低了。Kristi Kanel 的这一定义比较全面、准确地概括了心理危机的过程和实质，因而得到了许多研究者和临床工作者的认同。

由此可见，心理危机在本质上是伴随着危机事件的发生而出现的一种心理失衡状态。在个体的成长过程中，危机事件的不可避免性决定了心理危机的不可避免性。

需要注意的是，心理危机是不可控制的，它有自己的发展进程。一般来说，心理危机具有两面性，它意味着危险与机遇并存。一方面，心理危机是危险的，如果心理危机严重威胁到个体的日常生活和家庭的其他成员，而个体又无法找到合适的解决办法，就可能导致个体严重的病态，包括杀人和自杀；另一方面，心理危机也是一种机遇，因为它带来的痛苦会迫使个体寻求帮助，如果个体能够利用这一机会，则心理危机干预不仅会防止心理危机的进一步发展，而且可以帮助个体学到新的应对技巧，从而使个体的心理恢复平衡，并帮助个体实现自我成长。也就是说，心理危机孕育着成长和变化的机缘。在面对心理危机时，焦虑情绪总是存在的，这种情绪导致的不舒服为成长和变化提供了动力。在很多情况下，个体只有在焦虑达到极限以后，才会承认他们对问题已经失去了控制。

2. 心理危机的特征

现实生活中的心理危机涉及的层面很广，既包括不同群体的各种不同的心理危机，也包括同一群体在不同时期的心理危机。不同的心理学家对心理危机具有什么特征持有不同的观点。

吉里兰德和詹姆士认为心理危机具有以下特征：①危险与机遇并存；②有复杂的症状；③存在成长和变化的机缘；④缺乏万全的或快速的解决办法；⑤有选择的必要性；⑥普遍性与特殊性共存。

帕里认为心理危机具有以下特征：①关键的压力事件或长期的压力情境；②个体的悲伤经历；③存在损失、危险和羞辱；④有一种无法控制的感觉；⑤事件的发生是意料之外的；⑥日常工作受到影响；⑦未来的不确定性；⑧紧张情绪持续时间过长。

心理危机作为个体面临的严重生活事件，概括起来主要有以下特征。

(1) 心理危机具有复杂性、难以理解性。心理危机不遵循一般的因果关系规律。心理危机一旦出现，就会有很多复杂的问题需要危机干预工作者进行直接的干预，而且个体所处的环境决定着处理危机的难度。对于大学生来说，家庭、老师和同学是直接影响问题解决的重要因素。

(2) 心理危机既有普遍性，又有特殊性。说心理危机具有普遍性，是因为在人的一生中，心理危机是肯定存在的，没有人能够幸免；说心理危机具有特殊性，是因为面对同样的情况，有些人能够成功地战胜心理危机，而另外一些人则不能。

(3) 心理危机缺乏万全的或快速的解决方法。帮助处于心理危机中的人的方法是多种多样的，但是对于那些长期存在的问题，基本上不存在快速的解决方法。许多处于严重心理危机中的人总是企图找到迅速解决问题的方法，通常是使用药物，尽管这样的解决方法可以延缓极端反应的出现，但是对造成心理危机的根源毫无影响，因此最后会导致心理危机更加严重。

二、心理危机的发展演变

心理危机的发生不是突然的，它是一个动态发展的过程，在心理危机的不同阶段，个体会有不同的心理和行为表现。

凯普兰认为，处于心理危机中的个体一般要经历以下四个阶段[①]。

(1) 第一个阶段。当个体感受到自己的生活突然发生变化或即将发生变化时，其内心的基本平衡会被打破，表现为警觉性提高，开始感到紧张。为了重新获得平衡，个体试图用其惯常的策略做出反应。在这一阶段，个体一般不会向他人求助。

(2) 第二个阶段。经过前一阶段的努力和尝试，个体发现自己惯常的解决问题的方法不能解决问题，于是紧张程度开始增加。为了找到新的解决办法，个体开始尝试采用其他的办法来解决问题。在这个阶段，个体开始有了求助的动机。

(3) 第三个阶段。如果经过尝试，未能有效地解决问题，个体内心的紧张程度持续增加，并想方设法地寻求和尝试新的解决办法。在这一阶段，个体的求助动机最强，常常不顾一切，不分时间、地点和对象发出求助信号，甚至尝试自己过去认为荒唐的方式。此时个体很容易受到别人的影响。在这个阶段，个体会采取一些异乎寻常的行动宣泄紧张的情绪，如无规律的饮食起居、酗酒等，这些行为不仅不能有效地解决问题，反而会损害个体的身心健康，增加紧张程度和挫折感。

(4) 第四个阶段。如果经过前三个阶段仍未能有效地解决问题，个体就很容易产生习得性的无助。他会对自己失去信心和希望，甚至会对生命的意义产生怀疑和动摇。同时，强大的心理压力有可能触发以前未能完全解决的心理冲突，有些人会因此走向精神崩溃或人格解体。

Kenneth France 则将心理危机分为三个阶段，即冲击阶段、应对阶段和退缩阶段。冲

---

① 孔晓东. 大学生心理危机及其干预策略的调查. 武汉：华中师范大学，2007.

击阶段大致相当于凯普兰所说的第一个阶段,应对阶段大致相当于第二个阶段和第三个阶段,退缩阶段则大致相当于第四个阶段。

还有人认为,心理危机的发展一般要经历以下几个时期。

(1) 前危机期。个体的心理处于平衡状态,能够应付日常生活中的应激事件。

(2) 冲击期。高强度的应激事件发生前的几个小时,个体感到紧张、焦虑、惊恐。在这个时期,个体会将情境视为一种威胁。如果在这个时期问题无法得到解决,紧张程度还会继续增加。

(3) 危机期。在这个时期,个体的紧张和焦虑达到难以忍受的程度,处于一种渴望解脱的状态。一般来说,处于危机期的个体会有强烈的求助愿望,容易接受别人的帮助。

(4) 适应期。个体开始采用积极的办法接受现实,成功地解决问题,因此,焦虑减轻,自我评价上升,社会功能恢复。

(5) 后危机期。有些人变得更成熟,获得了更多的应对危机的技巧,有些人则走向精神崩溃或人格解体,甚至有可能自杀。

由危机事件引发的心理失衡状态不会一直持续下去。心理危机持续的时间一般为4～6周,在这4～6周内,由于处理危机的手段不同、个体的人格特质不同、所获得的支持不同,心理危机发展的结局也不相同。一般来说,心理危机会产生以下四种结局。

第一种,个体不仅顺利度过危机,而且学会了应对危机的新方法,心理健康水平提高。

第二种,危机虽然度过,但是在个体的心里留下了阴影,下次遇到同样的危机事件,个体可能会出现新的不适应的状况。

第三种,未能度过危机,个体的心理适应水平明显降低。

第四种,自杀。个体无法承受心理压力,对未来失去信心,于是选择自杀来使自己得到解脱。

三、心理危机理论

1. 基本危机理论

基本危机理论是由林德曼提出的。他认为,在失去亲人时,悲伤的行为反应是正常的、暂时的,并且可通过短期危机干预技术进行治疗。失去亲人时正常的悲伤的行为反应包括以下几种:①总是想起死去的亲人;②表现出内疚和敌意;③日常生活出现某种程度的紊乱;④躯体诉述。林德曼反对把求助者所表现出的危机反应当作病态进行治疗的观点。

在基本危机理论中,林德曼主要关心的是悲伤行为反应的及时解决,他主要采用平衡/失衡模式进行危机干预。这一模式可以分为以下四个时期:①紊乱的平衡;②短期治疗;③求助者试图解决问题;④恢复平衡状态。

基本危机理论的另一个代表人物凯普兰认为,心理危机是一种状态,而造成这种状态的原因是生活目标的实现受到阻碍,且用常规的行为无法克服。阻碍的来源既可以是发展性的,也可以是境遇性的。凯普兰也像林德曼一样,采用平衡/失衡模式进行危机干预,并且发展性地将林德曼的观点应用于所有的发展性事件和境遇性事件,同时将危机干预扩展到去除那些引发心理创伤的认知、情感和行为问题。

2. 扩展危机理论

随着心理危机理论和干预实践的发展，人们越来越认识到，在社会、心理、环境的共同影响下，任何人都可能出现暂时的病理症状。但是基本危机理论没有考虑使一个事件发展成为危机的社会、环境因素，而将个体自身的素质作为危机的唯一或主要因素，这显然是不够的。扩展危机理论就是在这个基础上建立起来的，这一理论主要是从心理分析理论、一般系统理论、适应理论和人际关系理论中吸取了有用的成分。

心理分析理论的基本观点是通过找到进入个体无意识思想和过去情绪经历的路径，可以理解伴随危机的不平衡状态。关于为什么一个事件会发展成为危机，心理分析理论假设儿童早期的心理固着可以作为主要的解释。在受到危机情况的影响时，这个理论可以帮助求助者理解其行为的动力和原因。

一般系统理论主要是基于人与人、人与事件之间的相互关系和相互影响，而不太强调处于危机中的个体的内部反应。一般系统理论的基本概念可以类比为一个生态系统，构成系统的所有要素都是相互联系的，其中任何一个要素改变，都会导致整个系统发生改变。贝尔金进一步指出，该理论涉及一个情绪系统、一个沟通系统及一个需要满足系统，所有属于系统的成员都会对别人产生影响，也会被别人影响。

适应理论认为，适应不良行为、消极的思想和损害性的防御机制会对个体的危机起维持的作用。该理论假设，当适应不良行为转变为适应性行为时，危机就会消退。打开功能适应不良链，意味着转变为适应性行为、促进积极的思想以及构筑防御机制，可以帮助求助者克服因危机而导致的失能，并向积极的功能模式发展。在心理危机干预工作者的帮助下，求助者能够学会将旧的、懦弱的行为转变为新的、自强的行为。这样的新行为可以直接在危机条件下起作用，最后成功地解决危机。

人际关系理论的要点是如果人们相信自己，相信别人，并且具有自我实现和战胜危机的信心，那么他们的危机就不会持续很长时间。如果人们将自我评价的权利转让给别人，他们就会依赖于别人才能获得信心。因此，一个人的控制权的丧失与他的危机会持续相等的时间。人际关系理论的最终目的在于使自我评价的权利回到自己的手中，这样的活，个体可以控制自己的命运，并采取行动应对危机。

3. 应用危机理论

布拉默提出了应用危机理论，将危机分为成长性危机、境遇性危机和存在性危机。

成长性危机也称为发展性危机、内源性危机、内部危机。心理学家埃里克森认为，人生是由一系列连续发展的阶段组成的，每一个阶段都有其特定的身心发展课题。当一个人从某一个发展阶段转入下一个发展阶段时，他原有的行为和能力不足以完成新课题，而新的行为和能力又尚未发展起来，这时个体常常会处于行为和情绪的混乱无序状态，容易产生成长性危机。成长性危机是可以预见的，因此也被认为是正常的危机。升学、离开父母、结婚、退休等都有可能引发成长性危机。

境遇性危机又称外为源性危机、环境性危机、适应性危机，是指由外部的、可见的、个人无法预测和控制的事件引起的危机。境遇性危机的主要特点是它是随机的、突然的、强烈的、灾难性的。境遇性危机事件可以是物质的或环境的，如火灾、地震等，也可以是个人的，如身患重病、交通意外等，还可以是人际的或社会的，如亲友死亡、离婚等。

存在性危机是指伴随着重要的人生问题出现的内部冲突和焦虑。存在性危机可以基于现实,如一个 40 岁的人从没做过什么有意义的事,从未对自己所在的组织产生过独特的影响,也可以基于后悔,如一个 50 岁的人从未结过婚,从未离开过父母,而现在他却永远失去了机会,也可以基于一种压倒性的、持续的感觉,如一个 60 岁的人觉得自己的生活毫无意义,这种空虚永远无法用有意义的东西来弥补。

第二节　大学生心理危机的特点和表现

大学生一旦出现心理危机,就会对个体自身、他人(包括亲人、老师、同学等)产生强烈的破坏性影响。大学生是一个特殊的社会群体,对社会的发展与稳定具有重要的意义。关注大学生的心理危机状态,研究大学生心理危机干预机制是高校当前重要的研究课题。(见图 7-2)

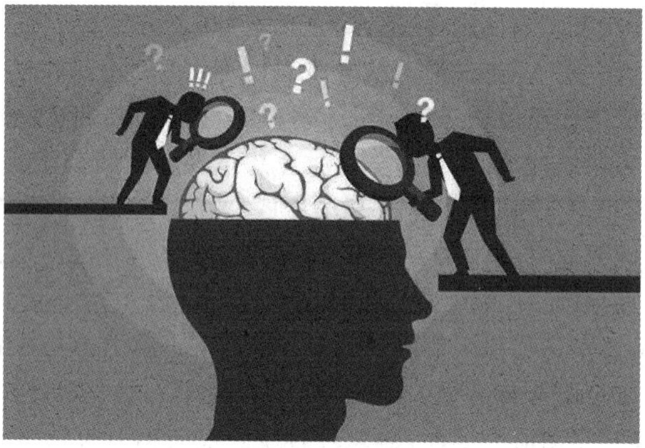

图 7-2　研究

一、大学生心理危机的特点

当前,国际形势与国内形势都在发生急剧的变化,大学生也面临着前所未有的挑战,在心理和生理上都承受着巨大的压力。一般来说,大学生心理危机的特点主要表现在以下几个方面。

1. 对自己造成损失

心理危机对个体而言是有害的,会对大学生造成心理上或身体上的损害。

2. 具有复杂性

心理危机是个体的生活环境、人际交往等的综合反映,不遵循一般的因果关系规律。因此,心理危机具有复杂性。

3. 感到无法控制,找不到迅速解决问题的办法

处于心理危机中的大学生通常会感到无法控制自己的情感和周围的环境,也找不到迅速解决问题的方法。

4. 事件结果具有不确定性

心理危机通常会使大学生感觉到事件的结果不能确定。同时，心理危机会给大学生的日常生活带来明显的变化。

5. 具有普遍性

心理危机是一种正常的生活经历，没有人能够幸免，大学生也不例外。

6. 防御机制受到影响

大学生面临心理危机时，认知、情感和意志资源都会受到限制，防御机制也会受到影响。

7. 危险与机遇并存

对于处于心理危机中的大学生来说，心理危机既意味着危险，又蕴藏着机遇。一方面，心理危机是危险的，它可能会导致大学生严重的病态，包括自杀和杀人；另一方面，心理危机也是一种机遇，因为它带来的痛苦会迫使大学生寻求帮助，大学生在寻求帮助的过程中，可以实现自我成长，最终走向成熟。

8. 具有时代性

当代大学生的心理危机，反映了时代、社会对大学生的要求和期望，以及个人对理想的追求，表现为成才、身体健康、心理承受能力强、完成学业、继续深造、实现理想等压力下的冲突和矛盾。

二、大学生常见的心理危机

成长案例

小婷的日记

【描述】困惑，无休止的疑虑，生命太痛苦了，多一天我就多一天精神折磨，我对所有一切排斥感太严重，只是目前还没有到达完全崩溃的地步，为什么我的大脑会这样？我觉得我的承受力已达到极限，我对自己已无能为力了，现在我怀疑和排斥一切外来的东西，对它们有很大的不确定感，而自己也有很大的不安感，时时处处都似乎是这样，上学期还曾有过“我自己到底是不是人”这个问题的想法，精神很痛苦，我忧虑、害怕一切东西。事实上我有意识我写这段话都显得语无伦次了。但我没办法控制。还有另外一个事实：我脑海里甚至连心理咨询都怀疑了，我怕它会强制我把脑子里原有的信息删去。那将是一件怎样难以想象的事情？我太忧虑了……

我的担忧无休无止，任何事都可能成为我担忧顾虑的对象。我太累了……我不是没有担心过终有一天我会疯掉或自己解决掉自己的……我根本没办法用常理分析自己，更没法解决问题，自己太荒谬，是不是我的人格出了问题？不知道不知道……心理医生会不会看不起我？不知道不知道……

体力似乎已透支，身心很疲惫……累！这世界还有如我一样荒谬想法的人吗？

【分析】小婷的心理问题在部分大学生身上也曾出现过，不知道怎样去合理处理自己的情绪与思想。她缺乏交流的技巧，不会倾诉，不自信，害怕别人看不起自己，找不到更有效的方法。这是大学生共同的心理困惑。他们需要关心、理解、支持和帮助。

大学生常见的心理危机主要有以下几种。

1. 成长危机

一方面,大学生正处于生理发育基本成熟和心理发展相对滞后的特殊时期,人生观和世界观逐渐形成,心理状态不稳定,容易受到外界的影响而产生心理危机;另一方面,大学生性生理已经基本成熟,性意识增强,渴望异性的友谊和爱情,但是由于大学生性心理还没有完全成熟,且缺乏生活经验,所以常常会出现一些不正当的行为,对身心造成严重影响。

2. 人际关系危机

和谐的人际关系是大学生心理健康不可缺少的条件。进入大学以后,大学生面临着一种全新的人际关系。在中学,他们可以凭借优秀的成绩赢得同学和老师的青睐,但是在大学,成绩好的学生不一定能获得好的人际关系。另外,大学里的学生来自五湖四海,每个人的家庭背景、价值观、性格、兴趣爱好等都不同,这些差异会不可避免地带来冲突,如果冲突得不到及时解决,就会产生人际关系危机,对大学生的心理健康造成影响。

3. 就业危机

近年来,由于社会竞争加剧,高校扩招,就业市场不景气,大学生找工作越来越难。对于那些学习成绩不好、能力不出众的大学生而言,就业问题就像一座大山压在他们的身上。他们努力增强自己的实力,花费大量的财力和时间来学习热门、实用的课程,长期处于紧张的状态下,一旦失败,就会产生强烈的挫折感和失败感。

4. 学业与经济危机

对大学生来说,学习是首要任务。大学生的学习压力大部分来自所学专业非自己所爱,这使他们长期处于冲突与痛苦之中。学习负担过重、学习方法有问题也会造成心理压力。精神长期处于高度紧张的状态下,很容易使大学生出现焦虑、精神分裂等心理疾病。生活贫困也会造成心理压力。目前,我国的大学生中大约有20%是贫困生。有些贫困生的虚荣心很强,不敢面对贫困,与同学相处时敏感而自卑,有的同学甚至患上了自闭症、抑郁症,不得不退学。[①]

5. 情感危机

大学生是否能正确认识与处理情感方面的问题,会直接影响大学生的心理健康。情感危机是指一个人在感情方面突然受到打击,使他无法控制和支配自己的感情,从而严重地干扰他的正常思维,甚至使工作、学习无法正常进行。在大学生中最常见的情感危机莫过于失恋,失恋是诱发大学生心理问题的重要因素。

三、心理危机的表现

危机发生后,个体会在躯体、认知、情绪、行为等方面发生种种变化。在躯体方面,会出现疲劳、失眠、头痛等症状。在认知方面,记忆和知觉发生改变。在情绪方面,常出现害怕、

---

① 郭静林.当代大学生生命价值观现状与道德教育.福州:福建师范大学,2006.

焦虑、忧郁、伤心、悲伤、绝望与不安等情绪。在行为方面，个体不能专心学习、工作；不愿意与人交往；与社会的联系被破坏，个体感到与人相距甚远，可能会发生对自己和对他人的破坏行为；拒绝接受别人的帮助，认为接受别人的帮助是自己软弱无能的表现；行为和思维、情感不一致。

具体来说，个体在心理危机发生之后可能会出现下列反应。[①]

1. 事后震惊

事后震惊是危机过后，经历危机的人可能产生的一种潜在反应，具体表现是周期性或持续性的颤抖、长期心烦意乱或心不在焉、极端不安、精神恍惚。

2. 责怪

人们在面临危机时容易责怪自己和责怪他人。

3. 焦虑

面临危机的个体可能会因为害怕、恐惧和焦虑而感到不知所措。他们会通过抽烟、喝酒、祈祷、打电话、吃药、和那些能够帮助自己的人交谈等途径来减轻焦虑。伴随着焦虑反应的症状有多汗、头痛、心悸、胸痛、头晕眼花等。他们还会不时地在幻想、睡梦中体验创伤，一般的问题被夸大了，并被设想得特别严重，似乎是不可克服的。

4. 抑郁

人们在面临危机时往往表现得很抑郁，会极度悲伤、痛苦或绝望。在这种情况下，他们在认知上会表现得很无助，他们会认为面对这种情境，无论采用什么方法和手段都是没有用的。

5. 假装适应

假装适应是所有心理危机反应中最敏感的，是指一些人从表面上看好像很成功地驾驭了创伤和压力，但事实上他们是故作轻松。假装适应是一种由抑制、自我克制等支撑起来的相当脆弱的防御方法。假装适应的人很少主动寻求帮助。

6. 休克

人们可能会被危机事件弄得不知所措，他们感到非常茫然，而留给他们的仅仅是“这并没有真正发生在我身上”的感觉。这会在他们的外表和行为上表现出来：经常目光呆滞，说话时恍恍惚惚，难以集中注意力，走路僵硬，并且很容易受到暗示的影响。有些人由于危机事件而产生的压力反应是对他人进行攻击，总觉得能够发泄满腔怒火和重新获得自尊的唯一途径就是毁灭那个他们认为伤害了自己的人，还有一些人则采用自我毁灭的方式，如疯狂地驾驶、酗酒，直到神志不清为止。

7. 寻求改变

处于危机中的个体虽然对事件的不确定性感到难受，处理问题的能力也受到了限制，但是他们不会坐以待毙，他们也想获得别人的帮助，只不过他们常常采用一些不当的方式来处理问题。

---

① 孔晓东. 大学生心理危机预警及其干预策略的研究. 高等函授学报(哲学社会科学版)，2007(10).

四、引发大学生心理危机的应激性事件

大学生心理危机的发生一般都有明确的应激性事件，只有少数抑郁症患者的心理危机应激性事件不明确，但是，会存在一定的可参照性生活事件。

1. 躯体疾病

躯体疾病可能导致的心理危机，首先是焦虑、恐惧。轻者感到担心、疑虑，重者感到大祸临头，伴随着植物神经症状，如眩晕、心悸、多汗、恶心、大小便频繁等，还可能有交感神经系统亢进的体征，如血压升高、心跳加快、面部及其他部位肌肉紧张等。其次是抑郁，因为心理压力可导致个体情绪低落，对外界事物不感兴趣，不愿与人交往，严重者会出现自杀行为。再次是性格改变，如总是责怪别人、故意挑剔、常因小事勃然大怒、对躯体方面的微小变化颇为敏感等。

2. 恋爱关系破裂

失恋可引起强烈的痛苦和愤怒情绪，有些人可能采取自杀行为，或者因爱生恨，采取攻击行为，攻击恋爱对象。

3. 亲人死亡

面对亲人死亡，与死者关系越密切的人，产生的悲伤反应越严重。亲人如果是猝死或者是意外死亡，如突然死于交通事故或自然灾害，引起的悲伤反应较严重。在这种情况下，心理危机严重者可能出现自杀行为。

4. 重要考试失败

重要考试失败可引起大学生痛苦的情感体验，通常表现为退缩、不愿与人接触，严重者也可能采取自杀行为。

5. 评优失败

有些评优失败者会有自杀或攻击行为，主要是因为他们对未来失去信心或觉得无脸见人，也有可能是因为他们认为自己评优失败是由某人从中作梗所致，因而对其采取攻击行为。

第三节　心理危机预警与干预

一、心理危机预警

心理危机预警是指对心理危机进行早期的预测，通过对预警信息进行评估及时发现和识别潜在的或现实的危机因素，有针对性地采取防范措施，防患于未然，必要时发出危机警报，减少危机发生的突然性和意外性。

心理危机预警的对象，一般是危机承受能力相对较差、危机事件发生的概率较高，以及正在遭遇危机事件的个体或群体。从危机事件发生的概率来说，一般认为，有几类大学生可

能更容易遭遇危机事件，如贫困生、复读生、单亲或离异家庭的孩子等，应该多关注这几类大学生。此外，对一些家庭教养环境不佳、思维方式特别、情绪不稳定、行为冲动的大学生，也应给予高度的关注。

就心理危机预警的方法而言，传统的方法多为事件跟踪法，现在则主要采用预警指标法。事件跟踪法比较被动，往往有事后干预的特点，不能及时、尽早发现问题。预警指标法则在某种程度上弥补了这一缺点，主要是根据预警对象的情况建立一套有监测功能的预警指标体系，通过预警指标，利用某种理论与经验，分析确定预警对象与危机情势发展之间的因果关系，从而进行危机预测。预警指标作为预警信息分析的依据，应该包括容易引起心理危机的各种因素。郭兰等人认为，大学生心理危机的预警指标应该包括以下四个方面的内容①。

(1) 个体发展状态指标，包括学习动力、兴趣、成绩、就业信心、成长机遇、人格、气质特征、对挫折的应对方式、社会适应能力等。

(2) 社会环境指标，包括与父母的关系，家庭环境，对学校教学、管理、生活的满意度，对社会氛围的满意度。

(3) 人际交往指标，包括与同学、老师的关系，对亲情、友情、爱情的看法和满意度。

(4) 负向情绪指标，包括负向情绪的类型、强烈程度、持续时间、排解方式，以及刺激源等。

心理危机预警信息出现后，要对所收集的信息进行分析评估，以判断心理危机的成因、类型、强度、可能导致的后果、发展规律，进行心理危机预测。对心理危机预警信息的分析评估，应该包括对心理危机环境的分析和对心理危机预警信息本身的分析两部分内容。心理危机环境分析，是指对已经或可能引发危机的环境因素进行评价和预测。通过对大学生所处的外部环境进行分析研究，可以掌握客观环境的发展趋势和动态，了解与危机事件的发生有关的微观动向，从而保证当外部环境中出现不利的因素时，能及时、有效地采取措施，趋利避害。心理危机预警信息分析的首要任务是分析判断信息的真实性，任何虚假的信息都会导致预测不准。因此，排除虚假信息，确保信息的真实性、可靠性，是预警信息分析的重要方面。此外，在确认预警对象之后，接下来的任务就是分析他们的认知方式和行为方式的特点，根据预警指标，评价其心理危机的严重程度，并确定是否进行危机预警。

二、心理危机干预的含义

心理危机干预也叫心理危机调停，是指对处于困境和挫折中的个体给予关怀和支持，使其恢复心理平衡的过程。心理危机干预的概念最初是由林德曼和凯普兰提出的，他们认为心理危机干预是指化解危机并告知个体如何运用较好的方法处理未来的应激性事件。心理危机干预属于一种心理卫生救助措施，主要是对心理适应陷入危机状态者给予适时的救援，帮助其度过危机，然后从长计议。国内的一些医疗机构设置的“生命热线”和一些社区服务机构成立的各种救助组织都属于危机干预的范畴，目的是为陷入危机的个体和群体提供帮助。

虽然心理危机干预的方法多种多样，但大体上可以分为两类：一类是情绪干预，另一类

① 郭兰，傅安洲，霍绍周. 大学生心理危机及预警系统研究. 中国地质大学学报(社会科学版)，2001(3).

是问题干预。在现实生活中,调整情绪和直接解决问题大多是同时进行的。

心理危机干预的关键在于进行人格塑造,帮助面临危机的个体恢复自信,克服心理缺陷,发挥个人潜能。危机有危险和机遇两种含义。如果危机严重地威胁到一个人的生活和家庭,并使其产生精神崩溃或自杀的可能,那么这种危机是很危险的。如果一个人在面临危机时能得到及时、有效的治疗性干预,那么不仅可以防止危机的进一步发展,而且可以帮助其学会新的应对技巧,使心理平衡得以恢复,甚至超过之前的水平。因此,危机是一种机遇。

从心理学的角度来看,心理危机干预是指采取某些措施来干预或改善危机情境,激发处于危机中的个体的潜能,帮助其重新建立或恢复危机发生前的心理平衡状态,以防止处于危机中的个体及其周围的人受到伤害。心理危机干预的基本内容主要包括两类:一类是涉及社会生活的危机干预,如离家出走、抑郁状态、冲动行为、吸毒、酗酒、自杀等;另一类是涉及精神医学临床的危机干预,如精神紊乱、意识障碍导致的各种行为危机。

三、心理危机干预的理论模式

贝尔金指出,心理危机干预的理论模式有三种,即平衡模式、认知模式和心理社会转变模式。[①]

1. 平衡模式

处于心理危机中的人通常处于一种心理失衡的状态,平衡模式的目的在于帮助他们恢复危机发生前的心理平衡状态。平衡模式最适合于早期的干预,因为这时个体分不清解决问题的方向,且不能做出适当的选择,迫切需要外界的帮助。

2. 认知模式

认知模式认为,危机根植于对事件和围绕事件的境遇的错误思维,而不是事件本身或与事件和境遇有关的事实。该模式的基本原则是,通过改变个体的思维方式,让个体认识其认知中的非理性的和自我否定的部分,重新获得理性和自我肯定,从而获得对自己生活中的危机的控制。其主要目的在于通过让个体练习和实践新的自我说服,使个体的思想变得更积极、更肯定。

3. 心理社会转变模式

心理社会转变模式认为人是先天遗传和后天环境学习的产物,因此,危机可能与内部的和外部的困难有关,而不是一种单纯的内部状态。危机干预的模式也要涉及个体以外的环境,测定与危机有关的内部和外部困难,帮助个体选择替代他们现有行为、态度和使用环境资源的办法,从而帮助个体将适当的内部的应对方式、社会支持和环境资源结合起来,最终获得对自己生活中的危机的控制。

四、自我支持技术

处于危机中的个体,注意力明显不集中,可能会忽略一些明显的事情,包括对自身可利用的资源的忽略。自我支持技术的目的在于从自身出发来解决危机,调整情绪,使自身的功

---

① 刘取芝.大学生心理危机及其干预策略研究.南京:河海大学,2005.

能水平得以恢复。

1. 收集信息

收集信息如图 7-3 所示。

图 7-3　收集信息

个体在面临危机时会陷入不知所措的境地，不知道发生了什么事，也不知道将来会发生什么事，此时，他们可以向那些过去有过类似经历的人或专家请教，也可以从有关书籍中寻找解决问题的办法。

2. 积极调整情绪

危机的出现通常会使人们极度紧张和沮丧。众所周知，这些情绪反应不仅是内在的、强烈的不适感，而且消极的挫折体验会使危机进一步恶化。因此，调整情绪的中心环节，就是要培养承受痛苦的能力。调整情绪，可以使焦虑导致恐慌、沮丧导致失望等情绪的恶性循环得到控制。当危机超出我们的控制或者我们无力改变外部的事物时，控制自己的情绪尤为重要。此时，将注意力集中在努力调整自己的情绪上，可以取得很好的效果。① （见图 7-4）

图 7-4　积极情绪

调整情绪可以采用抑制法、分散法等方法。这些方法能转移个体的消极思想和情绪，为个体的心理重建赢得时间。抑制在一定程度上是自动的过程。不过，我们也可以有意识地控制它，比如提醒自己“别想这件事了，想点别的吧”。分散是指不停地做事，将注意力集中

① 王滟明. 在哈佛听积极心理学. 北京：中国华侨出版社，2012.

在当前的工作上而不去关注那些痛苦的感受。分散的主要目的是逃避痛苦的现实。

向别人诉说自己的情感、往事和痛苦的思绪能使悲伤变得可以忍受。人类是最具有社会性的动物，当遇到危机时，把痛苦的感受告诉其他人对调整情绪大有裨益。由于一遍又一遍地诉说痛苦相当于痛苦的再体验，所以人们会逐渐变得不那么恐惧。

使强烈的、痛苦的情绪变得可以忍受的一条普通而有效的途径就是自我对话。无论何时何地，人们可以通过和自己对话，对所发生的事情、对自己的感受进行“实况转播”。通常，这种自我对话不是刻意进行的，而是在无意识中进行的，虽然人们可以学会关注它，并对它所揭示的内容感到惊奇。在面临危机时，人们可以通过和自己对话来调节情绪。比如，通过对自己说安慰的话来调节焦虑情绪，通过有意识地提醒自己注意事物积极的一面来调节沮丧情绪，这就像一个有理智的成人试图劝慰一个悲伤的孩子一样。良性的自我对话在帮助人们超越不能忍受的痛苦时非常有用，运用它不会让人感到彻底崩溃和失控，并且痛苦的感觉越强烈，努力说服自己的自觉性也就越高。和自己对话时，不要有这些消极的想法：“我过不了这一关”“这太可怕了，我快疯了”“我太孤独了，没有人帮助我、理解我”。调节情绪的积极的想法应该是这样的：“我能够解决这个问题”“我以前也遇到过困难的情境，并且最终克服了困难”“这种感觉的确可怕，但是它不会对我造成伤害”“这种感觉不会持续太长的时间，会好起来的”“别人遇到了更严重的危机，但他们都战胜了危机”“我曾经战胜过这种困难，看看它给我带来了什么经验”。这类自我对话的目的是去除灾难性想法。它可以为个体建立积极的对自己的依赖感打通道路，也可以减少个体承受压力时所耗费的心理资源。

3. 建立良好的人际关系

良好的人际关系如图 7-5 所示。

图 7-5　良好的人际关系

孤立无援的个体很希望得到别人的帮助。在危机期间和危机过后，个体都需要与周围的人保持良好的人际关系，不一定是要求他们提供强烈的情感支持，而是与他们保持日常的联系，这有助于遭受危机的个体重新适应社会，还可以分散他们的注意力，缓解他们紧张的情绪。这种良好的人际关系可以表现为与自己的朋友一起散步、听音乐或者是静静地坐一会儿。在面临危机时能否得到这种帮助，在很大程度上取决于个体的性格特征。有些人比较内向和害羞，在与别人交往时会感到紧张和不安，还有些人在与别人交往时总是在想该说些什么，却忘了最基本的倾听原则，这些都会妨碍友谊的建立。

4. 面对现实，正视危机，活在当下

在危机前期，人们通常会采取积极的态度来应对危机，利用一切可以利用的资源来避免危机带来的损害。但是到了危机中后期，当个体积极应对危机的策略失败，个体感到绝望的时候，他们就会消极地逃避现实，采取退缩的策略来应对危机，他们不愿意承认现实情境，常常歪曲现实情境，希望以此来避免危机带来的损害。面对现实，正视危机，有利于个体激发自身的潜能，动员一切资源来寻求解决危机的办法。（见图 7-6）

图 7-6　彩虹

一位古希腊学者曾说："过去与未来并不是'存在'的东西，而是'存在过'和'可能存在'的东西。唯一'存在'的是现在，是当下。"

活在当下是一种全身心投入人生的生活方式。当你活在当下，而没有过去拖在你后面，也没有未来拉着你往前时，你的全部能力都集中在这一刻，你的生命也会因此而具有一种张力。一位作家曾说："当你存心去找快乐的时候，往往找不到，如果你让自己活在当下，全神贯注于周围的事物，快乐就会不请自来。"

拓展阅读

一天早餐后，有人来向佛陀请教。佛陀邀请此人进入内室，耐心地聆听此人谈论令自己疑惑的各种问题。佛陀举手，此人立即住口，想知道佛陀要指点他什么。

"你吃早餐了吗？"佛陀问。

此人点点头。

"你洗了盛早餐的碗吗？"

此人又点点头，接着张口欲言。

佛陀在此人说话之前说："你有没有把碗晾干？"

"晾干了，晾干了，"此人不耐烦地说，"现在你可以为我解惑了吗？"

"我已经给了你答案。"佛陀回答，接着让此人离开了。

几天后，此人终于明白了佛陀的用意。佛陀提醒他要把重点放在眼前，要全神贯注于当下，因为这对所有人来说才是最重要的。

5. 暂时避免做重大的决定

处于危机中的个体由于受到问题和情绪的双重困扰，处理问题的能力比平时要差，收集信息和处理信息的能力也受到一定的限制。也就是说,这时个体对面临的问题不会进行深入的分析,掌握的信息量又太少,无法做出正确的决策。虽然这时个体很想摆脱危机,努力寻求解决问题的办法,但是往往是无功而返,甚至造成更大的伤害。在面临危机时,避免做重大的决定,有利于个体保护自我,避免再次受到伤害。(见图 7-7)

图 7-7 做出选择

6. 培养积极的思维习惯,将乐观作为一种解释风格

乐观在积极心理学中起着指向作用,乐观是一种思维风格,也是人类本性的内在组成部分。[①] 乐观可以分为具体乐观与普遍乐观。具体乐观指的是对积极结果的具体期待,如"今天晚上我会找到一个方便的停车位"。普遍乐观指的是广泛的、不具体的期待,如"我们的祖国会越来越好"。具体乐观与普遍乐观的区别可以让我们认识到,乐观也可以分为不同的水平,因而表现出不同的功能。普遍乐观可能具有先天倾向,同时受到文化的影响。普遍乐观能够产生积极的结果,因为它能让个体处于充满激情的状态。具体乐观也能产生积极的结果,具体乐观的形成常常与特殊的学习经历相关。普遍乐观对幸福感的影响可能比具体乐观更大。(见图 7-8)

图 7-8 转化

① 克里斯托弗·彼得森. 打开积极心理学之门. 侯玉波,王非,等译. 北京:机械工业出版社,2016.

从经验主义的角度讲,两种乐观没有什么相关性。一个悲观的人可能是具体乐观的人,一个普遍乐观的人也可能在某些事情上表现得比较悲观。两种乐观的决定因素不同,因此,要想培养不同类型的乐观精神,需要采取不同的策略。

一个面对逆境时感到悲观、绝望的人,往往采用悲观的思维方式。当他和老师在走廊上相遇时,老师没有和他打招呼,甚至没有注意到他,他可能会有一些悲观的想法,如"老师讨厌我""如果我聪明一点,老师就不会不理我了""我就是不讨人喜欢""我会一直孤独下去"。为了培养积极的思维习惯,他应该把这些悲观的想法放在一边,想一想乐观的解释,如"老师今天心情不好""老师在想别的事情""老师没戴眼镜,所以没有看见我""我刚换了发型,老师没有认出我"。采用乐观的解释风格实际上是在和消极思想做斗争,可以使人们在思想上变得更加乐观、积极。

五、专业协助

1. 认知干预

从 20 世纪 60 年代开始,临床心理学领域出现了从认知途径对人的心理问题进行干预的研究,并相继形成了若干改变认知的技术。这些技术的共同点是,都认为认知是客观事件或外部刺激与个体情感和行为的中介因素,是造成个体心理问题和行为问题的重要原因。因此,要解决心理问题,就必须以个体的认知,主要是认知方面的偏差和失调为干预的对象和切入口。

心灵后花园

一个女孩,觉得自己过得很不幸,有一天她跳楼自杀了。在她的身体慢慢往下坠的过程中,她看到了:

10 楼以恩爱著称的夫妇正在互殴;

9 楼平常坚强的彼得正在偷偷哭泣;

8 楼的阿妹发现未婚夫跟她最好的闺蜜发生恋情;

7 楼的丹丹在吃她的抗抑郁症药;

6 楼失业的阿喜还是每天买 7 份报纸找工作;

5 楼受人尊敬的王叔正在偷穿老婆的衣服;

4 楼的罗斯又要和男友闹分手;

3 楼的阿伯每天盼望有人拜访他;

2 楼的莉莉还在看她那结婚半年就失踪的老公照片。

在她跳下之前,她以为她是世上最倒霉的人,现在才知道每个人都有不为人知的困境。看完他们之后,她深深地觉得其实自己过得还不错。但她发现已经再也无力睁开自己的眼睛了……

人最宝贵的是生命,无论你的人生里程中发生了什么事情,请坚信明天依然是美好的,让我们为此而努力。

2. 行为干预

行为干预的目的是实现特定行为的改变,消除个体在危机中的一些不良行为,培养个体良好的行为,从而提高个体对危机的免疫能力。行为干预主要从以下三个方面来进行。

(1) 降低不良行为发生的频率。采取的主要手段是实施负强化。如果某一行为是由于得到了正强化的刺激而发生的,那么采用负强化就可以逐渐减少甚至消除这种行为。常用的方法包括暂停正强化、橡皮圈拉弹等。

(2) 提高良好行为发生的频率。采用的主要手段是实施正强化。正强化的原理是,在特定的情境中,如果个体的某种行为之后伴随的是使他感到满意的结果,那么以后他面临相似的情境时有可能再次表现出这种行为。这里,让个体感到满意的结果就是能使他产生愉快、积极的情感体验的强化刺激物。这样的强化刺激物可以是物质上的,也可以是精神上的。

(3) 行为塑造。行为塑造是指持续强化更为接近目标行为的行为,同时消退以前的违背目标行为的行为,使目标行为得以形成。

第四节　自杀干预

相关研究资料表明,自杀已成为中国人占第五位的死亡原因,每年有近 30 万人自杀死亡,约 200 万人自杀未遂,约 150 万人因家人或亲友自杀而出现严重的心理创伤。目前,自杀已经成为 15～30 岁人群死亡的主要原因,大学生自杀死亡的人数逐年上升。[①]

研究表明,我国高校大学生 2008 年的自杀率为 1.33 人/10 万人,2009 年的自杀率为 1.25 人/10 万人,2010 年的自杀率为 1.14 人/10 万人,三年的平均自杀率为 1.24 人/10 万人。相关资料显示,1989—1991 年,南京市 23 所高校大学生的自杀率为 16.22 人/10 万人。从这些数据可以看出,中国大学生的自杀率在大幅下降。这表明大学生并非像许多人认为的那样,自杀率超过社会同龄群体,并有逐年上升的趋势。那么,为什么在很多人的心目中存在着大学生是自杀高危人群的印象呢? 可能有以下几个方面的原因:第一,大学生是社会高度关注的群体,随着网络技术的不断发展,信息传播速度及覆盖面都大大增加,各种媒体对大学生自杀的报道变多;第二,高校扩招,使得大学生人数迅速增加,大学生自杀的总人数也在增加,会使人们感到大学生自杀现象日益严重;第三,过去有一段时间媒体报道了许多大学生自杀事件,也会使人们感到大学生自杀现象日益严重。

一、自杀的原因及心理过程

1. 自杀的原因

自杀是个体有意识地采取各种手段结束自己的生命的异常行为。自杀是一种复杂的现象,导致了很多的社会问题。从心理学角度分析,大多数自杀者是由于在生活中遭遇困境而产生强烈的心理冲突,陷入危机状态不能自拔、难以承受,最终选择自杀。

导致自杀的原因很复杂,与环境、个人等多种因素有关。研究表明,自杀诱因以人际冲

---

① 杨振斌,李焰.中国大学生自杀现象探讨.清华大学教育研究,2013(5).

突为首,生活压力事件在诱发自杀方面扮演着重要的角色。弗洛伊德认为自杀是由一个人经历强烈的心理刺激时激发的内部冲突所导致的,是罪恶感和侵略感转向自身的结果。杜尔凯姆认为压力与影响是自杀行为主要的决定因素。行为主义学派认为,自杀是因为个体的积极行为失去了强化来源。盖兹农认为心理疾病、行为问题、社会心理状况等都是自杀行为的危险因素。

一般而言,自杀行为是由以下几种因素导致的。

(1) 难以承受的压力。个体所要承受的压力过大,又无法获得适当的社会支持来缓解压力,就很容易选择自杀。

(2) 情感和情绪危机。情感和情绪危机往往是应激性的反应,会让个体变得非常冲动,甚至一意孤行。消极情绪的累积也常常导致个体心理失衡。在这种情况下,个体会逐渐丧失信心,甚至自暴自弃。

(3) 不堪病痛。不堪病痛是自杀的一个很重要的原因。不堪病痛大致可以分为两类,一类是难以忍受病痛,另一类是治疗需要很高的费用,不想拖累亲友。

(4) 心理疾病。心理疾病造成的自杀是很常见的,特别是抑郁症、精神分裂症等,很容易导致自杀。

(5) 觉得活着没有意思。巨大的情感创伤会改变一个人的世界观和价值观(至少是在短时间内),让人觉得活着没有意思,患得患失。当他遭受巨大的损失时,他会有任何东西都离他而去的错觉,甚至失去活下去的勇气。

2. 自杀的心理过程

很多情况下,自杀不是一种冲动性行为,而是个体经过深思熟虑做出的决定。自杀的心理过程大致可分为以下四个阶段。

第一个阶段,产生自杀动机。有些人在遇到挫折时,为了逃避现实,会将自杀作为寻求解脱的手段。

第二个阶段,心理冲突。自杀动机产生后,求生的本能可能会使自杀者陷入一种生与死的矛盾中,难以最终做出自杀决定。此时,自杀者会经常谈论与自杀有关的话题,或以自杀来威胁别人,从而表现出直接或间接的自杀意图。实际上,我们可以把这些看作自杀者发出的寻求帮助或引起别人注意的信号。此时,自杀者如果能及时得到他人的关注,或者在他人的帮助下找到解决问题的办法,很可能会打消自杀的念头。但是周围的人往往认为经常喊着要自杀的人其实不会自杀,因此不太关注他们发出的信号,以致错失救助良机。

第三个阶段,平静。自杀者似乎已从困扰中解脱出来,不再谈论与自杀有关的话题,情绪好转,抑郁减轻,显得平静。这样周围的人会以为他们的心理状态真的好转了,从而放松警惕。但这往往是自杀态度非常坚定的一种表现,当然也不完全排除是心理状态好转的表现。因为发展到这个阶段,自杀者认为自己已经找到了解决问题的办法,不再为生与死的选择而苦恼,所以他们不再谈论与自杀有关的话题,甚至表现得非常平静,他们这样做可能是为了摆脱旁人对其自杀行为的阻碍和干预。

第四个阶段,实施自杀。自杀者采用某种手段结束自己的生命,手段的选择可能受文学作品或相关报道的影响,也受现场条件的制约。

二、自杀人群的基本特征和征兆

1. 自杀人群的基本特征

施耐德曼总结了自杀人群的六项基本特征。

(1) 境遇特征:不能忍受痛苦或心理需求得不到满足。

(2) 意向特征:寻求解决问题的办法或中断意识。

(3) 情感特征:绝望无助,对于是否要自杀很矛盾。

(4) 认知特征:对自杀的认知通常是错误的。

(5) 人际关系特征:想要与别人交流,想通过自杀行为找到出路。

(6) 连续性特征:自杀未遂者会表现出反复、连续的自杀倾向。[①]

2. 自杀人群的征兆

想自杀的人一般会表现出与常人不一样的认知和行为,即存在一些预示自杀的征兆。

(1) 情绪反常,如极度焦虑、痛恨自己、担心伤害自己和别人、极度悲伤等。

(2) 人格改变。

(3)行为改变。想自杀的人往往会表现出与平常不一样的行为,如无缘无故地请别人吃饭、归还物品等。

(4) 时常谈论生与死的问题,对死亡、毁灭等话题感兴趣。

(5) 无缘无故地去探望自己的好友。

(6) 写遗书。

(7) 与家庭、社会隔绝,孤立自己。

(8) 饮食、睡眠习惯改变。

3. 自杀高危人群

(1) 患有严重精神疾病的人。

(2) 有抑郁症状(如情绪低落、失眠、食欲减退、注意力不集中、自责等)及自我封闭的人。

(3) 曾经有自杀未遂行为的人。

(4) 曾经经历以下负面生活事件,并且把这些负面生活事件看作严重事件的人:家庭变故;与朋友绝交;自己敬爱的人或对自己有重要意义的人死亡;恋爱关系破裂;与他人发生纷争;受到同伴排斥;被人欺负或迫害;学习成绩不理想;遭遇自然灾害。

(5) 具有以下人格特质的人:情绪不稳定;有攻击性行为;有反社会行为;有暴力倾向;易冲动;易怒;思维方式僵化;克服困难的能力较差;无法面对现实;沉浸在幻想中;盲目的自大与自卑交替出现;自暴自弃;悲观失望;以傲慢的态度对待他人以掩饰其自卑心理。

(6) 曾经经历以下负面家庭事件的人:父母精神健康状态欠佳;父母有暴力倾向;父母对子女照料不周;父母经常争吵,家庭气氛紧张;父母离婚、分居或去世;经常搬家,导致环境

---

① 郑爱明,江宁玉,王志琳,等.大学生自杀危机预警及危机干预体系的构建与思考.南京医科大学学报(社会科学版),2007(2).

陌生；父母对子女的期望过高或过低；父母或监护人过于专制或懦弱无能；父母忽略子女的情绪变化，未能及时解决子女的心理问题。

三、自杀干预策略

自杀干预也叫自杀管理。对自杀进行干预的最终目的是预防自杀，主要针对的是诱发自杀行为的种种因素。想自杀的人的内心通常是矛盾的，如果处理得当，是可以避免悲剧发生的。

1. 提高心理素质

心理素质差是导致自杀的最直接的内在动因。因此，大学生应该积极、主动地提高自己的心理素质。社会也要提供相应的机构来提供这种服务，配合学校的心理健康教育，从而加强学校、家庭、社会和个体的这种联系。大学生可以采用以下几种方法来提高自己的心理素质：阅读关于心理健康的书籍；接受心理健康教育；向专业人士咨询；掌握一些应对挫折、调控情绪的方法和技巧并在生活中加以运用。

2. 设置危机干预机构，普及有关自杀的知识

许多高校设置的心理咨询热线，能有效地为处于危机中的大学生提供及时的帮助，从而可以有效地避免自杀行为的发生。

学校应当向大学生普及有关自杀的知识，如自杀的原因、自杀的心理过程、危机干预机构等，这样有利于尽早预测自杀，并采取有效措施及时预防自杀。

3. 消除自杀行为发生的根源

消除自杀行为发生的根源是指不能让想自杀的人轻易拿到自杀工具，并对自杀的高危地点进行防范。

4. 在心理健康教育中加强自杀预防知识宣传

首先要对大学生进行宣传，正确地引导他们认识社会，适应社会，热爱生活，热爱生命，让他们学会以积极、乐观的态度面对困境。其次要对学生干部、教师进行宣传，使他们了解什么是心理危机、哪种性格的大学生容易出现心理危机、哪些语言和行为表现可能是自杀的征兆、对出现自杀征兆的大学生应该如何进行干预。

四、自杀干预的要点

在进行自杀干预时，要特别注意以下几点。

(1) 要有生命关怀的觉悟和高度的警惕心。任何人在谈到与自杀有关的话题时，都应该予以注意，将其视为一种求救的信号，即使有些人经常以自杀来威胁别人，也不要忽略他们真的会自杀的可能性。

(2) 对于有自杀征兆的个体，要经常向其表示关心。

(3) 发现个体有自杀的征兆时，要相信自己的判断，宁可反应过度，也不要麻木不仁，以免追悔莫及。

(4) 自杀问题的处置，往往需要家庭的参与，同时应该积极地向专业人士寻求帮助。

(5) 如果个体处在危机阶段，要随时陪在他的身边，并找出他想自杀的原因。

(6) 把可能的自杀工具拿走。

(7) 那种"基于保密原则,不能把大学生有自杀的想法告诉他的父母"的观念是错误的。当保密会危及一个人的生命时,保密原则就应该被置于第二位。也就是说,当你发现个体有可能伤害自己时,你有通知相关人员的义务。

拓展专题

专题 7-1　You jump,I jump

生活中难免会遇到一些重大危机,有些危机甚至严重到超过人的心理承受极限,以至于让人想到自杀。当然,大学生中这类情况还是非常少的。不过,既然生活中存在这样一个严肃的话题,我们就应该多了解一些相关的知识,尽可能将悲剧发生的可能性降到最低。

专题 7-2　Every cloud has a silver lining

知乎上曾经有人发了一则"你的人生中最惨的时候是什么时候?发生了什么事情?"的帖子,很多人都踊跃回答。印象最深的一个答案是"过去的都不算最惨,未来才是遥遥无期!"没有长篇大论,只有寥寥数语,却不禁让人揣测,这是经历了怎样的挫折才会这样灰心、淡定。人这一辈子总会有感觉自己快要撑不下去的时候,不然一则小小的帖子不会引起那么多人强烈的共鸣,纷纷来比惨。但是如果只盯着自己的不幸,坏运气就像会传染一样,导致一事不顺,诸事皆不顺。

我们要相信,乌云背后总会有阳光,我们要学会积极地看待问题,只有这样,才能拥有幸福的生活。(见图 7-9)

图 7-9　希望的种子

思考与讨论

1. 为什么说危机既是危险,也是机遇?
2. 心理危机干预的三种理论模式如何在实践中应用?
3. 大学生心理危机的易感群体一般具有哪些特征?
4. 你认为大学生化解心理危机最有效的方法是什么?
5. "千万不要和想自杀的人讨论自杀",你赞同这一观点吗?

第八章 大学生自我完善

本章学习目标

- 理解自我意识的内涵
- 了解大学生自我意识的特点
- 掌握健全人格的特点
- 了解完善自我的途径

案例导入

【描述】小琴是一名大一的学生，刚进大学，她有点担心自己不受欢迎，没人喜欢自己。但在以前同学眼中，她身材高挑，气质颇佳，可她对自己不满意。小琴虽然很想与人交往，内心却非常紧张焦虑，对自己没信心，不敢尽情地展现自己，因为她觉得自己没有任何优点。

【分析】你与小琴有相似之处吗？你是否思考过以下问题：我是一个什么样的人？我期待中理想的自己是什么样的？我喜欢自己吗？在大学生活中，大学生会对自己产生很多新的认识和思考。“我是谁”“我的人生目标是什么”“我为什么而奋斗”，这些都是每个人会思考的问题。每个人的一生始终都在探索自我、实践自我、完善自我，而对于处在青年期的大学生来说，大学阶段是自我意识迅速发展的特殊时期和关键时期。

大学生活是认识自我、设计自我、充实自我的真正开始，是一个人走向自我完善的重要历程。大学校园是一片激发潜能、孕育希望的土壤，大学生比同龄人拥有更高的禀赋、更好的资源和更多的关爱，他们知识丰富、视野开阔，对未来、对人生有着更美好的憧憬。

然而，大学校园里并不是只有青春、阳光与梦想，也有失落、伤痛与迷惘。在这里，大学生远离父母，开始独立地反思自我、解读社会。面对学习压力、交往困惑、就业竞争、家庭贫困等一系列现实难题，许多同学跨入校门时的渴望与激情慢慢消退，惆怅、恐惧、焦虑等灰色情绪渐渐盘踞心底。[①]

我们是听任情绪的杂草在心灵的泥沼中滋生，停下探索人生的脚步，还是奋力舒展人生的辉煌画卷，自我激励，自强不息？对此，每一个大学生的答案应该清晰而坚定。大学生肩

---

① 陈慧君.家庭因素对大学生心理健康状况的影响研究——对江汉大学 1 311 名本科新生的调查.武汉:华中师范大学,2008.

负着重大的社会责任与艰巨的历史使命,健康成长、努力成才,不仅是自我完善、自我实现的需要,也是振兴国家、民族的需要。

第一节　促进健康　认识自我

一、维护心理健康从认识自我开始

我是谁？我有什么价值？我应该怎样生活？我想要什么？我能做什么？生命的意义是什么？人生的目的是什么？大学生在成长过程中遇到的各类困惑往往与这些自我认识的问题有关,千百年来许多智者、先贤也在努力寻求这些问题的答案。

古希腊人在神庙的墙上刻着这样一句话:“人啊,认识你自己吧!”它告诉人类探索自我、认识自我的重要性,强调人之所以为人在于人的自我意识。直到今天,认识自我仍然是每一个人必须面对的问题。只有充分认识自我,才能更好地发展自我、完善自我,做一个真正的人、健全的人。

自我意识是个体对自己及自己与周围环境之间的关系的认识、体验和评价。正确的自我意识是良好的心理素质的体现,也是心理健康的标志。大学阶段正是一个人从青春期走向成年期的重要时期,也是人的自我意识充分发展并走向完善的重要时期。[①] 大学生客观地认识自我,正确地评价自我,积极地悦纳自我,有效地控制自我,科学地发展自我,有助于树立稳固的自信心,树立健康的自我形象,最大限度地发挥自身的潜能。

二、健全的自我意识是心理成长的动力

自我意识对人的心理健康起着很重要的作用,它制约着人格的形成和发展,人的认识、情感、意志等都受到自我意识的影响。健全的自我意识是人类自身内在的一种成长机制,在人的心理发展中发挥着重要作用。

1. 导向作用

目标是人才发展的导航机制。一个人要想成就一番事业,必须从自身的实际情况出发,制定明确的目标,只有这样,才能发挥自身的潜能,激发强大的动力。自我意识健全的个体,在从事一项活动之前,活动的目的就以观念的形式存在于头脑中了,他会据此制订计划,指导自己的活动,从而达到预期的目标。如果一个人的自我意识发展不成熟、不健全,他就不可能为自己确定奋斗的目标。如果一个人没有目标,经常处于左顾右盼、无所适从的状态,即使他很有才华,也将一事无成。[②]

2. 自控作用

一个人要想取得成就,光有目标是不行的,还必须具备自立、自主、自信、自强、自制的意

---

① 汲新波.高校大学生自我同一性问题研究.哈尔滨:哈尔滨工程大学,2004.

② 诺敏,王斌.大学生自我意识的发展与培养.内蒙古师范大学学报(哲学社会科学版),2001(S1).

识，对自己的情感、行为加以调节和控制。自我意识健全的个体，可以在正确认识自我的基础上，对自己的情感、行为等进行控制，从而实现自己的目标。其实，在追求成功的路上，很多人并不缺乏机会和才华，而是缺乏控制情绪的能力，缺乏控制注意力的能力，所以与成功失之交臂。

自我控制是自我意识发挥能动作用的一个重要方面，它是目标的守护神、成功的卫士。缺乏自我控制能力的人，将是一个情绪化的人、缺乏毅力的人、一事无成的人。

3. 内省和归因作用

自我意识健全的个体，不仅能够确立理想自我的内容，而且能够通过自我控制来实现预期的目标。由于主观条件和客观条件的制约，个体在实现理想自我的过程中常常会遇到各种障碍，从而产生不同程度的挫折感。这时，自我意识就会促使个体对自己的认识、情感、意志、行为等进行反省，找到遭受挫折的原因，并调整意识，形成新的理想自我的内容，使其与现实自我趋于统一。内省和归因可以说是个体在成长过程中所进行的自我监督和自我教育。个体要想使自己的潜能得到充分的开发和利用而成为自我实现的人，就需要有积极的自我意识，随时对自己的认识、情感、意志和行为进行反省和审查。

总之，健全的自我意识在心理成长过程中起着导向、控制和监督的作用，是个体成才、成功的必备要素。大学生一定要树立健全的自我意识，使其为自己一生的发展发挥作用。

三、大学生自我意识的偏差

大学生在自我意识形成的过程中，由于自我认识不足、自我评价偏差，以及自我设定盲目，难免会走入自我意识的误区。

1. 自我分裂

有些大学生常常因为存在两个自我而感到烦恼，有时候一个是外在的自我，另一个是内在的自我，有时候一个是现实的自我，另一个是理想的自我，有时候一个是此时此地的自我，另一个是其他时空中的自我。两个自我截然不同，无法统一，他们不知道究竟哪个才是真正的自我，也不知道究竟应该抛弃或者改造哪一个自我。这是个体在心理发展过程中必须解决的问题——自我同一。自我同一，是生理自我、心理自我与社会自我的整合统一，是现实自我、投射自我和理想自我的整合统一，也是自我认识、自我体验和自我调控的整合统一。实现了自我同一，个体就会有一种自信、安全的感觉，否则，就会出现自我不确定、自我矛盾和自我分裂，使个体的内心处于惶恐不安、一片混乱的状态。自我同一性不稳定是自我意识不成熟的表现，如果已建立起来的自我同一性发生混乱，将出现人格障碍。

2. 自我贬抑

个体由于自我认知偏差等原因，造成自我轻视、自我贬低、自我否定、自我压抑，最终的情绪体验就是自卑。不少大学生都存在不同程度的自卑心理，有些大学生认为自己其貌不扬，担心被人歧视，有些大学生认为自己天资愚钝，担心将来不能成器，有些大学生认为自己家境贫寒，担心被人看不起。在他们身上常常伴随着一些消极的情绪体验，如害羞、不安、内疚、忧伤、失望等。[1]

大学生自卑感形成的原因,除了某些稳定的个性因素和身体缺陷外,最常见的就是自我认知偏差。常见的自我认知偏差有以下几种。

(1) 消极的自我暗示。遇到问题,喜欢从消极、悲观的方面考虑,喜欢拿自己的短处与他人的长处相比,总觉得“我可能不行”。

(2) 过低的自我评价。不相信自己的能力,对自己缺乏信心,造成失败的结果后,自卑感更加强烈。

(3) 过强的自尊。过强的自尊会导致自尊的需要经常得不到满足,从而使个体逐渐丧失信心。

(4)不恰当的归因。

3. 自我幻觉

在社会生活中,每个人都希望得到社会的认可和他人的赞赏。但是,有些大学生不是通过自己的努力去获得尊重和荣誉,而是利用作假、撒谎、吹牛等非正常手段去获取利益。追求虚假的荣誉,只是自欺欺人,暂时得到的良好的自我感觉,就像美丽的肥皂泡,总会有破灭的一天,到那个时候,他们不仅会失去他人的尊重和友谊,还会失去自己的人格和价值。

4. 自我中心

有的大学生自我意识过分膨胀,处处以自我为中心,遇到任何事情,都从自己出发,完全不顾及他人的感受和意见,缺乏自我批评,也不允许别人批评自己,当自己的愿望得不到满足时,就会迁怒于他人,当事情失败时,就会把责任推卸给别人。这样的人很容易引起别人的反感。

自我中心不等于彰显个性,而是一种不正确的自我认识。要想走出自我中心,必须学会换位思考,替他人着想。

5. 自我丧失

从众,是一种普遍存在的心理现象。从众是指在群体舆论的压力下,个体放弃自己的意见而采取与大多数人一致的行为。有过强从众心理的大学生,往往没有主见,丧失自我,缺乏独立思考的能力。造成从众心理过强的原因有以下几种:一是害怕被孤立,为了避免被孤立而选择随大流,以求并无实际意义的“合群”;二是缺乏自信,不敢自己做决定,只好采取与大多数人一致的行为;三是不少家庭和学校那种一味要求“听话”“服从”的教育,使大学生形成了一种极富惰性的人格特质,使得他们不会独立思考,不愿意主动地去探索自我、发现自我。这一切都使得部分大学生不知道“我是谁”“我要做什么”“我该怎样生活”,失去了人生的精神支柱和前进的动力。

6. 自我放任

自我意识的一个必不可少的结构层次就是自我控制,即对行动的有效支配和情感的合理表达。大学生的自我意识如果不能完成这些功能,就容易导致极端的情绪、冲动的行为、盲目的选择、得过且过,最终虚度光阴。

---

① 黄训美.大学生自我意识的缺陷与克服.上饶师范学院学报,2001(2).

自我放任归根到底是个体忽视、轻视或放弃自我责任的表现，不善于管理自我行动的表现。要想克服自我放任，必须重新认识自我，看看是否实现了自我同一，必须诚实地体验自我，了解自己的情感、需要，必须重视此时此地的自我责任，并找到自我强化和监控的途径。

四、树立正确的自我意识的途径

健康、成熟的自我意识是以正确认识自我为基础的。如果一个人善于认识自我、发现自我，对自己各方面的印象都和实际情况比较接近，则他在把握自己的情绪、态度和行为时，在和别人交往、接触时，就会有恰当的表现。培养良好的自我认知能力有利于个体正确地了解自己。

1. 培养良好的自我认知能力

1）在经常的自省中认识自我

大学生要学会自省，经常审视自己的内心，检查自己的观念、动机和行为是否合理，结果如何，有哪些收获和缺憾，从中发现不足之处，以便有的放矢地进行自我调整。

2）在与别人的比较中认识自我

比较是人认识事物的方法，有比较才能有鉴别。大学生可以在与别人交往的过程中，认识到别人有什么品质、特征，然后与自己进行比较，从而做出自己比别人好些还是差些的评价。

大学生不仅可以与自己的同学比较，也可以与教师、父母比较，还可以与书籍、电影中的人物形象比较，这些人的形象以一般参照物或理想自我的形式存在于大学生的头脑中，并且体现着一定的社会价值、行为准则和道德规范。这是大学生走向成熟的强大推动因素。比较的过程也是一个发展和进步的过程。

比较虽然是认识自我的重要方法，但是通过比较并不是一定会产生正确的认识。如果比较不当，还可能产生消极的效果，使大学生产生自卑情绪或自满情绪。因此，比较时不能盲目，应该把握以下几点。

(1) 相比较的人之间，必须存在共同的、可比的因素。

(2) 注意比较的条件。例如，比较学习成绩时，不仅要看到成绩，还要考虑到造成成绩差异的多种因素(如学习基础、智力情况、身体健康状况、学习环境等)，如果在比较时不考虑这些因素，就很难产生对自己的学习能力的全面而准确的认识，引发自卑或自我陶醉等心理。

(3) 要注重本质的、重要的特征，一般来说，品德和智慧比身材和容貌具有更大的认识价值。

(4) 既要注意数量的比较，也要注意质量的比较。

(5) 既要注意横向比较，也要注意纵向比较，即既要和他人比较，也要和过去的自己、未来理想中的自己比较。例如，“原来的我有点懒，依赖心理特别强，现在，我的目标是大学一毕业就开一个属于自己的小公司”“虽然现在我的朋友不多，但是与以前相比，已经好多了，以前我和别人说话时都会胆怯”。

3）在他人的评价中认识自我

他人的评价是认识自我的重要依据之一。他人的态度和评价就像一面镜子，可以帮助我们看清自己到底是一个怎样的人。如果老师、同学重视自己,那就表明自己具有某些令人喜爱的品质;如果大家推举自己担任某项工作,那就表明自己具有某方面的才能;反之,则说明自己有一些品质、习惯、行为表现等需要改进。

虚心听取别人的意见十分必要,但是正像我们自己对别人的认识和评价不一定都很客观、正确一样,别人对自己的认识和评价也不一定符合实情,因为人都有一定的闭锁性心理,认识、评价中的成见、偏见难以避免。

那么,应该怎样对待别人对自己的评价呢?一般来说,要注意以下几点。

(1) 特别重视与自己的关系比较亲密的人对自己的评价。一般来说,与自己的关系比较亲密的人包括父母、老师、同学、好朋友等,他们通常对我们比较了解,利害冲突不大,因此,评价中的偏见较少。

(2) 特别重视来自多人的评价和重复次数较多的评价,因为这样的评价比较真实、客观,但这也不是绝对的,因为受客观条件的限制,有价值的意见有时候掌握在少数人手里。

(3) 特别重视与自己的观点不一致的意见。

(4) 多与别人交往,让别人更多地了解自己。

4) 通过活动成果来认识自我

任何活动成果都是人的智慧和思想的结晶,是人的内部世界的客观表现。活动成果的价值有时直接标志着自身的价值,社会衡量一个人的价值主要是通过活动成果来认定的。理想的活动成果可以使个体进一步认识自身的能力,发现自身的价值,从而增强自信心。大学生通过分析自己在某一方面取得的成绩及取得这样的成绩所耗费的时间、精力,可知道自己在这一方面的能力水平。例如:通过分析学习成绩,可以了解自己的理解力、记忆力、创新思维能力、职业能力倾向、意志品质等;通过分析自己在课外活动(如科技活动、文艺活动、体育活动等)中的表现,可以了解自己有没有特殊才能、爱好,了解自己的心理品质、个性特征等。

2. 悦纳自我

悦纳自我是发展健全的自我意识的核心和关键。一个人只有接纳自我,才能被他人接纳。悦纳自我就是要无条件地接受自己的一切,无论是好的还是坏的、成功的还是失败的、有价值的还是无价值的,都要积极接纳。我们要平静而理智地对待自己的优势和劣势、成功和失败,以发展的眼光来看待自己,既不以虚幻的自我来补偿内心的空虚,自欺欺人,也不消极回避自身的现状,更不能否定自己。我们应当在自我悦纳的基础上,培养自信、自立、自强、自主的心理品质,从而发展自我,更新自我。

研究表明,心理健康的人更多地表现出对自我的接受和认可,而有心理障碍的人则明显表现出对自我的不满和排斥。有些大学生对自己的容貌、性格、才能、家庭等不满,而又无力改变,于是产生自我排斥的心理。这是心理幼稚的一种表现。个体要学会在自我肯定和自我否定中建立起二者的动态平衡,否则,对自己的不满过于强烈,就会加剧心理冲突,这样不仅会使个体感到活得很累,还可能引发心理问题。

欣然接受自我,就是持喜悦的态度,认可、肯定自我。欣然接受自我有助于维护和增进心理健康,将一个真实的自己、本来的自己展示在人们面前,可以让别人更好地了解自己,有助于正确地认识自我和评价自我。

大学生应该从以下三个方面努力增强自我修养。

(1) 全面、正确地评价自己。“尺有所短，寸有所长。”大学生不能只看到自己的短处，也不能轻易扩大自己的短处，认为自己一无是处，要对自己进行正确的评价，不能夸大，也不能贬低。

(2) 正确地对待短处。短处有两种，一种是能够改进的，如不良的习惯，另一种是无法补救的，如身材矮小。对前一种短处，要努力地改正它，而对后一种短处，则要勇敢地面对它、承认它、接受它。大学生在正视自己的短处的同时，也要努力地扬长补短。一个人在某些方面存在不足之处，如果他能以最大的决心和最顽强的毅力通过努力来补偿，往往能取得成功。

(3) 正确地对待失败。一个人在成长的过程中总会有成功，也必定会有失败。有的人在面对失败时，一味地贬低自己，使自己丧失信心。这样不利于个人的发展。古人云：“失之东隅，收之桑榆。”成功和失败是相辅相成的，成功的果实，只能在艰辛的努力中逐渐成熟。大学生应该正确地对待失败，做生活的强者。

3. 增强自制力

自我控制是个体主动地改变自己的心理品质、特征和行为的心理过程。有效地控制自我是完善自我的根本途径。要实现积极、有效的自我控制，应注意以下三个方面。

1) 合理定位理想自我

理想自我是个人将来要实现的目标，在确立其内容时，要立足现实，从自身的实际情况出发。如果将目标定得太高，就会使自己失去信心，失去斗志；如果将目标定得太低，就会使自己失去动力，止步不前。

2) 培养健全的意志品质

对自我的有效监督和控制，离不开意志的力量。意志品质健全的人，在行动的自觉性、果断性和顽强性等方面都表现出较高的水平。因此，大学生应该自觉培养健全的意志品质，增强承受挫折的能力，提高自我控制的能力。

3) 优化思维方式

大学生要努力做到以下几点：学会用积极的心态去对待问题，客观、公正地看待事物，增加自我意识中的理性成分，消除偏激和肤浅的方面；学会用理智战胜偏激，用冷静战胜冲动，学会控制自己的情绪和行为方式；听到别人对自己的赞扬时，不要得意忘形；受委屈时，不以激烈的行为去发泄内心的不满；遇到挫折的时候，不要灰心丧气，而要奋发向上。

第二节　健全人格　塑造自我

一、健全人格与心理健康

人格健全是心理健康的基础。一个人的人格特点会影响他对待事情、对待他人的观念、态度和行为方式。人格健全的人能正确地待人处事，不仅使自己身心愉悦，很好地完成各项工作，而且能让别人觉得与他相处很愉快。人格不健全的人则很容易出现心理健康方面的问题。

大量研究表明,同样的压力、打击等精神刺激发生在具有不同人格特征的人身上时,他们的行为表现和内心感受是不相同的。也就是说,人格通过影响一个人对压力事件的反应对他的心理健康产生影响。

人格与人的身心健康和精神疾病的关系,也得到了越来越多的研究的证实。大量研究表明,各种精神疾病往往都有相应的人格基础。例如:谨小慎微、自我克制、优柔寡断、墨守成规、拘谨呆板、敏感多疑、心胸狭隘、容易后悔、责任心过重、过分苛求自己等人格特点是强迫症的人格基础;易受暗示、情感多变、易激动、喜欢幻想、自我中心、爱自我表现等人格特点是癔症的人格基础;依赖性强、胆小、犹豫、孤僻、敏感、喜欢幻想等人格特点是精神分裂症的人格基础。

二、健全人格的特点

健全人格和正常人格是不同的,仅仅摆脱心理疾病是迈向健全人格的第一步,但远非全部,健全人格显然高于正常人格。健全人格是一种在结构上和动力上向崇高人性发展的特征,健全人格可以表现出人格的完整性、统一性、稳定性等特点,是人格特征的完美结合。

根据国内外的研究,可以从以下三个方面概括健全人格的特点。

1. 内部心理和谐发展

人格健全的人的需要和动机、兴趣和爱好、智慧和才能、人生观和价值观、理想和信念、性格和气质都向健康的方向发展。他们的内心协调一致,言行统一,能正确认识和评价自己的所作所为是否符合客观需求,是否符合社会道德准则,并且能及时调整自己与外部世界的关系。一个人的人格如果失去了统一性,就会出现认识扭曲、行为失控等问题。

2. 能正确处理人际关系,发展友谊

人格健全的人,常常在人际交往中显示出自尊和他尊、理解和信任、同情和人道等优良品质。友谊使人开朗、热情和坦诚,而缺乏友谊的人则往往在情绪上有很大困扰,轻则产生恐惧、焦虑、孤独的感觉,重则产生多疑、嫉妒、攻击的心态和行为。

3. 能把自己的智慧和能力有效地运用到能获得成功的工作上

人格健全的人,在学习、工作中能被强烈的动机和热情推动,从而使他们勇于创新,取得成功。他们的成功,往往又为他们带来满足和愉悦,并形成新的动机,使他们的生活更加充实。

三、大学生的人格弱点

任何人都不是十全十美的,大学生作为正在趋于成熟的优秀群体,其人格特质也或多或少地存在一些问题。大学生只有充分地了解自己的人格特征,了解自己在人格方面存在的问题,才能针对自己的不足和缺陷,用科学的方法加以塑造,从而使自己的人格更加完善。

大学生常见的人格弱点包括偏激、自卑、孤僻、嫉妒、依赖等,这些不良的人格特征会影响大学生的心理健康,严重的话,还会导致心理疾病。

1. 偏激

偏激在认识上的表现是看问题绝对化,片面性很大,要么都好,要么一无是处;偏激在情

绪上的表现是根据个人的好恶论人论事，缺乏理性的态度和客观的标准；偏激在行为上的表现则是莽撞行事，不顾后果。

2. 自卑

自卑是指由不适当的自我评价所引起的自我否定、自我拒绝的心态。自卑对心理健康和个性发展危害很大。自卑的人常常对自己的能力和品格评价过低，看不到自己的长处或优势，处处觉得低人一等。有较强自卑感的人，常常悲观失望，总觉得别人瞧不起自己，丧失信心，处世消极。

3. 孤僻

孤僻这种人格特征多见于性格内向的大学生，主要表现是不合群，不喜欢与别人交往，对周围的人怀有戒心，平时喜欢独来独往，疑心较重。孤僻的大学生不喜欢向同学和朋友倾诉自己的不良情绪，这些不良情绪积聚起来之后，很容易引起严重的身心疾病。

4. 嫉妒

嫉妒是一种忧虑、愤怒和怨恨他人优于自己的复合情绪。嫉妒者总是把他人在才能、地位、境遇或相貌等方面的优势视为对自己的威胁，因此感到忧虑、愤怒和怨恨，他们往往采用贬低甚至诽谤他人的手段来维护自己的自尊心和虚荣心，以求得到心理上的平衡。嫉妒心有严重的危害性，嫉妒者总是试图掩盖自己的嫉妒心，结果使自己终日处于痛苦之中。嫉妒者总是把自己的心思用于窥探他人的"隐私"，使自己长时间处于紧张的状态，结果严重损害身心健康。

5. 依赖

依赖主要表现为对自己的自理能力缺乏信心，不愿意承担责任，对于自己能够解决的事情或者是稍加努力就可以克服的困难，也要向他人寻求帮助。具有依赖倾向的大学生如果不注意纠正，发展下去有可能形成依赖型人格障碍。

四、大学生健全人格的培养

1. 培养自立意识

自立是个体从自己过去依赖的事物那里独立出来，自己行动，自己做主，自己判断，对自己的承诺和行为负起责任的过程。[①] 自立可以分为身体自立、行动自立、心理自立、经济自立和社会自立五种。对大学生来说，自立是他们的一项重要发展任务。研究表明，自立意识强的大学生在行为上表现出较多的自主行为与自控行为，他们能较好地安排自己的生活，面对挫折与困难时，能主动地进行自我调节与自我控制，能积极地参加学校的各种社团活动和其他形式的集体活动。自立意识强的大学生通常对自己有着比较积极的认识，能更积极地投入生活和学习，人际关系也更为和谐。通过一定的训练活动，如团体辅导等，可以增强大学生的社会自立意识。

① 黄希庭，李媛. 大学生自立意识的探索性研究. 心理科学，2001(4).

2. 树立自信心

自信是个体对自身的能力、价值等做出正向认知与评价的一种相对稳定的人格特征。[①]研究表明,成败经验是影响大学生的自信心的重要因素,特别是成功经验对大学生的自信心有显著的影响。培养自信心的关键是要肯定自身存在的价值,学会客观地分析自己,既要看到自己的长处,也要了解自己的不足。有良好的自我信念,才能充分发挥自己的潜能,迈向成功之路。

3. 保持自尊

自尊是个人要求社会、集体和他人尊重自己,尊重自己的社会地位和荣誉的心理倾向。它和自我接受、自我肯定和自我赞许相联系。自尊是性格结构中的可贵品质。自尊的人渴望表现自己,进取心强,关注自己的形象,对平等有强烈的要求;热爱真理,尊重客观现实;既不孤芳自赏,也不随波逐流,能接纳和信任他人。正因为如此,自尊心能使个体采取积极的生活态度,成为推动个体不断进取的巨大动力。缺乏自尊心会使人产生自卑心理,妄自菲薄,甚至自暴自弃。缺乏自尊心的人在和他人交往时,常常发生困难,有孤独感,荣誉、成就、地位等社会要求水平较低,缺乏向上的勇气和决心,遇到挫折时有可能就此沉沦。

4. 增强自制力

自制力是指个体自觉地调节和控制自己的行为的能力。自制力强的人,能够理智地对待周围发生的事件,有意识地控制自己的思想感情,约束自己的行为,成为驾驭现实的主人。大学生在学习上需要有较强的自制力,参加工作以后需要有更强的自制力。在正确的学习动机和学习目的支配下的大学生,会激励自己勤奋学习,同时也会抑制和阻止无关活动或杂念的干扰。

5. 培养友谊感

友谊感是人类崇高而优美的品质之一。友谊使人开朗、热情和坦诚,使人格向健康的方向发展,而缺乏友谊的人则往往在情绪上有很大的困扰,轻则产生孤独、恐惧、焦虑的感觉,重则产生多疑、嫉妒、攻击的心态和行为。要培养友谊感,就要积极地参加社会活动,经常与志趣相投的朋友、同学进行思想沟通和情感交流。一个离群索居、孤芳自赏、生活在社会群体之外的人,是不可能拥有健全的人格的。

6. 培养乐观向上的生活态度

人格健全的人通常积极进取,能通过自己的努力实现自己的理想,从而体验到成功的快乐。人格健全的人往往比较乐观,他们常常能看到生活中光明的一面,对前途充满希望和信心。因此,大学生应当树立远大的理想,积极进取,努力奋斗,乐观地看待未来。

第三节　追求成功　实现自我

自我完善是个体认识自我、塑造自我、实现自我的过程,它是每一个人的终身课题。在

---

① 车丽萍. 自信的概念、心理机制与功能研究. 西南师范大学学报(人文社会科学版),2002(2).

大学这个特殊的人生阶段，每个大学生都有自己初步的抱负和理想，每个大学生都特别渴望踏上成功之路，一步一步地证明自己的人生价值，不断实现更高境界的自我。

成功有不同的模式，成才有不同的途径。纵览古今中外成功者的人生足迹，我们可以发现，成功没有灵丹妙药，成功只能是一个人辛勤探索、努力奋斗的结果。不过，我们虽然找不到通往成功的捷径和统一模式，却能发现成功者身上共有的人格特质。这些人格特质是超越时空的“成功因子”。强化这些因子，拥有这些人格特质，我们就能拒绝沉沦，挑战平庸，远离晦暗，使自己的人生更有意义。

一、理想照亮人生

有志者，事竟成。——范晔《后汉书》

1. 从船长到纽约州州长

罗杰·罗尔斯是美国纽约州第53任州长，也是纽约州历史上的第一位黑人州长。他出生在纽约声名狼藉的大沙头贫民窟。这里环境肮脏，充满暴力，是偷渡者和流浪汉的聚集地。在这儿出生的孩子从小逃学、打架、偷窃，甚至吸毒，长大后很少有人获得较体面的工作。然而，罗杰·罗尔斯是一个例外，他不仅考上了大学，而且当上了州长。

在记者招待会上，记者问了罗杰·罗尔斯一个问题：“是什么把你推向州长宝座的？”面对300多位记者，罗杰·罗尔斯对自己的奋斗史只字未提，他仅说了一个非常陌生的名字——皮尔·保罗。后来，人们才知道，皮尔·保罗是他上小学时的一位校长。

1961年，皮尔·保罗被聘为诺必塔小学的校长。当他走进诺必塔小学的时候，他发现这儿的穷孩子根本不听老师的话，他们旷课，打架，甚至砸烂教室的黑板。皮尔·保罗想了很多办法来引导他们，可是没有一个办法有效。后来，他发现孩子都很迷信，于是他在上课的时候增加了一项内容——给学生看手相。他用这个方法来鼓励学生。

当罗杰·罗尔斯从窗台上跳下，伸着小手走向讲台时，皮尔·保罗说：“我一看你修长的小拇指就知道，将来你会成为纽约州州长。”当时，罗杰·罗尔斯大吃一惊，因为他的奶奶曾告诉他他将来可以成为五吨重的小船的船长，而这一次皮尔·保罗竟然告诉他他将来可以成为纽约州州长，他太意外了。他记下了这句话，并且相信了它。

从那天起，罗杰·罗尔斯的衣服不再沾满泥土，他也不再说脏话，他开始挺直腰杆走路，他每天都按州长的身份来要求自己。51岁那年，他真的成了州长，而且就是纽约州州长。

在他的就职演说中有这样一句话：“在这个世界上，信念这种东西任何人都能免费获得，所有成功者最初都是从一个小小的信念开始的。”

2. 一个没有目标的人就像一艘没有舵的船

设定明确的目标，是所有成就的出发点。制定目标和实现目标就像一场比赛，一旦你设定了目标，目标就给了你一个看得见的射击靶，随着你的努力而实现。一个没有目标的人就像一艘没有舵的船，失去了方向，只会到达失望、失败的海滩。英国有一句谚语：“对一艘盲目航行的船来说，任何方向的风都是逆风。”女性心理与形象资讯中心总裁玛丽·斯普兰妮女士曾说：“目标就像一盏明灯，不断地指引我向前；就像牵引我命运的绳索，一步步将我导向成功。”

1952 年,著名的游泳女将弗洛伦丝·查德威克从卡德林那岛出发游向加利福尼亚海滩。她想创一项纪录。

她在描述自己的经历时曾说:"那是 1952 年 7 月 4 日清晨,那天大雾弥漫,天气非常寒冷,但这对我来说不算什么,我知道一个人要想做一点事情,不吃苦是不行的。我决定从卡德林那岛出发游向加利福尼亚海滩,如果我能成功,我将是第一个游过这个海峡的人。那天的雾实在是太大了,我连护送我的船都看不见,更看不见前面的岸。我在水里游了很长时间,冰冷的海水刺得我浑身发麻。15 个小时之后,我觉得自己不行了,没有可能游到对岸。于是,我请求别人把我拉上船。这时,我的母亲和教练在另一艘船上,他们大声地告诉我我离海岸很近了,只要我再坚持一会儿,就能获得胜利。我朝前方望去,只能看见雾,根本看不见海岸。我只好摇了摇头,宣告这次行动失败。后来,大雾渐渐退去,我才发现,海岸离我被大家拉上船的地方只有 0.5 英里(1 英里=1 609.344 米)。当时,我差点哭了。说实在的,我不是为自己的失败找借口,如果那个时候我能看见海岸,我相信我一定能够坚持下来。两个月后,我成功地游过了那个海峡,而且比男子的记录快两个多小时。这件事让我明白,目标对于一个人来说真的是太重要了。毫不夸张地说,在我的奋斗生涯中,只有那一次我没有坚持到底。"

弗洛伦丝·查德威克的经历告诉我们,明确的目标不仅为我们指明了奋斗的方向,而且为我们提供了前进的动力。有了目标,就有了热情,有了积极性,有了使命感。许多人怀着羡慕、嫉妒的心理看待那些取得成功的人,总认为他们取得成功的原因是有外力相助,于是感叹自己命运不济,殊不知他们能取得成功是因为他们确立了明确的目标。明确的目标就像一块磁铁,可以积聚、吸纳所有成功的条件,帮助人们迈向成功的彼岸。

如果一个人看不到生活的意义,看不到可以追求的理想和目标,他通常会无精打采,浑浑噩噩,甚至走向堕落。

马加爵在案发被捕后,曾对他的姐姐说:"姐,现在我对你讲一次真心话,我这个人最大的问题就是我一直不知道人生的意义到底是什么……但是,此时此刻我明白了,人生的意义在于人间有真情。"在临刑前的最后一次采访中,马加爵又说:"我觉得,没有理想是最大的失败。"如果马加爵能早点明白这些道理,早点为自己制定目标,他可能就不会走上歧途了。

虽然马加爵这个案例比较极端,但是在大学校园里,因为没有理想而懒散懈怠、浑浑噩噩的人并不少。没有目标和理想的人,是很难有责任感、上进心的,这样的人也很难走出"迷茫"的困境。

3. 成功的道路是由目标铺成的

理想是照亮人生的灯塔。没有理想,就不会有坚定的方向;没有方向,就不会有充实的生活。

有人对540位大学生进行了职业生涯规划方面的调查，调查结果显示，有10.7%的大学生非常了解，有59.2%的大学生比较了解，有28.6%的大学生了解一点，还有1.5%的大学生不了解，但是具体谈到如何实现自己的职业理想时，想过且知道如何实现自己的职业理想的大学生占16%，想过但不知道如何实现自己的职业理想的大学生占71%。① 从调查结果可以看出，大部分有职业理想的大学生仅仅是对未来职业表现出一种向往，并没有明确的目标。许多大学生对自己的职业发展规划并不明确，不能运用职业设计理论，规划未来的工作与人生发展的方向，这种情况严重影响了大学生日后对工作的适应性。每个人的人生画卷都要靠自己去描绘，灿烂与否、绚丽与否，主要取决于你的人生理想与目标。

4. 目标分解法助你成功

1984年，在东京国际马拉松邀请赛中，名不见经传的日本选手山田本一出人意料地夺得了世界冠军。当记者问他依靠什么取得如此惊人的成绩时，他说："用智慧战胜对手。"当时许多人都认为他在故弄玄虚。马拉松是一项考验体力和耐力的运动，说用智慧取胜，确实有点勉强。两年后，意大利国际马拉松邀请赛在意大利米兰举行，山田本一代表日本参加比赛，又获得了冠军。当记者问他依靠什么取得成功时，性情木讷的山田本一仍然回答："用智慧战胜对手。"十年后，这个谜团终于被解开了。山田本一在他的自传中这么说："每次比赛之前，我都要乘车把比赛的线路仔细地看一遍，并把沿途比较醒目的标志记下来，比如第一个标志是一个银行，第二个标志是一棵大树，第三个标志是一栋红房子……比赛开始后，我就以很快的速度向第一个目标冲过去，到达第一个目标后，我又以同样的速度向第二个目标冲过去……就这样，轻松地跑完了全程。"

确实，要想达到目标，就要像上楼一样，一步一个台阶地走上去。山田本一将大目标分解为多个易于达到的小目标，每达到一个小目标，他都可以体验成功的感觉，而这种感觉可以增强他的自信心，并推动他达到下一个目标。很多大富豪的钱财、大将军的战功、大学者的学问都是通过实现无数个小目标累积起来的。

有一个大学生很善于利用目标分解法，他大一时就开始背英语词典，一天背两三个英文单词，到大四时，虽然没有将英语词典背完，但他记住的单词比同班同学多了好几倍，在考托福时，他取得了非常好的成绩。在现实生活中，很多人做事之所以会半途而废，不是因为难度太大，而是因为他们觉得成功离他们太远了。

要想有效地运用目标分解法，需要遵循以下几个基本原则。

(1) 不求快，因为求快会给自己造成很大的压力，欲速则不达。

(2) 不求多，因为求多会让自己无力承担，从而丧失勇气。

(3) 不中断，因为一旦中断，就会功亏一篑。

---

① 李荣华，高瑛. 大学生职业生涯规划现状调查及对策. 教育探索，2009(2).

二、心态预示成败

改变态度,便能改变生活。——拉尔夫·沃尔多·爱默生

1. 两个人同时从牢房的铁窗望出去,一个人看到泥土,另一个人看到繁星

美国有一个名叫塞尔玛的妇女,她的丈夫奉命到沙漠腹地参加军事演习。塞尔玛一个人留守在一间像集装箱一样的铁皮小屋里,那里气候干燥,酷热难耐,周围只有墨西哥人与印第安人。他们不懂英语,塞尔玛无法与他们交流。她非常寂寞、烦躁,于是写信给她的父亲,告诉她父亲她想离开这个地方。她父亲的回信只有一句话:"两个人同时从牢房的铁窗望出去,一个人看到泥土,另一个人看到繁星。"

塞尔玛开始没有读懂这句话的含义,反复读了几遍后,感到非常惭愧,她决定留下来寻找自己的"繁星"。她不再消沉,而是积极地面对人生。她在当地广交朋友,与他们相处得非常愉快。她非常喜爱当地的陶器与纺织品,于是当地的居民便将舍不得卖给游客的陶器、纺织品送给她。她还认真地研究了仙人掌的生长情况和土拨鼠的生活习性,观赏了沙漠的日出、日落,寻找了海螺壳……她有了很多新的发现,她非常激动,于是拿起笔记录下了这一切。两年后,一本名为《快乐的城堡》的书出版了,她经过自己的努力看到了"繁星"。

沙漠没有变,当地的居民也没有变,只是塞尔玛的心态变了,原来的痛苦没有了,取而代之的是乐观的精神和积极的行动,所以最终她看到了"繁星"。

2. 这个世界就像一面多棱镜,这一面是不幸,另一面可能就是幸运

任何事物都有两面,成功的关键不在于事物本身,而在于人们的心态。心态积极的人看到的永远是事物好的一面,而心态消极的人只能看到事物不好的一面。积极的心态可以让坏事变好,消极的心态则会使好事变坏。

古时候,有一个秀才第三次进京赶考,住在一个曾经住过的客店里。考试前两天他做了三个梦:第一个梦里,他梦到自己在墙上种白菜;第二个梦里,下雨了,他戴了斗笠,还打了伞;第三个梦里,他和心爱的表妹脱光了衣服躺在一起,但是背靠着背。

这三个梦似乎有些深意。第二天,秀才赶紧去找算命先生解梦。算命先生一听,皱了一下眉头,说:"你还是回家吧。你想想,在墙上种白菜不是白费劲吗?戴斗笠打伞不是多此一举吗?和表妹脱光了衣服躺在一起,却背靠着背,不是没戏吗?"秀才一听,心灰意冷,回想起自己前两次落榜,越想越觉得算命先生说的话有道理。他沮丧地走回客店,收拾好东西准备回家。客店老板非常奇怪,问:"不是明天才考试吗,你怎么今天就回家了?"秀才将自己做的梦和算命先生的话告诉了客店老板,客店老板

> 听了之后笑着说："我也会解梦。我倒觉得，你这次一定要留下来。你想想，在墙上种白菜不是高种(中)吗？戴斗笠打伞不是说明你这次有备无患吗？和表妹脱光了衣服背靠背躺在一起，不是说明你翻身的时候就要到了吗？"秀才一听，觉得更有道理，于是决定参加考试。等到揭榜的那一天，他一看，自己居然中了探花。

在推销员中，广泛流传着这样一个故事。

> 两个欧洲人到非洲去推销皮鞋。由于天气炎热，很多非洲人都是打赤脚。其中一个推销员看到非洲人都打赤脚，失望地说："这些人都打赤脚，怎么会买我的皮鞋呢？"于是，他放弃了。另一个推销员看到非洲人都打赤脚，高兴地说："这些人都没有皮鞋穿，我的皮鞋肯定有很大的市场。"于是，他想方设法引导非洲人购买皮鞋，最后他赚了很多钱。

上述两个故事清楚地显示了积极的心态在迈向成功的过程中所产生的巨大作用。消极的心态使人灰心丧气，不战而败；积极的心态则可以使人充满信心，大获全胜。

著名成功学大师拿破仑·希尔告诉我们，心态在很大程度上决定了我们人生的成败。我们怎样对待生活，生活就怎样对待我们；我们怎样对待别人，别人就怎样对待我们；我们在一项任务刚刚开始时的心态决定了我们最后的成败，这比任何其他因素都重要。

3. 心态决定人生的高度

积极的心态是成功的催化剂，它可以使人变得活泼、乐观，使人充满斗志，而消极的心态则会使人变得消沉、悲观。

美国著名心理学家塞利曼花了二十多年的时间，找了1万多人做了一些心理方面的研究，研究结果显示，悲观的人往往自怨自艾，导致各种疾病，甚至会导致死亡。塞利曼举了下面的例子来说明。

> 一家铁路公司有一位调度员叫尼克，他工作非常认真，做事也尽职尽责，但是他有一个缺点，就是他很悲观。有一天，铁路公司的职员都赶着去给老板过生日，大家都急急忙忙地走了。不巧的是，尼克被关在了一辆冰柜车里。尼克在冰柜车里拼命地叫喊，可是没有人听到，最后他只好绝望地坐在地上喘息。尼克在心里想，冰柜车里的温度一般都在−20摄氏度以下，如果出不去，他一定会被冻死。他越想越害怕，只好用发抖的手，找来纸和笔，写下了遗书。
>
> 第二天早上，铁路公司的职员来上班了。他们打开冰柜车，发现尼克倒在里面。他们将尼克送到了医院，但他已经没有生还的可能。他们都很惊讶，因为冰柜车里的冷冻开关并没有打开，这么大的冰柜车里也有足够的氧气，而尼克竟然"冻"死了！
>
> 其实尼克并不是死于冰柜车的温度，而是死于他自己心中的"冰点"。

塞利曼的研究告诉我们,影响一个人的能力、命运的不是出身、地位,也不是财富、金钱,也不是老师、父母,而是他自己对人、对事的心态。

三、自信成就事业

天生我材必有用。——李白

1. 校长,如果您录取我,我保证我会成为贵校的骄傲

在微软公司工作的华人都知道郭蓓菁,她是一个小巧玲珑、活泼的女孩。见到她第一眼时,你可能会对她是微软公司最资深的华人经理之一感到惊讶,但是,如果你跟她交谈超过一分钟,你就不会有这样的想法了。她讲的每一句话都体现了她自信、积极、乐观的品质,卓越的领导能力,以及严谨的逻辑和思维。

下面是她自己讲述的她在美国求学的时候发生的事情。

"18岁的时候,我从中国移民到了美国。到美国6个月后,为了上大学,我参加了SAT考试。虽然那时我的英语口语很不错,但是语法、词汇和作文不行。我的数学考了780分(满分800分),但是英语只考了280分。要知道英语就算交白卷也有200分,所以280分是一个非常糟糕的分数。但是我依然自信地申请了加利福尼亚大学的电机工程系。由于我的英语分数太低,所以我的申请被拒绝了。但是我不服输,我相信如果我被录取,我将会成为一个成功的工程师。于是,我直接写了一封信给加利福尼亚大学的校长。在信里,我做了自我介绍,自豪地描述了我在理工方面的成就,解释了英语成绩不理想的原因,我还特别强调了我的学习能力。信的最后一句话是'校长,如果您录取我,我保证我会成为贵校的骄傲'。两天后,校长约见了我。我和她谈话时,她意识到我的英语进步得很快。我当面向她保证我的英语会学得和美国同学一样好。一个星期后,校长决定录取我。"

因为郭蓓菁自信,所以在面对挫折时,她不认输,不低头,不退缩,她积极行动,主动争取,最终取得了成功。

2. 一分自信,一分成功

亨利是美国的一个流浪汉,身材矮小、相貌丑陋的他一直十分自卑,连最普通的工作都不敢应聘,只能靠政府的救济金维持生活。孤独、苦闷的亨利看不到生活的希望,整天躺在公园的长椅上唉声叹气。

有一天,他的朋友切尼告诉他:"我看到一本杂志,里面有一篇文章说拿破仑有一个私生子流落到了美国,这个私生子又生了一个儿子,他的全部特征都跟你相似,身材矮小,讲一口带法国口音的英语。"

"真的吗?"亨利半信半疑,但是他还是愿意相信这是真的。他掏出口袋里所有的零钱,买了汉堡包和可乐招待切尼。

很长一段时间,亨利总是在心里想:"我真的是拿破仑的孙子吗?"渐渐地,他开始相信这是一个事实。

于是,亨利的人生开始改变了。以前他因为身材矮小而感到自卑,现在他却因此感到自豪,因为他知道他的爷爷就是以这种形象指挥千军万马的;以前他总是觉得自己的英语说得不标准,现在他却认为自己带一点点法国口音的英语悦耳、动听。后来,他决定开创一番事业,因为是白手起家,所以他遇到了许多困难,但是他却充满了信心。他告诉自己,在拿破仑的字典里找不到"难"这个字。就这样,凭着自己是拿破仑孙子的信念,他克服了各种困难,成了一家大公司的董事长。

在公司成立10周年的时候,他请人去调查自己的身世,但是结论是他不是拿破仑的孙子。可是亨利并没有因此感到沮丧,他说:"我是不是拿破仑的孙子已经不重要了,重要的是我明白了一个道理,当你相信一件事的时候,它就是真的。"

亨利成功了,强烈的心理暗示转化成自信,使他坚信自己就是拿破仑的孙子,最终给他带来了成功。是的,没有自信,就没有成功。一个人能获得成功,首先是因为他自信。有人说,自信是成功的一半,这句话一点也不夸张。

古往今来,很多人失败,并不是因为他们无能,而是因为他们不自信。自信,使不可能成为可能;不自信,则使可能变成不可能。一分自信,一分成功;十分自信,十分成功。因为自信,关羽单刀赴会;因为自信,毛遂脱颖而出;因为自信,布鲁诺视死如归;因为自信,比尔·盖茨弃学经商……选择自信,就是选择放弃失败,走向成功。

3. 只看自己有的,不看自己没有的

一个人所具有的潜能和他在学习、工作、生活中所表现出来的能力并不总是1∶1的关系。

许多人在学业和事业上遭遇挫折以后,总是习惯性地认为自己遭遇挫折是因为自己的潜能不足。其实,在他们身上,往往蕴藏着巨大的潜能,只不过他们自己没有意识到,或者意识到了,却不知道该如何发挥这些潜能。相反,那些特别乐观、特别自信的人总是能不断地从自己身上找到前进的动力,总是能想方设法地让自己的潜能充分地发挥出来。

从某种意义上说,每个人都是有缺陷的。如果我们过分关注自己的缺陷与劣势,那它就会演变成人格的缺陷和生命的劣势。反之,如果我们忽略自己的缺陷,珍惜自己的优势,并以实际行动去提升自己的能力,我们将拥有精彩的人生。

黄美廉是一位从小就患有脑性麻痹的病人,脑性麻痹夺走了她身体的平衡感,也夺走了她讲话的能力。她从小就活在别人异样的眼光中。但是她没有被打败,她靠自己的努力获得了加利福尼亚大学的博士学位。她用她的手当画笔,用色彩告诉人"寰宇之力与美"。

下面几段话描述了她演讲时的场景。

黄美廉站在台上，不时地挥舞着她的双手，仰着头，脖子伸得很长很长，嘴巴张着，眼睛眯成一条缝，偶尔她的口里也会发出一些声音，但是听不清她在说些什么。她的听力很好，只要有人猜中她的意思，她就会高兴地伸出右手，用两个指头指着他，或者拍着手向他走过去，送给他一张用她的画制作的明信片。

一个学生小声地问："黄博士，你从小就长成这个样子，请问你怎么看你自己的？你就没有怨恨吗？"

"我怎么看我自己？"黄美廉用粉笔在黑板上写下了这几个字。她写字的时候很用力，写完后，她歪着头，回过头来看着提问的学生，笑了一下，然后回过头去，在黑板上龙飞凤舞地写了起来："一、我很可爱！二、我的腿很长很美！三、爸爸妈妈很爱我！四、上帝也爱我！五、我会画画！六、我有一只可爱的猫……"

教室里鸦雀无声，没有人讲话。她回过头来平静地看着大家，然后回过头去，在黑板上写下了她的结论："我只看自己有的，不看自己没有的。"

教室里响起了热烈的掌声，黄美廉倾斜着身子站在台上，满足的笑容从她的嘴角荡漾开来，眼睛眯得更小了，一种永远不会被击败的傲然写在她的脸上。

"只看自己有的，不看自己没有的。"只有这种人，才能成为真正的强者。

在校园里、在社会上，我们可以看到很多人非常自卑。他们常常觉得自己相貌丑陋、身材矮小、家境贫寒、智商太低、运气太差……不可否认，人的主观条件和客观条件肯定是存在差异的，但是黄美廉的故事告诉我们，任何先天的缺陷或后天的不足都不能成为自卑、消沉的理由，因为即使对最不幸的人来说，他也有改变自己的处境的机会。如果你只是埋怨、感叹老天爷对你不公平，而不去努力，你就会失去更多的东西。如果你拥有良好的心态，振作精神，克服困难，执着前行，就一定会取得成功。

4. 挑战自卑，重塑自我

自信是个体对自身的价值和能力的充分认识和肯定，是个体在认清现状后所保持的一种昂扬的斗志，是取得成功的关键。从本质上来说，许多心理障碍都可以归结为没有自信。

在现实生活中，几乎每个人都知道自信对于学业、事业、人生的重要性，但是知道自信的重要性，并不等于一定拥有自信。实际上，缺乏自信是困扰我们的大问题。调查显示，75%的大学生都缺乏自信，他们不相信自己能承担责任、完成任务，也不相信自己拥有将梦想变成现实的能力。

如何改变现状，增强自信呢？从以下几个方面着手，应该可以取得一定的效果。

(1) 为自己确立一个切合实际的目标。确立目标是激发潜能的需要，也是取得成功的关键。确立目标本身就是自信心的一种体现，但是如果目标定得太高，很难实现，就会使人产生挫折感，丧失自信。

(2) 关注自己的长处。世界上的人，千差万别，各有所长。如果一个人总是做不适合自己的事情，总是拿自己的短处去与别人的长处相比，就很容易产生自卑感。

(3) 认真做好每一件小事。缺乏自信，其实是挫折、失败累积的结果，如果我们认真对待每一件小事，将每一件小事做好，我们就会不断地得到别人的表扬与肯定，而他人的正面评价正是积极的自我评价的源头。

以上三点是增强自信的指导原则，下面七点则是增强自信的具体方法。

(1) 挑前排的座位就座。

(2) 与别人交流时，正视对方。

(3) 走路的速度比原来加快 25%。

(4) 在公众场合大胆发言。

(5) 真诚地微笑。

(6) 多用肯定的句子表达想法。

(7) 尽可能多地找出自己的优点并经常默念。

增强自信的方法其实并不复杂，用一句话概括，那就是“相信你自己”。

四、行动实现梦想

Just do it! ——耐克广告语

1.《把信送给加西亚》

哈伯德的《把信送给加西亚》自面世以来，一直激励着一代代胸怀大志的年轻人。

这本书主要讲述了这样一个故事。

> 美西战争爆发后，美国总统麦金莱必须立即和西班牙军队首领加西亚取得联系。此事关系战争全局。但是当时加西亚正在古巴丛林中作战，没有人知道确切的地点，所以无法写信给他。
>
> “怎么办?”麦金莱犹豫了。
>
> “有个叫罗文的人有办法找到加西亚，也只有他能找到加西亚。”有人告诉总统。
>
> 于是，他们找到罗文，将一封写给加西亚的信交给了他。罗文接过信之后，没有问加西亚在什么地方，加西亚是谁，为什么要找加西亚，也没有询问报酬的事情，而是二话没说，把信装进了一个防水的袋子里，划着一条小船就出发了。四天后，罗文在古巴上岸，消失在了丛林中。在接下来的三个星期里，他徒步走过了这个危险重重的国家，把信交到了加西亚手中。
>
> 没有问题，没有条件，更没有抱怨，只有行动，积极而坚决的行动。

人的一生有没有意义，不是看他的梦想有多美好，而是看他能不能把梦想变成现实，人生的意义就在于努力实现自己的梦想。

立即行动，成功就会离你很近。

2. 拖延是成功的死敌

成功学大师拿破仑·希尔认为，要想取得成功，必须遵守两条守则，第一条守则是“开始行动，向目标前进”，第二条守则是“每天行动，不断地向前进”。

在大学校园里，我们常常可以听见这样的声音：“如果我早点开始复习，这次考试肯定就没问题了”“如果我当过学生干部,我的人际交往能力与组织能力就不会这么差了”“如果我没旷这么多课,没有这么多功课不及格,我就不用担心自己拿不到毕业证了,可是现在已经大四了,要毕业了,来不及了”。

一个个美好的想法都随着时光的流逝化为泡影,实在令人惋惜。其实,他们不应该如此悲观,只要马上行动,一切皆有可能。虽然行动之后,结果不一定如意,但是如果只是心动,却不去行动,那是绝对不可能有满意的结果的。

有个人已经四十岁了。一天,他对朋友说:“我想考博士,但是我的年龄太大了,拿到博士学位我已经四十三岁了。”可是他没有想过,如果不去考,不去读,三年后他还是四十三岁啊!

是啊,即使你不行动,时间也会无情地流逝,不会为你停留片刻,既然如此,为什么不在这段时间里努力拼搏,做出成绩来呢?要想把梦想变成现实,必须把握现在。

寒号鸟的故事很好地说明了这个道理。

古老的原始森林里,阳光明媚,鸟儿欢快地歌唱、辛勤地劳作。其中有一只寒号鸟,仗着自己有一身漂亮的羽毛和嘹亮的歌喉,到处游荡卖弄,看到别的鸟儿辛勤地劳作就不停地嘲笑。

好心的鸟儿提醒它:“寒号鸟,快垒窝吧!不然冬天来了,怎么过啊?”

寒号鸟轻蔑地说:“还早呢!着什么急啊!趁着今天大好的时光,快快乐乐地玩玩吧!”

就这样,日复一日,冬天很快就到了。鸟儿们晚上都在自己暖和的窝里安详地休息,而寒号鸟却在夜晚的寒风里冻得瑟瑟发抖,它用美丽的歌喉悔恨过去,哀号未来:“寒风冻死我,明天就垒窝。”

第二天,太阳出来了,沐浴在阳光中的寒号鸟非常高兴,完全忘记了头天晚上的痛苦,又快乐地唱起歌来。

有鸟儿劝它:“快垒窝吧!不然晚上又要发抖了。”

寒号鸟轻蔑地说:“不会享受的家伙。”

又到晚上了,寒号鸟又像头天晚上一样哀号。就这样重复了几个晚上,突然下大雪了,鸟儿们很奇怪,寒号鸟怎么不叫了呢?太阳一出来,鸟儿们就去找寒号鸟,结果发现寒号鸟早就被冻死了。

对一个胸怀大志的人而言,拖延也许是最有破坏性的。不可否认,大学生就像寒号鸟一样,有骄傲的资本,他们有令人羡慕的现在和令人向往的未来,有美丽的青春和许多的时间。他们总是认为,今天作业没完成,不要紧,明天再写也不迟,今天功课没弄懂,不要紧,明天再钻研也不晚。于是,本来应该用来学习的时间却用在了吃喝玩乐上面。

当拖延成为一个人的习惯时,他将会与及时行乐的寒号鸟一样,跌入万劫不复的深渊。

3. 先开枪,后瞄准

很多机会都是在议而不决,决而不行中白白浪费的。

假如把机会比喻成飞禽的话,我们要想把握机会,应该怎么做呢?管理学大师汤姆·彼得斯曾经有“先开枪，后瞄准”的说法，看似荒谬，其实是有一定的道理的。

机会稍纵即逝，假如我们不够敏感，反应不够快的话，就会错失良机。在现实生活中，先开枪（立即行动起来）的人比先瞄准（做好准备后再开始行动）的人更容易获得成功。所有优秀的猎手，当他们看到一只飞禽的时候，都是立即射击，而不会左瞄右瞄，等瞄准了再射击，更不会等它停下来了再瞄准射击，犹豫、等待只会让飞禽飞得无影无踪。

在生活中，我们通常会看到两种人。第一种人的主要特点是反应快，敢于行动，在事情刚有点眉目，时机看起来还不是很成熟的时候，就已经开始行动了。这种人常常被看作“莽撞的人”。第二种人做事比较谨慎，他们在行动之前会瞻前顾后，反复论证，尽管如此，行动的时候，他们还是会提心吊胆。这种人常常被看作“追求完美的人”。一般情况下，“莽撞的人”比“追求完美的人”更容易获得成功。这是因为“莽撞的人”在机会来临的时候，不会多想，而是会迅速行动起来，在行动中抢占先机，而“追求完美的人”对外界的困难常常有夸大的倾向，他们在行动前会反复思考、论证，等机会成熟后再开始行动，等待的结果往往是错失良机。

很多人都相信“机会只给有准备的人”这句话，认为机会会在某一个地方等着他们，他们只要好好地做准备，积累力量就可以了。其实，这样的想法有点片面。机会不会在某个地方等着你，它常常会蒙上神秘的面纱，伪装起来，隐藏起来，你只有迅速地行动起来，不停地搜索，才能够发现它，进而获得它。并且很多时候，机会都是我们自己在行动中创造出来的。

4. 立即行动，绝不拖延

如果你不行动，你的梦想将毫无价值，你的计划将毫无意义，你的目标也不可能实现。“立即行动，绝不拖延”这一成功的秘诀听起来很简单，但是许多人都无法做到。

如何才能立即行动而不拖延呢？我们需要记住以下几点。

（1）不为拖延找借口。我们必须记住，拖延造成的后果只能由我们自己承担。我们不能为拖延找借口，如“我在等待时机”“条件还不成熟”“我没有时间做这件事”“太晚了，来不及了”“他太挑剔了，我无法和他相处”“这件事我怕我做不好，我以前从来没做过”。

（2）规定期限，提高效率。拖延者都不爱制订计划，因为制订了计划，就有了依据和标准，就有了约束与监控，就不能脚踩西瓜皮，滑到哪里算哪里。如果我们为自己制订计划，并规定明确的期限，我们就会有压力感，就可以提高斗志，从而提高工作、学习效率。

（3）让自己有压力的事情要立即做。对于让自己有压力的事情，你越拖延，厌恶感越强，压力越大，畏难情绪越重，还不如趁厌恶感还未滋生或比较弱的时候赶快行动，完成你应该完成的事情。立即行动，省事又省心。

十九岁的小张是某大学一年级的学生，他在暑假做了一份兼职，主要任务是推销商品。在谈自己的体会时，他是这样说的：“推销确实有些难度，早上的第一次推销尤其困难。在路上，我一直在想客户的态度会是怎样的，我又该怎么应付，想着想着心里就开始紧张了。等到了客户家门口时，我有点犹豫了，我在心里想，也许晚点来拜访也没关系。想到这里，心里忽然觉得很轻松，于是，我在附近徘徊了一会，看看风景，买点东西，以拖延拜访的时间。可想不到的是，我越是拖延，心里越是紧张。我又在心里想,要不吃完午饭再去吧。吃完午饭后,我觉得不能再拖延了,于是鼓起勇气走到客户家门口按响了门铃。这时,我的心里突然不紧张了。接下来的事情很顺利,根本没有我想象中的那么难。在接下来的几天里,我不再犹豫不决,拖拖拉拉,而是径直走到客户家门口按响门铃,跟客户问好后,马上就开始推销。就这样,我的工作效率提高了,工作热情也提高了。我很有成就感。"

小张的这番话揭示了一个深刻的道理:事情难不是我们不敢做的原因,正好相反,它是不敢做的结果。

事实确实如此,很多人在做一件事情之前总是顾虑重重,畏首畏尾,可是当他们真的开始做了以后,他们会发现,事情并没有他们想象中的那么复杂。

五、坚忍创造奇迹

古之立大事者,不惟有超世之才,亦必有坚忍不拔之志。——苏轼

1. 我赢了上帝

一位电台主持人在自己的职业生涯中被辞退了 18 次,她的主持风格曾经被人贬得一文不值。

最早的时候,她想到美国的一家电台工作。电台负责人认为她是一个女性,不能吸引听众,所以拒绝了她。

后来,她来到了波多黎各,她希望自己能有好运气。她不懂西班牙语,为了熟练地掌握这门语言,她花了三年的时间学习西班牙语。但是,在波多黎各的日子里,她最重要的一次采访是一家通讯社委托她到多米尼加共和国去采访,就连差旅费都是她自己出的。

在接下来的几年里,她不停地换工作,不停地被辞退,有些人还指责她根本不懂什么叫主持。

1981 年,她来到纽约的一家电台,但是很快电台负责人就认为她跟不上这个时代。于是,她失业了一年多。

有一次,她向国家广播公司的一位职员介绍她的访谈节目策划方案,得到了他的肯定。但是,那个人后来离开了国家广播公司。她只好再向另外一位职员介绍她的访谈节目策划方案,这位职员对此不感兴趣。经过她的努力,这位职员同意录用她,但是不同意她做访谈节目,而是让她主持一个关于政治的节目。

她对政治一点也不懂,但是她不想失去这份工作,于是她开始努力学习政治方面的知识……

1982 年夏天,她的节目开始播出了。她凭着娴熟的主持技巧和平易近人的主持风格,得到了许多人的肯定。她几乎在一夜之间成名,她的节目成了美国最受欢迎的节目。

> 她叫莎莉·拉斐尔。她曾经两次获得美国主持人大奖。
>
> 在美国传媒界，她就是一座金矿，她无论到哪家电台，都可以为电台带来巨额的利润。

莎莉·拉斐尔说："我平均每隔一年半，就会被辞退一次，有时候，我认为我这辈子完了，但是我相信，上帝只掌握了我的一半，我越努力，我手中掌握的另一半就越庞大，有一天，我终于赢了上帝。"

"我赢了上帝"这句话曾经作为标题，出现在美国的许多媒体上。

再试一次，你可能就会到达成功的彼岸！

2. 锲而不舍，金石可镂

在人生的道路上，我们每个人都会遇到各种困难、挫折和失败，但是每一次失败都会成为我们下一次行动的经验与财富，成功的秘诀在于持之以恒，锲而不舍。拿破仑曾说："人生最大的光荣不在于永不言败，而在于屡败屡战。"

锲而不舍折射的是一个人的信心，反映的是一种精神，它是一个人取得成功必不可少的重要品质。任何人要想取得成功，必须具有不达目的誓不罢休的韧劲。

摔倒了再爬起来继续前行，许许多多的名人都是这样走过来的。

> 司马迁撰写《史记》用了15年的时间；司马光撰写《资治通鉴》用了19年的时间；李时珍编写《本草纲目》用了27年的时间；徐霞客编写《徐霞客游记》用了30年的时间；竺可桢编写《物候学》用了整整38年的时间；歌德用了60年的时间才完成《浮士德》；居里夫人为了研究放射性元素，付出了毕生的心血……
>
> 20世纪50年代，球王贝利曾被一些球迷称为"蠢货"，但是他并没有屈服于这些恶意的攻击，也没有怨天尤人，而是努力拼搏，最终练成了神奇的脚下功夫，叱咤绿茵场。

没有持之以恒，竭尽全力的实践，没有战胜困难，百折不挠的意志，他们是很难取得成功的。

3. 成功者不过是爬起来比倒下去多一次

> 美国石油大亨约翰·洛克菲勒是标准石油公司的创始人，也是世界上第一位亿万富翁。16岁时，为了找到一份"对得起所受的教育"的工作，他翻开克利夫兰工商企业名录，仔细寻找知名度高的公司。每天早上8点，他离开住处，身穿黑色西服，戴上黑色领带，去参加新一轮的面试。在走遍了全城，被所有大公司拒之门外的情况下，他并没有像很多人想的那样选择放弃，而是敲开了一个多月前曾经访问过的第一家

公司的门，从头再来。有些公司他甚至去了三次，但是谁也不想雇用一个孩子。可是约翰·洛克菲勒越受到挫折，他的决心反而越大。就这样，他坚持了六个星期。1855年9月26日上午，他走进一家从事农产品运输代理的公司，老板仔细地看了一下他写的字，然后说："留下来试试吧。"老板让约翰·洛克菲勒马上脱下外衣开始工作，工资的事根本没提。过了三个月，他才收到第一份微薄的工资。这就是约翰·洛克菲勒的第一份工作，是他自己都记不清被拒绝了多少次后得到的工作。他一直都把9月26日当作"就业日"来庆祝。

日本著名的松下电器公司的总裁松下幸之助，在短短数十年的时间内，从一个仅有几百日元资产的小作坊的作坊主变为拥有337.5亿日元资产，名列世界第40位的跨国公司的总裁，被誉为"经营之神"。但是他年轻时曾一度找不到工作。

家境贫寒的松下幸之助为了养家糊口，来到一家大电器公司求职。瘦弱矮小、穿着一身又破又脏的衣服的他被公司人事部的负责人婉言拒绝："我们公司现在不缺人，你一个月后再来看看吧！"这本来是一句推托的话，可是一个月后，松下幸之助真的又来了。这位负责人又推说没空，让他过几天再来。过了几天，松下幸之助又来了。如此反复多次。这位负责人只好说了真话："你这么脏是进不了我们公司的。"于是，松下幸之助借钱买了一套整齐的衣服，穿着这身衣服来到了公司。这位负责人一看没办法，只好告诉他："关于电的知识，你知道得太少了，我们不能要你。"两个月后，松下幸之助又找到那位负责人："我已经学了不少关于电的知识，您看我在哪些方面还有差距，我一项一项地弥补。"这位负责人看了他半天，才说："我干这行已经十年了，从来没见过像你这样找工作的，我真佩服你的耐心和韧劲。"最后，松下幸之助的毅力打动了这位负责人的心，松下幸之助终于如愿以偿地进了那家公司工作。

林肯在人生道路上也遇到了许多挫折。在他当选总统之前的三十年里，他经历过失业、经商失败、爱人死亡、角逐副总统失败等挫折，但他没有被打败，并在1860年当选美国总统。

约翰·洛克菲勒和松下幸之助找工作时被拒绝了那么多次，林肯在他的人生道路上遇到了那么多挫折，相比之下，我们要幸运得多。但是他们最后都凭借自己顽强的毅力和不达目的誓不罢休的勇气取得了成功。他们的经历告诉我们，当我们遇到挫折的时候，一定要激励自己再试一次，成功者不过是爬起来比倒下去多一次！

4. 成功就是把枯燥的事情重复做下去

伟人的毅力和成就总是会让人们热血沸腾，敬慕不已。很多同学都会暗自下决心："我也要培养顽强的毅力，取得更好的成绩！"但是如何才能培养顽强的毅力呢？下面这个故事或许会给你一些启示。

演说即将开始，台下座无虚席，人们都在焦急地等待着这位销售能手的精彩演说。幕布徐徐地被拉开了，舞台的正中央吊着一个巨大的铁球，铁球下面是高大的铁架。一位老者在人们热烈的掌声中走了出来，他没有说话，而是走到铁架的一边，人们都惊奇地望着他，不知道他要做什么。这时，两个工作人员抬着一个大铁锤走上了舞台，将大铁锤放在了老者面前。老者开口说话了："请两位身体强壮的人到舞台上来。"两个年轻人迅速地跑到了舞台上。老者对他们说："请用这个大铁锤敲打那个吊着的铁球，直到把它荡起来。"

其中一个年轻人抡起大铁锤，用尽全力向那个铁球砸去，可是铁球纹丝不动。他又试了两下，铁球仍然没动。另一个年轻人接过大铁锤，不停地敲打铁球，可是铁球仍然没动。

台下的观众不再为他们呐喊，而是把目光集中在了老者身上。这时，老者从衣兜里掏出一个小铁锤，对着铁球轻轻地敲了一下，然后停顿了一下，接着又轻轻地敲了一下。就这样，他开始持续做这一项工作。

半个小时过去了，观众有点不耐烦了，有的观众干脆叫骂起来。老者就像没听见似的，依旧专心致志地敲打着那个铁球，又过了几分钟，许多观众都离开了。大概在老者敲打了40分钟的时候，台下突然有一个小孩大叫："球动了！"所有的观众都聚精会神地盯着那个铁球，它以很小的幅度动了起来，老者仍然在敲打铁球，铁球越荡越高。台下响起了雷鸣般的掌声。老者停止了敲打，将小铁锤放进了衣兜里。他只说了一句话："在成功的道路上，你没有耐心去等待成功的到来，那么，你只能用一生的耐心去面对失败。"

其实，成功并不是那么遥不可及，它不过是枯燥重复或坚持后出现的风景；毅力也并不是那么让人生畏，它正是风景出现之前的枯燥重复或坚持。

现代社会中，许多人的心都很浮躁，急于求成，总是希望一年半载就能实现自己的梦想。可现实往往不是这样。我们应当明白，不积跬步，无以至千里，不积小流，无以成江海，雄伟的建筑必须一砖一瓦地砌成。

追求成功的过程是漫长的马拉松之旅，而不是短短十几秒的百米冲刺。在追求成功的道路上，有太多的艰辛、太多的干扰、太多的诱惑让你彷徨、沮丧，甚至想要放弃，请你记住，千万不要放弃，因为坚持下去，你就一定可以取得成功。

六、诚信奠基美德

诚者，天之道也；思诚者，人之道也。——孟子

1. 缺乏诚信的代价

一天，一位物理学家的一个研究生和他的一个同学一起逛街，在商店里捡到一个钱包。这个研究生让他的同学把钱包交给商店，自己再去冒领。后来，真正的失主找

到了商店,事情败露。这位物理学家毫不犹豫地把这个研究生开除了。这位物理学家说:"我不信任他,如果将来做实验,他擅自修改数据怎么办?"

李开复博士在《做最好的自己》一书中讲到了一个类似的故事。

在微软亚洲研究院工作时,我曾面试过一位求职者。他在技术、管理方面的素质都相当出色,但是,面谈时,他试探性地表示,如果我录取他,他可以把他在原来公司工作时的一项发明带过来。随后,他似乎觉察到这样说有些不妥,又特意声明,那些工作是他在下班之后做的,老板并不知道。

对我而言,他的能力和水平再高,我都不会录用他。原因是他缺乏最基本的处世准则和最起码的职业道德,他不是一个诚实、讲信用的人。试想,如果录用了这样的人,谁能保证他不会在一段时间后,把自己在这里的工作成果也当作所谓的"业余工作"献给其他公司呢?

在美国,中国学生的勤奋和优秀是出了名的,他们曾经一度是美国各个名校最受欢迎的留学生群体。但是最近几年,有不少学校和教授表示,他们再也不想招收中国学生了。理由很简单,有些中国学生到美国留学,一旦找到工作的机会,就会马上申请离开学校,将自己曾经承诺要完成的学业抛在一边。这种言行不一的做法已经使美国的很多教授对中国学生的诚信产生了怀疑。此外,美国的很多教授都不再理会中国学生的推荐信,因为他们知道,许多推荐信都是出自学生自己之手,根本没有什么参考价值。

尽管有这种行为的中国学生很少,但是已经足以损害中国学生的集体声誉,使很多中国学生的录取受到影响。

2. 诚信是最好的投资

人格魅力的最大秘密就是诚信。无论在什么时代,无论在哪个国家,一个缺乏诚信的人,即使他有经天纬地之才,有显赫的地位,他的形象也会大打折扣,他的人格也会迅速贬值,他也很难得到别人的尊重与信赖。

经常会有同学发表这样的议论:"现在这个社会根本不看重诚信""讲诚信是犯傻,会吃亏的"……

不可否认,当今社会,假冒伪劣、坑蒙拐骗、以次充好的事屡被曝光;校园里,考试作弊、论文造假、成果剽窃时有发生。的确,我们所生活的这个世界并不完美。其实,任何时代都存在一些不诚信的人。也正因为如此,诚信的品质才显得非常珍贵。

也许有一些缺乏诚信的人靠欺骗暂时获得了一些利益,但是总有一天,他们会遭到道德、良知的拷问,遭到法律的制裁,最终难逃被人鄙视、唾弃的命运。而那些诚实守信的人,也许会牺牲一些眼前的利益,但是最终一定可以收获真挚的友谊和成功的事业。

公元前4世纪，意大利的一个叫皮斯阿司的小伙子触犯了暴虐的国君犹奥尼索司，被判处绞刑。皮斯阿司是一个孝子，他请求回家与父母诀别，可始终得不到国君的同意。就在这时，他的朋友达蒙表示愿意暂时代替他服刑，并说："若皮斯阿司不如期赶回，我可以替他受刑。"国君勉强答应了。

行刑之期临近，皮斯阿司却没有回来，人们都嘲笑达蒙太傻了。当达蒙被带上刑场时，皮斯阿司出现了，他在暴雨中边跑边喊："我回来了！"皮斯阿司热泪盈眶地拥抱着达蒙，与达蒙诀别。这时，所有的人都在拭泪。国君出人意料地赦免了皮斯阿司，他说："我愿倾尽所有来结识你这样言而有信的朋友。"

友谊不是从天上掉下来的。要想结交朋友，就要得到他人的信任。那些缺乏诚信的人，总是会让人提心吊胆，有上当受骗的感觉。只有诚信的人，才会让人觉得踏实、放松，愿意与其患难与共。

李嘉诚在创业初期资金极为有限。一次，一个外商希望大量订货，但他提出需要大型厂商作保。李嘉诚跑了好几天，都没有找到愿意为其作保的大型厂商，但他没有捏造事实，也没有含糊其词，而是将实情告诉了那个外商。那个外商被他的诚信感动了，对他说："从你的言谈中，我可以看出，你是一个非常诚实的人。不需要其他厂商作保了，我们现在就签约吧。"虽然这是一个好机会，但李嘉诚还是说："先生，你如此信任我，我非常荣幸，但是我还是不能和你签约，因为我的资金真的有限。"外商听了，非常佩服他的为人，不但与他签约了，还预付了货款。这单生意使李嘉诚赚了很多钱，为以后的发展奠定了基础。通过这件事情，李嘉诚也悟出了"坦诚第一，以诚待人"的道理，并获得了巨大的成功。

李嘉诚的为商之道告诉我们，没有诚信，就没有财富。李嘉诚之所以能够成为财富巨人，首先因为他是一个诚信巨人。

3. 善大，莫过于诚

有个樵夫在河边砍柴，一不小心，斧头掉到了河里。他丢了谋生的工具，没有脸回家，于是坐在河边号啕大哭。赫耳墨斯来了，问他为什么哭，他把自己的不幸告诉了赫耳墨斯，赫耳墨斯听了之后跳到了河里。第一次赫耳墨斯捞上来一把金斧头，问他："掉到水里的是不是这一把？"樵夫摇了摇头。赫耳墨斯再次下水，又捞上来一把银斧头，樵夫还是摇头。赫耳墨斯第三次下水，这次捞上来的正是樵夫掉到水里的那把斧头，樵夫高兴地说："就是这把。"赫耳墨斯非常欣赏他的诚实，就把金斧头和银斧头也送给他了。

《圣经》里说:“诚信比财富更有价值”。这个寓言故事对此做了最好的诠释。

但是生活就是生活,它不像寓言故事中设计的那样,诚信的人一定会得到回报。生活中有许多诚信的人并不富裕,甚至过着贫穷的生活。想到这里,你是否觉得你应该轻视诚信甚至抛弃诚信呢?此时,你应该换一个角度思考。贫穷并不是诚信造成的,你之所以贫穷可能是因为你还欠缺一些能力与品质。另外,你虽然不富裕,但是你拥有简单、宁静的生活,这难道不是诚信对你最大的馈赠吗?这难道不是幸福生活最本质的内容吗?

那些抛弃诚信的人,虽然靠欺骗得到了本来不属于他们的“金斧头”,但是他们在获得钱财、利益的同时,也失去了宁静的生活,他们背负着良心、道德的十字架,痛苦地活着,因为他们清楚,“金斧头”不是他们自己的。当然,也有人在抛弃诚信的同时也埋葬了良心与道德,他们不会对自己的所作所为感到内疚、羞愧,他们心安理得、趾高气扬地活着。我们应当相信,天堂之门将为其关闭,地狱之门将为其打开。

一个鬼魂被判下地狱,他不服,他在心里想:“在阳间,我过得多好,健康、美貌、才华、金钱、荣誉……每一样我都有,为什么死了,还要受尽折磨?”这个鬼魂找到上帝,要求进天堂。

上帝笑了一下,问他:“你有什么资格进入天堂?”鬼魂于是把他在阳间所拥有的东西告诉了上帝,然后带着炫耀的口气反问:“所有这些,难道不足以使我去天堂吗?”说完之后,鬼魂眯着眼睛,似乎他已经到了天堂,正在享受天堂明亮的阳光的照耀。

“难道你不知道你没有进入天堂所要具备的最重要的一样东西吗?”上帝并不恼怒,他总是以平和的心态对待世间的万事万物。

鬼魂得意地说:“你已经看到了,我什么都有,我完全应该进入天堂。”

“难道你忘了你曾经抛弃了一样最重要的东西吗?”面对这个恬不知耻的鬼魂,上帝有点不耐烦了,便直截了当地提醒他,“在人生的渡口,你抛弃了一个人生的背囊,是不是?”

鬼魂想起来了,年轻的时候,有一次乘船,不知过了多久,风起云涌,情况非常危急,老艄公让他抛弃一样东西,他左思右想,美貌、金钱、荣誉……他都舍不得抛弃,最后,他抛弃了诚信。

鬼魂不服:“难道仅仅因为我抛弃了诚信,就让我进入可怕的地狱吗?”

上帝变得严肃起来:“那件事之后你又做了些什么?”

鬼魂开始回忆。那次他回家后,答应母亲要好好照顾她,答应妻子永远不背叛她,答应朋友要一起干一番事业……后来,他有了情人,他母亲劝他,他却埋怨母亲破坏他的幸福,从那以后便对母亲不闻不问,他和朋友做生意,他却私吞了朋友的钱,并且把朋友送进了监狱……

上帝打断了他的回忆:“看到没有,没有了诚信,你做了多少背信弃义的事?天堂是圣洁的,怎么能让你这种卑污的鬼魂进入?”

鬼魂沉默了，原来他一无所有，亲情、友情、爱情，都随着诚信离他而去。他，一个卑污的鬼魂，只能下地狱！

“下地狱去吧！”上帝说完，飘然而去。

七、爱心丰满灵魂

赠人玫瑰，手有余香。

1. 史塔勒医生的发现

赫本是一个著名的影星。她有两项非常有趣的纪录：一是她一生结过七次婚，二是她从来没有看过心理医生。

一位叫史塔勒的医生对此产生了兴趣。他经常在半夜接到一些著名主持人和明星的电话，要求给予心理上的帮助。史塔勒作为心理学家，对大多数人的问题都能迎刃而解，但也有一些问题让他一筹莫展。

史塔勒在得知赫本的两项纪录之后，好像在黑暗中发现了一抹曙光，决定深入研究赫本，以找到赫本保持心理健康的秘诀。

他翻开 20 世纪五六十年代的报纸，找出有关赫本的所有报道。他发现赫本曾息影八年，曾做过 67 次亲善大使，尤其是在 1956—1963 年，她几乎每个月都到码头、监狱、黑人社区做义工。总之，赫本非常乐于做慈善工作。

史塔勒对这一发现非常重视，他认为这里面肯定蕴藏着心理学方面的东西。为了能得出准确的答案，他对其他积极参与公益事业的名人、富翁进行了研究。最后，他发现这些人很少有怪癖或不良记录，他们同赫本一样，几乎没有看过心理医生。

后来，他把他的发现应用到一批特殊的病人身上。很多人接受治疗后，变得乐观起来。有一段时间，好莱坞甚至掀起了争做联合国亲善大使的热潮，因为很多人在做慈善工作的过程中发现，当一个人付出的劳动没有得到金钱和物质上的回报时，必定可以得到精神上的愉悦。

记得有位先哲曾说过：“上天赐予人类两只眼，就是让人们用一只眼看自己，用另一只眼看清自己身边的世界。”如果你不关注其他的人或事物，你会慢慢变成一个狭隘、自私的人。

有一个年轻人很想成为富翁，于是到处旅行，想找到成为富翁的方法。几年过去了，他不但没有成为富翁，反而成为衣衫破烂的流浪汉。

菩萨被他的虔诚感动了，就告诉他：“要成为富翁很简单，你从这个寺庙出去以后，要珍惜你遇到的每一件东西、每一个人，并且为你遇到的人着想，这样，你很快就会成为富翁。”

年轻人听了之后，觉得方法非常简单，高兴得不得了。他跟菩萨告别之后，手舞足蹈地走出了寺庙，一不小心，被石头绊倒了。当他爬起来的时候，发现手上有一根稻草，正当他准备把稻草丢掉的时候，他想起了菩萨的话，于是小心翼翼地拿着稻草向前走。

迎面飞来一只蜜蜂，他想起菩萨的话，于是把蜜蜂绑在稻草上，继续往前走。

突然，他听到了小孩号啕大哭的声音，走上前去，看见一个妇人抱着正在大哭大闹的小孩，怎么哄都不行。当小孩看见他手上绑着蜜蜂的稻草时，立即停止了哭泣。他想起菩萨的话，于是把稻草送给了那个小孩，那个小孩高兴地笑了起来。妇人非常感激，送给他 3 个橘子。

他拿着橘子继续上路，没走多久，看见一个布商蹲在地上喘气。他想起菩萨的话，走上前去问布商："你为什么蹲在这里？有什么需要我帮忙的吗？"布商说："我口渴，渴得连一步都走不动了。""这些橘子送给你解渴吧！"他把 3 个橘子全部送给了布商。布商吃了橘子之后，精神立刻振作起来。为了答谢他，布商送给他一匹上好的绸缎。

年轻人拿着绸缎继续往前走，看到一匹马倒在地上，马的主人在旁边一筹莫展。他在征得马的主人的同意后，用那匹上好的绸缎换了那匹马。他跑到小河边提了一桶水来给那匹马喝，细心地照顾它，过了一会儿，马好起来了。原来那匹马是因为口渴才倒在路上的。

年轻人骑着马继续往前走，在经过一座大宅院时，一个老人突然跑出来拦住他："你的马可不可以借给我啊？"他想起菩萨的话，于是从马上跳下来，说："好，那就借给你吧！"老人说："我是这座宅院的主人，现在我有急事要出远门，等我回来后，我一定好好地答谢你。如果我没有回来，这座宅院就送给你了。你暂时住在这里，等我回来吧！"说完，就匆匆忙忙地骑马走了。

年轻人在那座宅院里住了下来，等老人回来。没想到老人一去不回，他就成了宅院的主人，过上了富裕的生活。这时他恍然大悟："成为富翁的方法原来这么简单！"

生活的真谛就是如此简单：先付出，才会有收获。一个人令人羡慕的生命珍宝不是名利，不是财物，而是一颗仁慈、宽容、无私的心。

2. 爱心是对弱者的呵护与尊重

纽约的冬天常常有大风雪，扑面的雪花，不但让人难以睁开眼睛，而且连呼吸时都会吸入冰冷的雪花。遇到这种情况，很多公司都会给员工放假，许多学校也会给学生放假。

然而让人不解的是，即使积雪已经让整个城市的交通陷入瘫痪状态，纽约的公立小学也不会停课，依然向全体学生开放。

你也许会感到奇怪，既然上学的路这么难走，那么这些公立小学为什么还让孩子们冒着风雪去上学呢？

当家长怒气冲冲地到学校质问的时候，学校负责人总是会心平气和地向他们道歉，并向他们解释："在纽约这个繁华的城市里，不仅有百万富翁，还有很多连饭都吃不上的家庭。这些家庭白天连暖气都用不上，也没有能力给孩子提供午餐，孩子成长所需要的营养全靠公立小学每天供应的免费午餐，有的孩子还会将一部分免费午餐带回家当作晚餐。这就意味着，学校停一天课，学校里的穷孩子可能会一天吃不上饭，并且会在家里挨冻。"

有些家长这样问学校负责人："那为什么不给其他孩子放假，只让那些吃不上饭的孩子来学校上课呢？"

学校负责人耐心地解释："我们不想让那些孩子知道他们是救济的对象。"

很多人读了这篇报道后，内心深处都会受到深深的触动，不是因为纽约的公立小学为贫困家庭的孩子提供免费的午餐，而是因为校长、教师精心呵护那些孩子的人格和尊严。

任何时代、任何国家都存在需要救助的人，他们虽然生活贫困，需要大家的帮助，但是他们的人格与尊严也需要精心的呵护。

回过头来仔细想想那些被热炒的救助行为，那些人如此张扬地表达自己的爱心，是否会让被救助的人陷入尴尬的境地？我们应当明白，在救助弱者的同时，给以细腻的精神关怀和人格尊重，才是表达爱心的合适尺度。

3. 爱是理解与宽容

1991年11月1日，一起震惊世界的惨案发生了。一位名叫卢刚的中国留学生，在获得爱荷华大学博士学位之后，开枪打死了这所学校的3位教授、1位和他同时获得博士学位的中国留学生，以及这所学校的副校长安·柯莱瑞女士。1991年11月4日，爱荷华大学全体师生停课一天，为安·柯莱瑞举行了葬礼。这一天，安·柯莱瑞的三个兄弟举行了记者招待会，他们以安·柯莱瑞的名义捐出一笔钱，宣布成立安·柯莱瑞博士国际学生心理学奖学金基金会，用以促进外国学生的心理健康，减少此类悲剧的发生。她的兄弟还在无比悲痛的情况下，宣读了一封写给卢刚家人的信。信的内容如下。

卢刚的家人：

我们正在承受巨大的悲伤，我们在姐姐一生中最光辉的时候失去了她。我们以姐姐为荣，她有很大的影响力，每一个接触过她的人——她的家人、邻居、同事、学生和亲友——都爱戴她。

我们从很远的地方来到这里，一起承受悲伤，一起分享姐姐留给我们的美好回忆。

当我们在悲伤和回忆中相聚在一起的时候，我们想到了你们，并为你们祈祷，因为我们知道你们也一定沉浸在悲伤中。

姐姐相信爱和宽恕。我们在你们悲痛的时候写这封信，主要是为了分担你们的悲伤，也希望你们和我们一起祈祷。在这悲痛的时刻，姐姐一定希望我们的心中充满同情、宽容和爱。我们知道，此时此刻，比我们更悲伤的只有你们。请你们相信，我们愿和你们共同承受悲伤。这样，我们就能一起从中得到安慰和支持，姐姐肯定也希望我们这样。

安·柯莱瑞博士的兄弟们

胸襟开阔、宽容大度是世人称颂的美德，拥有这种品质的人可以让人们感受到一种震撼人心的人格魅力。它折射出一个人的诚挚、仁厚、善良，是化解仇怨，赢得尊重的金钥匙。

然而，在现实生活中，同学或同事一句激烈的话、一个忽视的眼神，往往被我们理解为不怀好意，从而产生怀疑、敌视等不良情绪。其实，当我们以宽容的心来看待周围的人和事时，我们会发现我们心中的仇怨都是因为狭隘而滋生的。

理解和宽容是一种境界，也是一种人间大爱。

4. 助人与自助

第二次世界大战期间，艾森豪威尔将军有一天要赶回总部开会。那天大雪纷飞，车子一路疾驰。忽然，艾森豪威尔看到一对法国夫妇坐在马路边哭泣，他立即命令身边的人下车了解情况。一位参谋劝他："将军，我们要赶回总部开会，这种事还是交给当地的警察处理吧！"

"等警察赶到，这对夫妇可能早就冻死了！"艾森豪威尔说。

原来，这对夫妇准备去法国巴黎投奔自己的儿子，但是车子坏了，他们不知道该怎么办。艾森豪威尔立即请这对夫妇上车，特地绕道去了趟巴黎。

后来传出消息，那天有几个狙击手埋伏在艾森豪威尔原来要走的那条路上。如果艾森豪威尔那天没有帮助那对夫妇，他可能躲不过那场劫数。

一天，一个小男孩为了筹集学费，正在挨家挨户地推销商品。饥寒交迫的他摸遍全身，却只有一角钱。于是，他决定向下一户人家讨口饭吃。然而，当一个年轻女子打开门的时候，这个小男孩却有点不知所措了。他没有让那个年轻女子给他饭吃，只请求她给他一口水喝。年轻女子看到他饥饿的样子，就倒了一大杯牛奶给他。小男孩喝完牛奶之后问年轻女子："我应该付给你多少钱？"年轻女子笑着回答："一分钱也不用付。"小男孩说："那么就请你接受我由衷的感谢吧！"说完之后，小男孩就离开了。

这个小男孩叫霍华德·凯利。

许多年之后，那个女子得了重病，当地医生束手无策。最后，她被转到了大城市的医院，由专家会诊治疗。大名鼎鼎的霍华德·凯利医生也参与了医疗方案的制订。当他听到病人来自那个城镇时，一个奇怪的念头从他的脑海中闪过，他赶紧向病房跑去。到了病房之后，他一眼就认出了恩人。回到会诊室后，他下决心要治好她的病。从那天起，他就特别关照这个对自己有恩的病人。

经过艰苦的努力，手术成功了。霍华德·凯利要求护士将医药费通知单送到他那里，他看了一下，然后在通知单上签了字。当护士将医药费通知单送到病房时，那个女子根本不敢看上面的数字，因为她知道这笔医药费她根本无力承担。最后，她还是鼓起勇气看了一下医药费通知单，医药费通知单上面的一行字引起了她的注意，她不禁读了出来："医药费已付，一杯牛奶，霍华德·凯利医生。"

助人者自助，爱人者，人恒爱之。你要想得到别人的帮助，你必须先帮助别人；你要想得到别人的爱，你必须先爱别人。在前进的道路上，搬开别人脚下的绊脚石，有时恰恰是在为自己铺路。你在帮助别人的过程中，可能在无意中就帮助了自己。

然而，在生活中，有些人吝啬、自私，不愿意付出爱心。其实，付出爱心是很容易做到的，它并不需要我们牺牲幸福，舍弃生命。有时候，一句问候、一个微笑、一杯牛奶就够了，这时我们并没有损失什么，却可以帮助别人走出困境。

我们活在世上，自然赋予我们食物，父母赋予我们生命，老师赋予我们知识，朋友赋予我们友谊……我们的成长、我们的进步，承载了多少恩惠啊！但是有些年轻人根本没有意识到这一点，只知道仰承天地的甘露之恩，却不知道回馈，灵魂苍白、精神贫乏由此可见。

一个人只有常怀感恩之心，才会有积极的心态，才会有强烈的责任感，才会充分发挥"真、善、美、爱"的人性优点，克服"假、恶、丑、恨"的人性弱点，摒弃"对人不知感恩，对己不知克制，对事不知尽力，对物不知珍惜"的漠然心态，带着爱心去行动，完善自我，超越自我，回报社会。这才是一个人格健全、情感丰富的人，一个摆脱了私欲的羁绊、灵魂丰满的人！（见图 8-1）

图 8-1　超越自我

思考与讨论

1. 什么是自我意识?
2. 为什么说健全的自我意识是心理成长的动力?
3. 悦纳自我会导致不思进取、自我放纵吗?
4. 什么是人格? 你的人格弱点是什么?
5. 实现自我的七个“成功因子”中,对你最有启发的是哪个?

参考文献

[1] 霭理士.性心理学[M].潘光旦,译.北京:商务印书馆,1999.
[2] 克里斯托弗·彼得森.打开积极心理学之门[M].侯玉波,王非,等,译.北京:机械工业出版社,2016.
[3] 莎伦·布雷姆,等.爱情心理学[M].郭辉,等,译.北京:人民邮电出版社,2010.
[4] 陈社育.大学生职业心理辅导[M].北京:北京出版社,2003.
[5] 樊富珉.大学生心理健康教育研究[M].北京:清华大学出版社,2002.
[6] 樊富珉,费俊峰.大学生心理健康十六讲[M].北京:高等教育出版社,2013.
[7] 樊富珉,王建中.当代大学生心理健康教程[M].武汉:武汉大学出版社,2006.
[8] 约瑟夫·P.福加斯.社会交际心理学——人际行为研究[M].张保生,李晖,樊传明,译.北京:中国人民大学出版社,2012.
[9] 傅进军.大学生就业力促进与职业发展[M].北京:科学出版社,2005.
[10] 弗洛伊德.性学与爱情心理学[M].罗生,译.南昌:百花洲文艺出版社,2009.
[11] 郭永玉,王伟.心理学导引[M].武汉:华中师范大学出版社,2007.
[12] 黄希庭.大学生心理健康教育[M].上海:华东师范大学出版社,2004.
[13] 金树人.生涯咨询与辅导[M].北京:高等教育出版社,2007.
[14] 戴比·盖斯·朗曼,朗达·霍尔特·阿特金森.大学生学习方法十二讲[M].夏慧言,张瑞华,等,译.北京:首都师范大学出版社,2005.
[15] 李虹.压力应对与大学生心理健康[M].北京:北京师范大学出版社,2004.
[16] 李开复.做最好的自己[M].北京:人民出版社,2005.
[17] 刘翔平.当代积极心理学[M].北京:中国轻工业出版社,2010.
[18] 吕秋芳,齐力.大学生心理健康与调适[M].北京:华文出版社,2002.
[19] 马建青,等.大学生心理危机干预的理论与实务[M].杭州:杭州出版社,2011.
[20] 聂振伟,贺淑曼,蔺桂瑞.大学生心理健康必读[M].北京:高等教育出版社,2004.
[21] 彭聃龄.普通心理学[M].4版.北京:北京师范大学出版社,2012.
[22] 王刚,秦自强.大学生就业指导新编——大学生职业生涯实务指南[M].修订版.北京:北京大学出版社,2010.
[23] 埃德加·施恩.职业锚:发现你的真正价值[M].北森测评网,译.北京:中国财政经济出版社,2004.
[24] 沈之菲.生涯心理辅导[M].上海:上海教育出版社,2000.
[25] 宋专茂,丁霞.大学生心理健康测量与导向[M].广州:暨南大学出版社,2005.
[26] 基·瓦西列夫.情爱论[M].赵永穆,范国恩,陈行慧,译.北京:生活·读书·新知三

联书店,1984.

[27] 王登峰,张伯源.大学生心理卫生与咨询[M].北京:北京大学出版社,1992.

[28] 王官禄,王星亮,张学英.大学生职业生涯规划与就业指导实用教程[M].徐州:中国矿业大学出版社,2004.

[29] 王立,曹树春,李静.大学生心理健康教育理论与实践[M].北京:高等教育出版社,2015.

[30] 王滟明.在哈佛听积极心理学[M].北京:中国华侨出版社,2012.

[31] 杨怀中.心理健康教育工作手册[M].武汉:武汉理工大学出版社,2005.

[32] 杨心德,陈朝阳,胡坚达,等.大学生心理障碍自我超越[M].上海:上海教育出版社,2003.

[33] 原田玲仁.每天懂一点恋爱心理学[M].郭勇,译.西安:陕西师范大学出版社,2010.

[34] 岳晓东.爱情中的心理学[M].北京:机械工业出版社,2010.

[35] 曾红媛,何进军,陈龙图.大学生心理健康教育[M].上海:复旦大学出版社,2013.

[36] 张春兴.现代心理学——现代人研究自身问题的科学[M].3版.上海:上海人民出版社,2009.

[37] 张大均,吴明霞.大学生心理健康[M].修订版.北京:清华大学出版社,2015.

[38] 张进辅.现代青年心理学[M].重庆:重庆出版社,2005.

[39] 张梅.心理训练[M].2版.武汉:华中科技大学出版社,2005.

[40] 章明明,冯清梅,韩励.大学生心理发展与教育[M].广州:暨南大学出版社,2004.

[41] 张松.大学生心理健康教育[M].武汉:武汉大学出版社,2012.

[42] 张旭东,车文博.挫折应对与大学生心理健康[M].北京:科学出版社,2005.

[43] 张泽玲.当代大学生心理素质教育与训练[M].北京:机械工业出版社,2004.

[44] 赵丽琴.大学生心理健康指南[M].北京:高等教育出版社,2010.

[45] 郑安云,常江.大学生心理健康教育案例教学[M].北京:高等教育出版社,2015.

[46] 郑日昌.大学生心理健康——自主与自助手册[M].北京:高等教育出版社,2007.

[47] 中华中医药学会.亚健康中医临床指南[M].北京:中国中医药出版社,2006.

[48] COON D.心理学导论——思想与行动的认识之路[M].9版.郑钢,等,译.北京:中国轻工业出版社,2004.

[49] FREDRICKSON B.积极情绪的力量[M].王珺,译.北京:中国人民大学出版社,2010.

[50] GARR A.积极心理学:关于人类幸福和力量的科学[M].郑雪,等,译.北京:中国轻工业出版社,2008.

[51] 理查德·格里格,菲利普·津巴多.心理学与生活[M].16版.王垒,王甦,等,译.北京:人民邮电出版社,2003.

[52] 戴维·迈尔斯.心理学[M].9版.黄希庭,等,译.北京:人民邮电出版社,2013.

[53] RATHUS S A,VALENTINO L.当代心理学导引[M].7版.尤瑾,张钊,李敏荣,等,译.西安:陕西师范大学出版社,2006.